宗教とは何か

現代思想から宗教へ

八木誠一

法藏館文庫

本書は、一九九八年八月三〇日、法藏館より刊行された。

文庫版への序

本書の初版が出てから二十年以上がたち、このたび文庫版として再刊されることになったが、今の立場から見ると、初版は基礎論である。その後の展開については、概略を補論で述べることにした。

書名は『宗教とは何か』だが、本書は宗教一般を対象とするいわゆる宗教学書ではない。主としてキリスト教的視点から書かれてはいるが、教義を論述する神学書でもない。むしろ宗教哲学的だが、視点は二十年前と同じく今も以下の通りである。

「神とは何か」、「神は実在するのか」という問いがあるが、この問いは適切ではない。理由は、この問いは「神」についての通念から出発して、さらにその通念があてはまる客観的実在があるか、と問うているからである。しかし「神」を直接に観察・記述した人はいないから、実は上の問いには答えようがない。正当な問いは、まず問題の宗教が「何を」神と呼んでいるか、ということである。「神」という語あるいはそれに相当する語は多くの言語にあり、その内容にもおおまかな一致がある。それは、神は目には見えないが、人間と世界を超えた力を持ち、しかも人間と世界にかかわり、人間のあり方に応答して、祝福したり罰したりする、この上もなく尊ぶべく恐るべき人格的存在、というようなものである。しかし具体的には、どこに神のはたらきが見られているか、つまり何が神とされているかは、民族、時代、場所、あるいは教団により、同じではない。古来「まことの神はどれか」という問いが立てられた所以である。すると要は人が何を「神」と呼んで、そこに神観念を読み込んだか、ということであり、次に、神と呼ばれた「それ」はいかなるものか、そもそも実在するのか、ということである。この問いなら答えようがある。

補論を加え、文庫版として再刊された本書は、主として新約聖書の宗教を念頭におき、特にパウロが何を「私のうちに生き、教会として世界内に現実化する、霊なるキリスト」(イエスのいう「神の支配」に相当する)と呼んだのか、またイエスは何を「神」と呼んだのか、それはいかなるものか、実在するのか、そのはたらきの内容は何か、という問いに導かれている。そして超越的・内在的な「統合作用」と、それをうちに包みつつ・それを超える「創造的空」をもって答えとする。これは、それぞれの仕方で検証可能で納得もできる現実である。如何にしてこれらの現実に触れることができるかという実践的問題も、この文庫版では初版への補論として簡略に述べることにした。

はしがき

本書は宗教とは何かを理解し、宗教の中心的内容を追求する試みである。

さて宗教といえば、一方では、人間の生き方を極限まで追求する尊い営みとされながら、他方では、なにやら怪しげなこと、ほんとうかどうかわからないことを語り、ありそうもない幸福や災いを説いて信仰（信心）を求めるもの、とされている。実際、宗教は人間の生の核心に触れることを説いてきたのだが、なかにはそれを正しく把握せず、あるいは正確に説き明かさないまま、ただ尊崇や献身を求める「宗教」もありうるのである。

人間は他の動物とは異なり、言葉を語る自我となった。高度の文明・文化を生み出したのはそのためである。しかし、栄光の陰には悲惨がある。言葉を語る自我には征服と支配、収奪と破壊が可能となった。人間は自己中心性を克服しないままで、知性をその手段としてきたのである。

人間はもともと他者とともに生きるようにできているし、それへの心からの願いを抱いてもいる。宗教はこの点をはっきりと見ていた。いいかえれば言葉を語る自我の限界をみずから見極め、共生の必然性を説き、さらに人の心にひそむ共生への願いを自覚させようとしてきた。しかし、自我の限界を説く際に、良心的な知性を成り立たせる宗教と、それを阻《はば》む宗教とがあったし、いまもなお、ある。世俗的自己中心性を克服するようにみえて、実はこれを教団の自己中心性に転化させた例も少なくない。換言すれば宗教には、自分自身の本質を見失うことが可能なのである。

怪しげな宗教が少なくないからといって、宗教が把握し、伝えてもきた真実を無視してよいわけはない。まさしく現代の要求に応える宗教的真実は確かにあるからである。他方、いまや伝統的な宗教の言葉が通じなくなってきているのだから、宗教の側でも、ただ伝統を固執して、それに反する言説をあたまから不信仰として断罪してはならないだろう。伝統と真実とは同じものではない。もともと正当な宗教批判は宗教を抹殺することではなく、真実を明らかにするためになされるものである。このような批判はいまや宗教の内外で求められていることである。実際、特定の宗教をこえて諸宗教間の対話がなされ、こうして宗教の本質が見直されつつあるのは二十世紀後半以来の著しい事実である。

宗教というとき、私は主として仏教とキリスト教、とくにイエスの宗教を考えているのだが、宗教的真実は科学的に実証される性質のものではない。宗教の言葉は実証ではなく、まず各人において自覚・了解されるべきものだからである。宗教批判とは、なにが実際に自覚・了解可能であり、その意味で確認可能なのかを明らかにしながら、さらに、それに基づいて、宗教はなぜさらに了解の彼岸を語るのか、説明するものでなければならない。この際、客観的事実と見なしえない要素が何であるか、率直に明らかにしてゆく必要がある。

本書はこのような批判的営為に参加しようとするものである。そのために現代の問題を指摘することから始める。第一章は現代思想を概観して、そこでは共通して自我と言語の限界が問題となっていることを指摘する。換言すれば、現代思想の課題はこれを見極めるところにあるのだが、宗教はまさにこの課題にかかわってきたのである。第二章は倫理を概観し、倫理は独立の領域ではあるが、倫理的行為の動力となるのは宗教であることを示唆する。以上は問題設定であり、第三章以下は右の問題に宗教が与える答えを、より立ち入って述べる。

第三章は宗教の立場一般を問題とする。それは神秘に触れることである。科学の進歩とともに失《う》せる神秘がある。それに対して宗教本来の立場――本書ではそれを直接経験という――で露わとなる神秘は、科学の進歩によって深まることはあっても失せることはない。ところで神秘を神秘として言語化するとはどういうことか、それを述べるのがこの章の目的である。宗教は自我と言語の限界を明らかにするが、それは決して良心的な知性を否定するものではない。むしろ逆である。宗教は自我と知性の絶対化を破り、かえって両者を正常化するものでなくてはならない。ということは、宗教の言葉は日常的な知性を破り、そこで覆われている真実を露わならしめるものではあるが、それは決して知性の否定ではないということである。実際これは、イエスの宗教について見られる事実である。

第四章は宗教が真実を述べるに際して用いる言語の問題を扱う。宗教の言語の性格を明らかにしなければ、宗教も、それが語る真実も、誤解されてしまうからである。宗教がなにやら怪しげなものにみえる原因の多くはこの誤解にある。宗教が自分の本質に即した言葉で語り、それが正しく理解されるとき、宗教は人間のあり方を明かし、倫理の基礎ともなるのである。第五章はイエスの言葉を例証として本書の主張を確認する作業である。

宗教教団にも徹底した自己批判と自己吟味が必要である。教団には正当な批判を恐れる必要も排除する必要もないのだ。それは伝統の変革を要求するものではあっても、宗教を破壊するものではない。かえって、真実を明らかにすることによって、現代における宗教の有意義性を示すものである。本書は現代における宗教のこのような営為に奉仕することをこころから願うものである。

目次

宗教とは何か

現代思想から宗教へ

第一章　現代思想の観点から

はじめに

ヘーゲルとマルクスの違いが何であろうと、両者に共通することは、現実の全体は言語化可能であり、それゆえ記述可能・予見可能である、という信念である。さらにヘーゲルは観想的、マルクスは実践的だが、認識と実践との担い手はともに――たとえ歴史の発展は世界精神あるいは歴史法則に担われているといっても――結局は近代的自我である。ここで近代的自我というのは、自覚的な理性（観想的・実践的、科学的・技術的）として、公共言語を用いて考え語り、認識を通じて支配・管理ないし利用する主体、あるいは認識に基づいて設定されたプログラムを現実化する主体のことである。また言語化というのは、（自分を含む）現実を言葉に写し取り、ないし両者の対応関係を作りあげて、言葉に現実を代表させることである。

ヘーゲルは徹底した論理的思考により、マルクスは実証に基づくデータを論理的に分析・組織することにより、歴史を含む現実そのものの全体性を言語化しうると考えた。それに対してヘーゲル、マルクス以後の現代思想は多かれ少なかれ自我と言語の限界に触れている。換言すれば私は、この問題性を自覚している思想を現代思想と呼びたいのである。現代思想はそれ以前ほど、言語を用いる自我——その典型は前述のように知り、認識し、支配・管理し、利用する近代的自我である——に対して楽観的ではない。といってもそのすべてが自覚的に言葉を語る自我の問題性を主題としているわけではないから、この問題は必ずしもそれぞれの思索の中心に位置するものではないが、結果としては自我の絶対性と現実全体の言語化可能性に対して異議を唱えている。

以下で現代諸思想をこの観点から略述して、本書の序論としたい。宗教は言語化する自我の問題性を認識して、自我のあり方を正すものだからである。ここに本書が宗教を見る視点がある。

第一節　実存主義（実存・存在・超越）

セーレン・キェルケゴール

不安の概念　（一八四四）
哲学的断片　（一八四四―一八四六）
死に至る病い　（一八四九）
キリスト教への修練　（一八五〇）

カール・ヤスパース
理性と実存　（一九三五）
哲学的信仰　（一九四八）

マルティン・ハイデッガー
存在と時間　（一九二七）
形而上学とはなにか　（一九二七）
ニーチェ　（一九六一）

S・キェルケゴールの主題は「人は如何にしてキリスト者になるか」ということであった。十九世紀の西欧社会では人は生まれながらにキリスト者であり、よきキリスト者は称賛され信用され、幸福な家庭生活と社会生活を営むことができる、だから誰でもよきキリスト者と認められようとする、という。

ところがキェルケゴールによると、キリスト者であるとは真理を証しつつ孤独と苦難の生涯を送ることなのだ。ではキリスト者とは何であるか、人は如何にして、自分をキリスト者と誤解しているキリスト者から、真実のキリスト者に変わるのか、これがキェルケゴールの問題であった。彼は著作活動を通じて単に上記の問題性を述べるのではなく、「キリスト教界」に語りかけて人を真実のキリスト者に変えようとしたのである。そのため彼は実名と偽名の著作を使い分け、真実のキリスト教の視点からキリスト教的市民生活の実態を明らかにし、通念的キリスト教の世界のなかで、人を真実のキリスト教信仰に飛躍させるという困難な課題を果たそうとした。

ヘーゲル哲学は絶対精神を究極の立場とする。しかし実存は絶対精神の自己実現の単なる過程ではなく、信仰は哲学的認識ではない。この点をキェルケゴールは、ギリシャ哲学とキリスト教の対比を通じて説明する。プラトンの場合、人間精神は真理を宿しているのであり、真理に到達するためにはその真理を想起すればよい。しかしキリスト教は、人間は真理も、真理を知る条件をも欠いているという。したがって真理は救済者によって、真理を知る条件とともに、与えられねばならない。ここに両者の決定的な違いがあるという。

救済者と人間との関係は、信じるか、躓《つまず》くか、ということである。真理もそれを知る条件も欠いている人間には、救済者をそれとして認識する能力がない。だから一人の人間としてこの世に現れた救済者（イエス・キリスト）は「私は神であり救済者である。私に躓かない者は幸いだ」と自己証言をするほかはない。

この際、誰も真理を直接に伝達することはできない。人は真理を自分の中から汲み出すこともできない。また、真理を客観的に検証可能な言語（後述の記述言語）で語ることもできない。真理はただ、真理の自己証言を聞いた者が信仰へと決断することによってのみ伝達される。その際、千八百年のキリスト教会の歴史は、真理の出現そのものに比べれば何事でもないから、決断の十分条件となることは決してないのである。ひとはキリストの自己証言と直接に相対しなければならない。すなわちキリストとの同時代性の状況に自分自身を置かねばならない。そしてこのような決断をしたキリスト者は彼自身、この世の状況では、あの証言者のように不可解な人間となる。なぜなら決断は十分な理由をもって基礎づけられることなく、したがって決断の理由と内容を同時代者に説得的に述べることもできないからである。

キリスト者であるとは、神の前に単独者として立つこと、キリスト教会の敵と誤解されつつ真理の証者として生きることである。こうして――existentia（現実的・個別的存在）という言葉は以前からあったのだが――「通念に逆らいつつ単独者となり、決断によって自分自身を択び取る主体」という意味での実存概念が哲学的思索の世界に登場し、実存哲学という流れを形成するにいたる。そこでは、すでにキェルケゴール自身において見られることだが、不安、気分、絶望、孤独、自由、決断、主体性というような概念が中心的な位置を占めることとなる。この際、実存は常に一般化する概念性の外に出るものであり、ゆえにもともと概念的規定不可能なものである（言語化不能性）。

キェルケゴールにはなおヘーゲルの影響が濃厚に認められる。彼は、人間とは精神であり、精神とは自己であるというのである。自己とは、自分自身にかかわる関係、むしろその関係が、自己が自己にかかわる関係に関係するような関係である、と解りにくい言い方をする（『死にいたる病』冒頭）のだが、これは要するに自己とは自覚的主体であり、人間のあり方は自覚の仕方と相関的だ、ということである。この際、自己は精神であって、ゆえに自己は自己意識の強さの程度だけ自己である、といわれる。

しかし、実は人間は精神ではなくて生である。この点では人間を生として把握したニーチェの方が、よりキリスト教的だとすらいえるところがある――むろん、ニーチェが把握した生の内容は、後述のようにキリスト教的ではないが。

しかしここでの我々の問題は、キェルケゴールの場合、真理は直接的に伝達されない、ということ、つまり真理を語る「言葉」は観念論哲学的な言葉でも、歴史を記述する言葉でもありえない、ということである。言葉は言葉だけで、不案内な人に駅への道順を教えるような仕方で、直接的に真理を伝えることはできない。言葉は語りかけ促す言葉（後述の動能言語、あるいは要求・約束言語）であり、それを機縁として信仰へと決断した人間が、はじめて真理証言を理解しうるのである（この意味では真理証言は後述の表現言語である）。そして決断には——罪への決断も含めて——十分な理性的根拠はない。つまり人が決断するか否かは予見不可能な、外からみれば突発的な出来事に属する。この意味でも実存の全体性は、やはり言語化・予見不可能なるものである。

さらに決断とは自我の自己主張の放棄であって、信仰とは自分が自覚的に自分を神に基礎づけることである。人間はまず精神であることに無自覚的な自分であり、自覚が深まるにつれて、いまの自分であることをやめて他のありようを求める自分であり、それから、なりたいものになれない自分自身に絶望する自分であり、ついには自分をそのようなものとして創った神に対する絶望的反抗のあまり、いわばできそこないの自分に居直る自分となる。

これは絶望の諸段階であるが、我々の言葉でいえば、ここにいう人間とは「自我」のことにほかならない。つまりここには、神によって立てられた自分自身であろうとはせず、自分自身の願望を外に投影してそれになろうとする自我、自分のイメージを実現しようとする自我の絶望の深まりが描かれている。信仰とはこのような自我の自己主張の放棄、神の要請への従順なのである。ここには近代的自我の限界が明瞭に語られている。

キェルケゴール以後、実存の主体的自由の自覚はふたつの方向に別れてゆく。ひとつは決断における主体性を究極的なるものとして、決断の責任を全面的に引き受ける方向で、これは無神論的ヒューマニズムとなる。一般性に解消されない実存の究極的主体性は「実存は本質に先行する」という自覚としてあらわれる。これは他律的絶対他者の拒否である。ヒューマニズムというのは、自分自身を択び取るについて、普遍的価値を代表しうる自己、つまり人間性を具現しうるような自分を択び取るからである。この方向への代表はJ・P・サルトルである。論理的概念的一般化を拒否する実存的自覚は文学的表現を求める。実存的自己了解は認識ではなく、自己表現を通じて理解されることを求めるからである(表現言語)。これはすでにキェルケゴールにおいてみられるところだが、サルトルも著しい文学的業績を残している。

他の方向は、実存は超越者の働きのもとに成り立つという自覚である。この場合、超越者の働きは他律ではなく、つきつめていえば後述のように人間的自由と作用的一をなすものと解されるはずのものであり、この理解は実は新約聖書にみられるところである。

現代思想でこの方向を示すのは例えばヤスパースである。彼は実存を「包超者」との関係の中で理解する。包超者は主体と客体の両方向に考えられる。客体の側から現実を包み超えるものは世界であり、超越者である。主体の側から現実を包み超えるものとしてはまず現存在があり、その中心は生への意志である。しかし自覚が深まると、その底に普遍的知の当体としての意識一般があらわれる。さらにその底には個別的認識を理念的に統括・統一する精神が自覚される。しかしここが終局ではない。精神はなお普遍的一般者の立場だが、人間は身体的存在として精神という一般者を超えて包むもの、すなわち実存なのである。ここにヤスパースとヘーゲルの違いを明らかにみることができる。

主体的実存は客体的超越に対して立つといえる。この場合実存の理性は、諸包越者間の関係を絶えず反省し開示するのである。理性は単に対象知にかかわるものでも、単に自覚知にかかわるのでもなく、絶えずそれらすべてを関係づけつつ現実の諸層・諸相を開示する任にあたる。しかし結局それが現実の全体を開示しつくすことはない。ここに理性（哲学の営み）を放棄することなく、かえって理性を包む「哲学的信仰」の立場が開かれる。それは主体と客体のすべてを超えて包む究極者にかかわる。我々はここに哲学的言語化の限界の自覚をみることができるであろう。それは同時に「知り、支配・管理し、利用する」自我の限界の自覚にほかならない。

M・ハイデッガーは現象学から出発し、人間のあり方の実存論的分析を経て存在論へと向かった。人間存在は、まず現存在、すなわち存在を了解しつつ存在する実存として捉えられた。彼はその存在了解の自覚的明示化によって存在論に至ろうとしたわけである。現存在は世界内で、死をもって限界づけられ、特定の内容を負わされたものでありつつ、将来に向かって自己実現のために配慮するものであり、配慮の地平は時間性として捉えられる。この際時間とは通俗的時間了解と違って、過去が将来の可能性を示すようなものであり、このような時間了解の上に、過去と対話する人間の自己了解が基礎づけられる。

しかしこの方向で存在論にいたることを断念したハイデッガーは、存在そのものから思索することを始める。彼は存在者と存在そのもの（存在者を「存在」者たらしめるもの）を区別し、西洋哲学は存在者の総体の規定を求めて存在そのものを忘却したと批判する。存在忘却は古代ギリシャ哲学に始まりニーチェにいたってきわまるのである。

しかし人間は無の中に差し出された現存在であり、その自覚は不安として現れるが、まさにそこにおいて存在そのものが開示されることとなる。ただし大方の評者は、存在そのものとはいったい何のことか、ハイデッガーは明示的な規定を与えなかったとみる。それはむしろハイデッガーが、ヘルダーリンの詩などに存在を語る言葉をみながら、それだけに存在そのものは哲学的言語化の彼岸にあると認めたことではないだろうか。いずれにせよ存在者と存在そのものの区別と存在論的志向には、存在を忘却して存在者を技術の対象とする近代的自我への批判がみられるのである。

付記　ヤスパースについては特に金子武蔵『実存理性の哲学』（弘文堂、一九五三）から多くの教示を得た。

第二節　生の哲学と深層心理学

A　フリードリッヒ・ヴィルヘルム・ニーチェと生の哲学

悲劇の誕生　（一八七二）
ツァラトゥストラはかく語りぬ　（一八八三―一八八五）
道徳の系譜学　（一八八七）
力への意志（遺稿）（一八八二―一八八八）

人間は理性ではなく身体であり、身体は生である。生は理性より深く、それ自身が偉大なる理性である。いわゆる理性は生の一機能であって、人間における究極的なるものではない。この基本的認識、生の自覚から出る洞察がニーチェの著作全体を貫いている。言語化以前とさえいえる生の直接性への、鋭く深い直覚（大方のニーチェ批判が――ハイデッガーもK・バルトも――この点を見落としている）が、ニーチェを理性主義的な西洋思想史のなかで際立たせている。

上述の把握はすでに初期の著作『悲劇の誕生』に明確に現れている。ギリシャ悲劇は音楽の形象化であり、音楽は生のもっとも直接的な表現である。ソクラテス以前のギリシャにはディオニュソス的生（混沌、陶酔、創造）の直覚と、アポロン的原理（明断で秩序ある限定）によるその形象化とがあった。しかしソクラテスは知的反省を生の直覚の上位に置き、こうして生を知に還元して生の衰退をもたらした、という。一般に知性主義は生の頽落をもたらすのである。ニーチェのプラトン主義またキリスト教批判、ひいては近代批判の根本にこの見方がある。

プラトンは感覚的世界の背後に超感覚的な観念的実在を虚構した。このように観念的世界を感覚的・身体的現実の上に置く考え方一般を、ニーチェは（俗流）プラトン主義と呼ぶ。プラトン主義はキリスト教と結びついて霊魂の不滅と彼岸の生という観念を成立せしめ、此岸的生とは違った秩序を構想する。命じ、罰し、報いる神がその頂点に立つ。キリスト教的道徳が定立され罪人の救済が説かれる。救済者は十字架につけられたイエス・キリストである。この福音を告知する教会が現れ、救済への道を独占する。結局キリスト教は俗流プラトン主義にほかならない、という。

ところでその根本にあるものは何か。ニーチェによると二組の価値観がある。強者

（ニーチェは主としてローマ人を考えている）は当然のこととして無邪気に弱者（ニーチェはユダヤ人を考えている）を征服し支配する。この際、支配者は自分たちを優良、被支配者を劣悪と価値づける（これは現代の言葉でいえば差別である）。他方、被支配者の方はこの価値観を受け入れない。彼らは強者に対する怨恨（ルサンチマン）から、自分たちこそ善良であり、支配者は邪悪であると価値づける（これは現代の言葉でいえば逆差別である）。邪悪なるものはやがて到来する神の裁きによって没落して地獄に落ち、善良なる神の民が救われて世界の中心となる。これは弱者のルサンチマンによる価値の逆転、強者への復讐である。キリスト教はこのようなユダヤ的価値観を受け継いだ。

すると凡庸な多数者が結託して優秀な少数者を滅ぼすことになる。博愛、平等と民主主義の本質はここに求められる。このような価値の相対化には、すでに後述の観点主義（perspectivism）がみられる。実は強者も弱者も「力への意志」を本質とし、それぞれがその意志を正当化し支えるような世界解釈を選ぶというのである。

弱者のルサンチマンが、俗流プラトン主義としてのキリスト教を生み出したというテーゼの根本には、ディオニュソス的生の肯定と、そのような生を阻害変質させるものへの批判が含まれている。つまり、大地に根差した此岸的な生から遊離して、感覚的世界の背後に理念的世界を虚構し、弱者を正当化する道徳を説く者への批判である。この肯定と否定とは『ツァラトゥストラ』において詩的具象的な表現を獲得する。当然のことながらこの表現は理性主義的哲学言語でではなく、詩的言語によってなされる。したがってここから、ただ哲学的思想だけを読み取ろうとするのは誤りであろう。むしろそのリズミカルな詩的文体から、音楽の底にあるもの――ディオニュソス的陶酔――を直接に感じ取るべきだろう。

哲学的思想はむしろ遺稿『力への意志』のなかに述べられている。ここで生の本質が力への意志と解されるのである。力への意志としての生はたえず自分自身を克服して、常により高く、より深く、より美しく、より清らかに、そしてより邪悪になろうとする。力への意志はむしろ存在者すべての本質なのであって、ゆえに自分以外のなにものにも基礎づけられない。力への意志それ自体は意味も目標も必要としない。ディオニュソス的生の直接的経験から見るとき、同一性、実体、因果性というような理性的カテゴリーは、理性が現実世界に読み込んだ仮構であることが明らかとなる。それは知性が自分の言葉で現実をとらえるために作り出した仮構なのである。するともともと意味も目標もない有限世界の無限の生成は、無意味の永劫回帰となるほかはない。

ニーチェは一方ではディオニュソス的生の絶えざる深化という一方向的高揚を説きながら、他方では同一事物の円環的永劫回帰を説くのである。やがて超人を生み出す生が永劫に回帰するとはどういうことか。それは私には論理的に首尾一貫した世界観の定立ではなく、意味を超えた生の直接性が成り立つ地平を開くことだと思われる。ここで生はあらゆる統一性や意味や目標から解放されて、自己自身の無邪気な直接性に還帰する。絶対的に能動的な働きとしての「力への意志」の自覚が成り立つのである。

そのときに仮構と虚構のからくりが明らかになる。力への意志はたえず自己自身を成り立たせる仕方で現実を解釈し価値評価する。真理は存在しない。一切の見方は、力への意志が自分自身を維持し強化する必要から生み出した解釈である。つまりすべての人間が自分の観点から世界を都合よく解釈するわけだ。というより世界はそれぞれの立場からはそのように見えてくるのである（観点主義）。その内容は虚構であり、それを秩序づける理性的カテゴリーは仮構である。

キリスト教についても同様である。キリスト教は弱者の「力への意志」が作り上げた幻想である。それは弱者が自己を正当化し、ついには自己を理想にまで高めて高貴なる強者を没落させるための虚構であり、このようなものとして生への犯罪である。しかしキリスト教は他方では人間を訓練して誠実さを育て上げた。いまやキリスト教が育て上げた誠実さが、キリスト教の虚構を看破するのである。こうしてキリスト教は克服される。伝統的形而上学も同様である。神が死に、最高価値が没落して、ニヒリズムが到来する。実はそのときにこそ、かえって生は自分自身の本質に還帰するのである。これはニヒリズムの徹底によるニヒリズムの克服にほかならない。

ニーチェは弱者のエゴイズム（逆差別）を鋭く見抜きながら、強者のエゴイズム（差別）はまるごと肯定してしまった。価値の相対化を説きながら、強者の価値観を弱者のそれの上位に置くのである。だから一方では観点主義を説きながら、他方では不可逆的な価値の序列を語る。生の純粋な表出が肯定され生の頽落が非難されるのである。とはいえ生の直接性に対するニーチェの感覚は比類なく鋭い。人間の本質を理性ではなく生に見たのは正当であり、ここから出る近代批判（生の頽落）も無視することはできない。

しかし生の本質は実は力への意志ではなく共生である。まさに生の直覚からしてこの事実を見る者には、ニーチェは説得力を失う。実は新約聖書、特にイエスの言葉の根本には共生を本質とする生の直覚があり、ここからして差別も逆差別も克服されてゆくのである。それなのに道徳性を一方的に強調した十九世紀西欧のキリスト教は、この事実を見難くしていた。

我々の観点からニーチェが問題になるのは、第一に観念論哲学が理性主義の仮構に基づいていることを看破したこと、つまりニーチェは言語化不可能な生の直接性の感覚から語ったことである。生は自動的な働きであり、反省は生の頽落をもたらす、とはそういうことである。ディオニュソス的生の直覚は詩的言語（後述の表現言語）で語られ、認識ではなく理解を求めるほかはない。理解とは、生の表現に接する人自身が同じ生の直覚に至り、ここからして生の表現のなかに自分自身の表現をみるにいたることである。実際、生の哲学は解釈学を展開させる機縁となった。

他方、生は理性より深いという自覚は、身体には自我より深い働きがあるという自覚である。ニーチェは「私」(Ich)の奥にある「自己」(Selbst)について語った(『ツァラトゥストラ』第一部、「背後世界の虚構者について」)。そこから遊離する人間は生を忘却して単なる自我となり、生の働きである創造の陶酔を見失って、ただの自己保全とつまらぬ快楽を追い求めるほかはない。生の頽落というニーチェの近代批判は、とりもなおさず自分を超えるものを否定して日常的知性と欲望にまで矮小化した自我への批判だったのである。

前述のように、ニーチェは生の直覚を持ってはいたが、生の働きの本質を正しく見定めたとは言い難い。しかし人間の身体には自我を超える生の働きがあり、知性主義はそれを見失わせるという認識には重要な現代的意味がある。

B　深層心理学

ジークムント・フロイト

夢の解釈　(一九〇〇)

精神分析入門（一九一七）
続・精神分析入門（一九三三）

日常生活では自我に対して隠れているが、心には自我より深い働きがあり、しかもこれがそれと意識されないまま自我に働きかけている、という心的生活の把握において、S・フロイトとニーチェにはある類似が存在する――フロイト自身がそれをどこまで認めていたかは別として。もちろんここには明白な違いもある。ニーチェは思考を単なる思考として、つまり自律的理性の働きとしては経験しておらず、一般に思考を生の営みとして自覚している。ここにニーチェとデカルトとの違いがあるわけだ。

しかし無意識の働きには、正常な自我を破壊するような種類のものもありうるのであって、この場合、実は「生」自体の働きも歪められているといえる。フロイトが明らかにしたような無意識は、生の働き――むしろ性機能（リビドー）の働き――が抑圧・変容されたものとされるが、これは正常な自我を脅かしうる働きである。だからひとくちに自我より深いものの働きといっても、正常な自我を立てるものと、破壊するものとがありうるわけである。フロイトの場合は後者が主で、ユングの場合は前者が主である。この点を念頭において、以下では我々の観点から深層心理学に簡単に触れておきたい。

フロイトによると心には意識的な自我だけではなく無意識の領域があり、無意識はさらに前意識と狭義の無意識（イド）に分かれる。前意識は意識しようと思えば簡単に意識に現れる領域だが、無意識はそうではない。イドはもっぱら快楽つまり欲望の満足を求める心的エネルギーであり、幼児期の心ではこの働きが優越している。しかし我々は欲望を無制約に満たすわけにはゆかないので、主として親の教育から取り込まれた、イドの心的エネルギーに対する検閲機構・制御機構が発達する。これは超自我となり、意識と無意識の両方にかかわる。その結果、社会生活を営む自我に危険な欲動（満足への志向性を持つ心的エネルギー）は、意識的自我にも気づかれずに無意識のなかに抑圧されてしまう。しかし欲動は消滅することなく自我に働きかけ、形を変えて満足を求める。それは錯誤行為や夢や神経症の動因であるばかりではなく、昇華されて文化創造のエネルギーになることもあるという。

抑圧された無意識が直接に自覚されるわけはない。これはさまざまな兆候によって間接的に推測されるのだが、その兆候自身を出発点として自由連想の糸を辿ると、糸は一点から照らされる蜘蛛の巣の網目のように広がって、それからその一点へと収斂し、多くの抵抗を乗り越えながら結局は意識化されることがある。すると抑圧されていた心的エネルギーは強い感情を伴って放出され、抑圧が原因となっていた症状は消失する。逆にいえばこの消失によって、原因の解釈が正しかったことが確認されるわけである。

抑圧にもさまざまな種類と程度がある。たとえばある議長が開会を宣言するつもりで「これをもって本会を閉会します」といってしまった。このような言い間違いは単なる偶然ではなくて、意味を持つ。つまりその議長は実は会議を開きたくなかったのだが、職務上その気持ちは抑圧されて意識には上らない。しかし抑圧された気持ちは言い間違えという形で表出され、仮想上の満足を求める。読者には、ワープロで「何卒よろしくお願い申し上げます」と打ったつもりなのに、画面は「申し下げます」になっていた、というような経験がないだろうか。

幼児の場合、満たされなかった欲望がストレートに満たされる夢をみることが多い。つまり夢は代償的な願望充足である。イメージ経験のなかで欲動の心的エネルギーが放出されるわけだ。成人の場合は夢でも検閲機構が働くので、反社会的な欲望が夢の中でストレートに果たされることは少ない。夢における欲望充足が本人にも気づかれないように、夢はさまざまな仕方で変形され、象徴的イメージの組み合わせとなる。

象徴行為は日常生活でもみられるもので、私の学生時代、それは私がフロイトの著作を読んだしばらく後のことだったが、教室で外国人教師が話しながら――ほとんど無意識にだっただろう――黒板拭きの背のバンドを摘んで輪を作り、そこにしきりにチョークを入れたり出したりしている。それを見て私は、この人は単身赴任らしいと思ったのだが、お宅に招待されて行ったところ、やはり家族は故国に残しての一人暮らしであった。これは当時の私に、フロイト説の正しさを示した出来事の一つである。

フロイトは抑圧される幼児期体験の重要なるものとしてエディプス・コンプレックスをいう（幼い男児は母親に性的愛着を抱き父親をライバルと感じる。この感情は抑圧されるが、形をかえてさまざまな表現を得る。ギリシャ神話に登場する、父を殺して母を娶ったオイディプースの物語は、この普遍的経験の神話的表現であるという）。彼はまた、成人の性行動は、幼児期に始まるさまざまな時期をへて正常な性行動へと統合されるので、だから正常な過程からはずれた性対象や性目標の倒錯が発現しうるという理論、人間の行動にはリビドー（広義の性愛）がひろく関与しているという見解、人間には根源的な本能として生と死の本能があるというような説を立てた。これらの説は必ずしも説得的ではないが、フロイトは無意識の働きについて学問的研究の道を開いたのである。

我々の観点から興味があるのは、自我は人間における究極的な主体であるどころか、脆弱で常に危険に晒されたものであり、イドと超自我の狭間で難儀しているという理解がなされたこと、つまり自我の自律性絶対性が明確に否定されていることである。それに加えて、夢や象徴行為の解釈が提唱されており、これらが意味をもつ広義の言語であることが明らかにされた。換言すれば深層心理学には、記述言語より表現言語の方が起源も早く、より根源的でもあるという言語論が含意されている。フロイトは自覚的に言語化されるとは限らない無意識について語ったが、「言語化不能なるもの」について語ったわけではない。しかし象徴行為や代償行為、夢や神話や民話や文学などの言語性に対する深い洞察を与えたということができる。

以上の点ではC・G・ユングの心理学も同様だが、彼は無意識の理解をさらに広げ深めている。フロイトの場合、無意識の内容は抑圧された反社会的欲動が主である。しかしユングの場合、それはおそらく歴史時代以前にさかのぼる人間共通の心性を含んでいる。それは洋の東西また現代古代を問わずあらゆる人間に共通する心性で、自我が発達するにつれて無意識化され、しかしいまも無意識のなかで働いている。それは集合的無意識や元型とよばれ、おそらくは人間が言語を発達させる以前の情報処理や刺激への反応の仕方を表現しているのである。ここには——夢として現れた場合も——現代が見失ったポジティヴなものが豊かに含まれていると思われるが、本書の枠内ではこれ以上触れないでおく。

第三節　構造主義

フェルディナン・ド・ソシュール
一般言語学講義　（一九一六）
クロード・レヴィ＝ストロース
親族の基本構造　（一九四六）
ロラン・バルト
物語の構造分析　（一九六六）

前節の問題は、人間の身体内にあって自我に働きかけるものと自我との力動関係であるが、自我には隠れていながら、自我をいわば深みから一定の仕方で構造づけるもの――主として社会性――があり、構造主義はこの関係の認識にかかわっている。

十九世紀言語学のひとつの中心は、いわゆる印欧共通基語の再建であった。インド語、スラヴ語、ギリシャ語、ラテン語、ケルト語、ゲルマン語等は、一つの共通基語からそれぞれ分化発展したとの想定のもとに、失われた共通基語を再構成しようとするものである。

実際、英語の is に相当する語はドイツ語で ist、フランス語で est、ラテン語で est、ギリシャ語で esti（n）、サンスクリットで asti であり、またこれらの言語には、人体の部分については語根 ped-（足）、近親関係では子音 ptr（父）等が共通し、ギリシャ語・ラテン語の p にはゲルマン語の f が対応する、というようなことは広く知られている。

このような事実から出発した研究の結果、「共通基語」に属する若干の単語と文法が「再建」されたが、ここで大きな問題が起こってくる。それは、それらが実際に共通基語に属するかどうかは別としても、再建された語群が同時期に使われていたかどうかわからない、ということである。言語の単位は文だが、同じ時期に使われていない語を組み合わせて文を作ってみても仕方がない。当の語群は同時期の「共通基語」の構成要素だとはいえないからである。言語は同時期に使われている語のシステムである。

言語は同時的に成り立っている体系であることを主張したのがF・ソシュールである。この同時性のことを共時性（synchronie）という。それに対して歴史的な変化、発展、分化の面は通時性（diachronie）といわれる。言語研究には通時的研究は必要だが、それだけでは不十分で、共時的研究を欠かすことはできない。実際、新約学研究者なら誰でも知っているG・キッテル編の『新約聖書神学辞典』は、通時的研究の代表のひとつだといえよう。これは新約聖書に用いられている単語のすべてについて、古典ギリシャ語での用法、対応するヘブル語での用法、ヘレニズム時代のギリシャ語での用法、新約聖書に近い文書での用法を詳しく辿り、ここからして新約聖書での意味を明らかにしようとするものである。ここでは新約聖書のギリシャ語が共時的システムであるという認識は全く欠けているわけではないが、少なくとも十分ではない。しかし共時的な視点を欠いては新約聖書に用いられている単語の意味は十分明らかにはならない。というのは新約聖書では、たとえば「真理」はイエス・キリスト自身またキリストがもたらす救済とその宣教を示すもので、同様な単語群ひいては新約思想全体と密接にかかわり合っている。「真理」は古典ギリシャ語におけるように「存在」と、旧約聖書におけるように「神およびその民イスラエル」と、結び付いているものではない。

もっとも、事柄上からいえば、共時性と通時性のほかに重時性ともいうべき局面があると思う。これはたとえば生物の進化にみられるように、多細胞動物が現れたからといって単細胞動物が死滅するわけではなく、両棲類が登場したからといって魚類がいなくなるわけではなく、爬虫類が現れたからといって両棲類が絶滅するわけではなく、哺乳類が出現したからといって爬虫類が姿を消すわけではなく、最初からいるものと後から現れたものが一緒に生きてひとつの生態系を作っている、というような、共時性と通時性とを併せ持った局面のことである。言語が、元来の要素に、歴史的に受容されたり創出されたりした新しい要素が加わって共時的体系となっていること、つまり「重時的」なものであることは明らかである。

それは別として、ソシュールの業績で重要なのは言語の諸層を分けたことである。我々が実際に語っている個別的具体的言語は、最も表層に位置するものでパロール（parole）といわれ、言語能力の社会面すなわち社会的共通面はラング（langue）、さらに言語活動はランガージュ（langage）とよばれる。文法はラングに、言語化はランガージュに属すると考えていいだろう。そして一般に文化現象を共時的体系として把握し、さらにそこに表層と深層を区別して、深層にある構造が、同じ構造を映す多くの表層現象を生み出してゆく、というのが構造主義に共通する見方である。つまり構造主義は、ある意味で言語研究に触発されたものということができる。

実際、言語の単位は文であり、文は基本的に主語と述語から成っている。この際、主語は名詞で、述語は名詞か形容詞か動詞である。ところで主語部分は、単語でも句（語群）でも文でもありうる。さらに主語について修飾や限定や説明をおこなうのは形容詞だが、修飾や限定や説明も単語だけではなく、やはり句あるいは文でありうる。述語部分の名詞や形容詞や動詞、これらを限定修飾する副詞についても同様で、それらのそれぞれが語、句、文でありうるし、さらにこれらのそれぞれに関しても、そこに含まれる構成要素について、同様なことがある。つまり文はフラクタル構造（入れ子構造。語を句や文で置き換え、句や文の中の語をさらに句や文で置き換えうる、以下同様、という構造。後述）を持っているものだ。各語の中には句や文が——可能的には——無限に入っていると考えることができ、だから単語を句や文に置き換えることができるのである。

このような面を厳密に解明したのはチョムスキーの生成変形文法で、チョムスキーはあらゆる言語に共通する構造を志向している。言語は、基本構造がいわば深層の鋳型となり、その構造に決定される秩序をもつ表層のことばが、無限に生み出され分化展開してゆくようなものである。

構造主義は文化人類学では、たとえば一見複雑な姻戚関係に単純な数学的構造が支配している（レヴィ＝ストロース）というような認識を可能にした。文学研究に適用されて（ロラン・バルト）、テキストを背景の歴史や文化的状況や著者の個人史から理解するのではなく、テキストをあくまでテキスト内在的に構造分析するような研究法を生み出した。この際、民話、神話、小説などについて、たとえばあらゆる救済（出）物語に共通する構造が析出される。その他の文化現象についても、一見まったく違った領域の事柄に共通の構造が見出されるというような発見もあった。しかしいわゆる構造主義は、宗教が知っているような人間の深層構造に必ずしも触れていない。この構造は人間の自由を否定するようなものではなく、かえって自由を成り立たせるものである（後述）。本書の枠内で問題となるのは以下のようなことである。

自我は自分自身を生み出すような究極的主体ではない。語るとか作るとかいう行為について、自我にいわば先行して、語られ作られるものの構造が決定されており、自我にはそれを変えることはできない、という局面がある。これは自我にかかわる制約である。

言語についても、ソシュールとチョムスキーの言語論は以下のような認識を含んでいる。自我は言語を使って、現実を現実自身の秩序にしたがって記述するわけではない。事物があるから、それに応じて単語が作られるのでもない。逆に単語が現実を分節し秩序づけてゆく面がある。換言すれば言語は記号を用いて客観を写し、情報を造形し、伝達するように見えるが、実は内外からの情報を処理し造形するについては、人間に共通の仕方があらかじめ与えられているのであって、現実はそれにしたがって言語化されるのである。情報を処理し言語にまで造形する仕方に馴染まない事柄は言語化されない。

我々はこの認識をさらにつきつめて以下のようにいうことができる。言語化された現実は現実そのものとは秩序を異にするものであって、一般に言語は現実をさながらに写すものではない。言語化とは比喩的にいえば、以下のような処理・操作に似ている。すなわち

（1）網で魚を捕って――何が捕れるかを決めるのは網のほうである――まず売れるもの

と売れないものを仕分けし、（2）さらにそれを種類にしたがって分けて値段をつけ、（3）売りに出すようなものである。（2）は知覚の比喩である。知覚は現実を言語の網で掬い取り、不必要なものを捨てる。（2）は認知の比喩である。認知は知覚されたものを分類して名前をつけ、各々の単語に意味を与える。（3）は認識を語る行為の比喩である。

したがって、ありのままの現実（つまり言語化以前の現実）と言語化された現実（つまり我々がふつうに現実と称しているもの）との違いは、たとえば珊瑚礁に群れ泳ぐさまざまな魚群と店頭で分類され売られている——商品化された——魚との違いに似ている。一般に言語化と商品化のあいだには本質的な類似があるものだ。なお誤解のないよう断っておくが、ここで「ありのままの現実」というものは、カント的な意味での「物自体」のことではなく、言語化以前に直観にあたえられ、この意味で我々に経験可能な現実のことである（後述）。

第四節　現象学

エドモント・フッサール

現象学の理念——五つの講義（一九〇七）

純粋現象学と現象学的哲学への試案（一九一三）

我々の観点から問題になるのはフッサールの「現象学的還元」である。さてデカルトは疑いうるものすべてを疑い、経験される他者の客観的存在さえ、経験と思われるものは実は夢かもしれないと疑い、ついに疑おうとしても疑えない知、すなわち「我思う、ゆえに我あり」に到達した。これは考える自我の直証的自覚である。デカルトはここから出発して生得観念の分析に進み、そこに神観念が含まれていることに基づいて神の存在証明に至り、神の存在を媒介として、経験される客観的他者の存在を承認するのである。それに対してフッサールは、デカルトのようにもっぱら考える自我の自覚の方向に進むことなしに、経験一般をまず意識としてとらえ、その構造を考察する。

経験される他者の存在も認識もたしかに不確実である。だからフッサールは、経験される他者が客観的に存在するということも、さらにそれが何であるかという通念も、すべて括弧に入れて、その真偽に関する判断を中止する。すると残るのは純粋意識だけであって、そこには意識されているものについての客観的・実質的・通念的判断は一切含まれていない（現象学的還元）。しかし意識とは、意識する自我が何かを意識することであって、そこには意識されているもの（ノエーマ）と、意識する自我の、それへの志向性（ノエーシス）との関係という構造が存在する。また意識は、構造主義の言葉を使えば、共時性と通時性の両面をもつ意識の流れであるが、そこには個々の瞬間の意識を超えた普遍的定常的な構造が見出される。それに基づいて、意識に現れるものについて、いったんは括弧に入れられた客観的存在性が与え返されてゆく。さらに意識の中には自分と似た存在が現れ、自分はそれに自分自身を投射することができる。そこからして他の人間の存在が、ひいては多くの人間と、それらに共通する対象と、対象認識とが回復されてくるわけである。

現象学的還元を本書の立場で解釈すると以下のようになろうか。記号とは、後述のように、記号表現と記号内容が結合したものであって、普通名詞の場合、それには通常指示対象がある。記号表現とは犬なら犬の場合、イヌという発音、また犬という文字のこと、記号内容とは犬に関する社会的通念のこと、指示対象とは犬の実物のことである。この際、記号表現・記号内容・指示対象は社会的に通用している言語の一部である。

さて我々が「あれは犬だ」と認知するとき何が起こっているかといえば、我々はあるものを「犬」という記号の指示対象であると認知するのである。すると、記号には記号内容が含まれているから、犬と認知された対象について、それがいかなるものであるかは、記号内容から与えられることになる。換言すれば我々は日常、社会的に通用する言葉を使っており、したがって――ほとんど無意識のうちに――社会的に通用する記号内容を承認しているわけだ。だから犬なら犬の認知に際しても、犬と認知された対象に犬に関する通念を読み込み、それを犬に関する正当な認識だと考える。実際、それは社会的に通用するから誰も反対しない通念なのである。

しかしここには倒錯がある。認識とは、対象自身から汲まれ読み取られなければならないのに、我々は逆に対象に通念を読み込んで、それを正当な認識として通用させているわけだ。後述のように、その倒錯性はたとえば差別において明らかとなるが、実は、これは我々が日常行なっていることである。言い換えれば、認識とはもともと事柄の認識であって、認識を共有する人間は本来対象に即してその正しさを確かめなければならないのだが、通念はその手続きなしに、事柄から遊離してひとり歩きしている。

この倒錯からの解放を求めるなら、我々は、対象にいきなり通念を読み込んでそれを対象認識とみなす認知方式から解放されなくてはならない。経験とは、実は、すでに対象化され記号化された事物の経験なのである。言語化以前のものを言語化することではない。たとえば「あれは木である」という陳述は「あれは木と呼ばれているところのものである」ということで、言語化の再認である。

したがって、上記の倒錯から解放されるためには、我々はこの事態をよく自覚して、経験から、言語が与えた対象性、記号性を取り去ってみなくてはならない。我々は記号表現・記号内容・指示対象という枠組みを使って、経験が与える情報を処理しているのである。前述の比喩を使えば、対象化とは、我々が「魚」を捕らえるという姿勢で「魚」に対することに当たる。記号とは、我々が現実という「魚」を捉えるための道具つまり「網」であり、記号内容とは捕らえた魚につけられる「価格」に当たる。こうして魚は商品化（言語化）されるわけだが、日常生活で我々は商品化された「魚」のことを魚だと思っている。しかし商品化される以前の魚がいるではないか。

フッサールは記号化以前の現実を摑もうとして、対象化・記号化一般がもたらしたもの（現実から何かを切り出して対象化し、名付け、意味を与えること）を、括弧に入れたのだと解釈される。それが現象学的還元ということである。対象化され記号化された現実の内容は、まさに通念として言語社会では当然のこととして通用するものだが、フッサールはこの通念を括弧に入れる。そしてそこに現れる通念以前の現実、すなわち対象化・言語化以前の現実を、まずは純粋な意識現象つまり純粋現象として捕らえて、事柄を――通念を外した上で――あくまで直接意識に与えられている純粋現象に即して分析・記述するのである。

ここで大切なのは、記述がすでに対象化・記号化された現実の経験に立ってなされるのではなくて、それ以前の経験が求められ、それが純粋な意識現象として記述される点である。この純粋現象はひとまず純然たる意識内在だが、意識の構造の分析からして、あらためてその他者性が与え返されるわけである。

このように現象学的還元は通念的対象化と記号化、つまり言語化に対するラディカルな批判を含んでいる。我々に重要なのはこの点である。現象学的還元と純粋意識の流れは、独我論的な点で大乗仏教の唯識に似ている。しかし現象学では唯識とは違い、認識主体が自我（六識の統一としてのマナ識）とそれを超えるアーラヤ識に分析されることはない。それは現象学においては自我（むしろ共同主観性）が究極の認識主体であって、自我を深みに向かって超えるものが自覚されてこないからである。他方、現象学では唯識と異なり、意識構造の分析からして他者の客観的実在性があらためて承認されてくる。

現象学的還元は、さらに後述の直接経験Aにも近い。あらかじめ違いを指摘しておけば、第一に直接経験においては現実の言語化だけではなく、自我もいったん滅びて新しく再生するのである。直接経験の現場では自我の直覚（自覚）もない（ないという自覚もない）。しかし反省が成り立ってくる場面では第二に、直接経験の内容全体が、意識といえばあくまでも意識だが、同時に意識超越（意識の外なるもの）といえばあくまで意識超越である（知即事、事即知）。現象学的還元の場合のようにいったんは他者経験が純粋意識に還元され、あらためてその対象性が与え返される必要がなく、はじめから知即事（意識内在即意識超越）であって、この性格はどこまでも保持されるのである。この点は直接経験Bにおける他者経験についても同様である。自己はあくまで他己とのかかわりにおける自己として自覚されるのである。

第五節　言語哲学──ウィトゲンシュタインを中心として──

ルートヴィッヒ・ウィトゲンシュタイン
　論理的哲学的論考（一九二一、一九二二）
　哲学的探求（一九五三）

言語を問題とする以上、我々の関心の範囲で今世紀の言語哲学に触れておかなくてはならない。さて哲学の終焉を宣言した哲学者ウィトゲンシュタインの初期の代表的著作『論理哲学論考』の中心命題は要するに、個々の事態の写像となっていて、またそうであることが検証される文だけが、認識を言い表す文として有意味だということである。この際、事象の結合である世界と、それと同じ論理的形式を有する思想と、その表現としての命題の集合とは等価的であるとされている。ところが伝統的な哲学は、上記の意味で検証可能な問いと答えを提出しているわけではない。するとそもそも哲学的な問い自体が無意味であって、問いが消滅するという仕方で哲学は終焉するという。

さらに哲学だけではなく、宗教や倫理や芸術も、語ることのできないことを語っている。しかし我々は語ることのできない事柄については沈黙すべきだ、という。ウィトゲンシュタインはこうして、まさに語るべからざることにかかわる領域の重要性を、逆説的に明らかにしたのだともいわれる。実際、たとえば禅的認識は命題に還元可能なものではなく、その意味で語るべからざるものであることは、たとえば臨済録に繰り返し注意されているところである。しかし、もし人あって——いわゆる論理実証主義者のように——上の言明から出発して哲学、宗教、倫理、芸術の言語一般が無意味だというなら、これはまことに乱暴な見解だということになろう。

この問題は本書の中心主題に関わることだから、第四章との重複をおそれず、以下で序論的説明を加えておく。さて言語の有意味性は、主として英国の分析哲学で展開される言語分析と呼ばれるのは、日常言語の論理的意味を分析して厳密な記号論理的表現に書き直す作業がなされたからである。同時に言語に関する検証理論が発展し、検証不能あるいは反証不能な言説（つまり正しいかどうか客観的事態に即して確かめようのない言説）は無意味だという理論が形成された。するとこのような言語論は実質上科学哲学となる。この理論をさらにつきつめたのがいわゆる論理実証主義で、哲学や宗教の言語は検証・反証不能だから無意味だという。さすがに現在この説を全面的に是認する人は少ないようだが、思うにこの説の間違いは、行き過ぎだということではなくて、認識を語る言語はすべて記述言語であると決めているところにある。

言語にはいわゆる記述言語だけではなく、表現言語（自覚表出言語）という膨大な領域がある。前者の典型は、ある言語集団が第三者について――それを認識し、支配・管理し、利用するために――形成・伝達する情報である。現代では科学・技術・経済の、三者提携の枠組みにおける科学の言語がそれである。自覚表出言語とは、モノではないから外からは観察不可能で、それを自覚した本人が語らなければ他の人間には知られない生内容、たとえば「感」覚、「感」情などの感、イメージ、思考、経験内容、さらには信仰などの言語表現である。

さて、この言語表現（表情や身振りも広義の言語表現である）に接する他者は、その言語表現を手掛かりとして自分の経験を検索し、表現されている当の生内容に自分の経験内で思い当たることができれば、それを了解する。その了解の正しさは、語る人の言葉を聞く人が自分自身の言葉で言い直すことができるとき、あるいは語る人の言葉を全体として自分の言葉に翻訳できるときに確かめられる。さらに語る人が聞き手の言い直しを聞いて、それが自分の言いたいことだと思うなら、その正しさはこの相互翻訳可能性によってさらに確かめられる。つまりこの言語は、自覚―表現―了解という連関、つまり科学の言語とは違った枠組みのなかで意味をもつ言語である。

ところで、この言語で用いられる名詞は、「百聞は一見にしかず」という文の「聞」や「見」のように、動名詞（不定詞、ジェランド）であることが多い。聞は「聞くこと」、見は「見ること」を意味する。これは生内容の自覚的言表に関わる名詞（生、感覚、思考、経験、表象、想像、また感動、愛、絶望、信仰など内的な出来事を指示する名詞）一般について妥当する。

この際注意すべきことは、一般に動名詞は歩行、飲食、労働のように客観的な動態を指示する場合でも、人やモノのような個物を客観的指示対象として持たないことである。まして表現言語で用いられる動名詞は、内的に経験される動態を表出するのであって、このような動名詞は客観的事態の写像ではありえない。

記述言語における普通名詞（たとえば「犬」）には、ふつう客観的に観察可能・検証可能な指示対象（実物の犬）があるものだが、それとは違って、自覚表現言語で用いられる動名詞にはそのような指示対象がない。たとえば「感覚」という「モノ」が、生の営みを離れて客観的・実体的にあるわけではない。しかし我々は日常的にそのような語を使って実際にコミュニケーションを行なっているし、文学には自覚表出言語が多く用いられている。要するに言語が客観的事態の「写像」でありうるのは記述言語の場合であり、だから論理実証主義のように客観的に検証可能な命題だけを有意味とするなら、自覚表出言語のすべてが抹殺されてしまう。

新約聖書においても「もはや生きているのは私ではない。キリストが私のなかで生きている」（ガラテア2・19―20）というような言葉は、後述のように、「自己」の自覚の表出であって、ここでのキリストは性質上は動名詞である。実際、「私にとっては生きることがキリストである」（ピリピ1・20）と語られ、この文の場合、主語の「生きること」は「生きる」を意味する動詞の不定詞（ト・ゼーン）である。ここでパウロは、彼の生の全体が彼を超えた働きによって担われているという自覚を語っているのであって、この文はこのような自覚の表現として理解可能である。

しかしこの陳述は決して客観的事態の写像ではない。だからといって「キリスト」があらゆる意味で非現実だということはない（後述）。他方、もし上記の自覚に基づいて、ひとが「キリスト」をいきなり――テクストの了解を飛び越えて――超越的・客観的現実として定立するなら、それは表現言語の領域から記述言語の領域への越境にほかならない。だから、もしここで「客観的超越者」をいうなら、自覚から客観性への超越の正当性が弁証されねばならず、さらにこの客観性はあくまで信仰の事柄であって、観察される事態の認識ではないことが明白にされなければならない。言い換えれば上述のウィトゲンシュタインのテーゼは、宗教の言語は記述言語ではありえないという意味に解釈でき、まさにこの意味で正当だと、私には思われる。

後期のウィトゲンシュタインは、前期よりはるかにラディカルである。上述の「世界—思想—命題の集合」の等価性は放棄され、彼は「言語ゲーム一元論」というべき立場に移行する。言語ゲームとは、要するに言葉のやり取りが成り立っていることで、行為を含むコミュニケーション一般のことである。この立場では写像理論の展開と超克がみられる。展開というのは、いまや「心的事象」(認識、思考、理解、意図、意欲、信念など)は観察可能な事態ではないことが注意される。たとえば意図とは、意図する人の心にある観察可能な客観的事態ではなく、意図について語る人はその客観的事態を観察・記述しているわけではない(これは全く当然のことである。意図は観察されるものではなく自覚されるものであり、自覚内容は言語化によって固定される。前述のように、表現言語で用いられる名詞には、記述言語とは違って客観的な指示対象ないし事態がないことが多い)。

ところで彼によると意図とは、「意図」という言葉なしには成り立たないものであり、それが何を意味するかは、その言葉が言語ゲームでどのように使われているかを展望することによってしか知られない。「私」についても同様で、私という実体があるわけではなく、私とは「言語ゲーム」において有効に使用される言語的存在なのである。

さて心的事象にかかわる言語ゲームの説明には、「カブト虫の比喩」が用いられる（『探求』第293節）。各人が箱を持ち、その中には、持ち主しか見ることのできないものが入っている。ところでその「何か」は、持ち主たちの間では一般に「カブト虫」と呼ばれ、「カブト虫」として通用している。カブト虫にかかわるこの人々の言説を、各人はそれぞれ自分の箱の中を見ることで了解しているわけだ。さてこのような状況で言語ゲームが成り立っているとすればどうだろうか。言語ゲーム成立のためには、「カブト虫」という語が同一の対象を指示する必要は全くないし、つきつめれば、指示対象が存在する必要すらない。

さて最後期のウィトゲンシュタインは、心的事象のなかに或る区別を導入する。ひとつは感情や感覚のように、時間内に生起することで、それに注意すること、ないしそれを観察することが可能な事象であり、他は意図や思考のような、それが不可能な心的事象である。前者は「経験」できるが、後者はそうではない。したがって「私」は経験不可能であり、実体性を失って、言語ゲームのなかでの言語的存在に解消される、という。

思考や意図はもとより客観的事物ではなく、私がそれであるような現実である。実際、私は私を観察して記述することはできない。観察し記述する当のものが私であり、それは観察され記述されるものの枠外にある。感覚の場合はいささか違うというのは、我々は感覚に意識を集中し、ある意味で観察することができる。現象学的にいえば、感覚は意識が志向（ノエーシス）するノエーマである。

ここで「ノエーシス・ノエーマ」と記号との関連一般に注意することが有用であろう。記号とは前述のように、記号表現（イヌならイヌという音、また字）と記号内容（イヌならイヌに関する社会的通念）とが結合したものである。そして上記のように、記述言語で用いられる普通名詞の場合は指示対象があるのが普通である（イヌの例なら、実物の犬）。すると、記号の指示対象について、「指示」はノエーシスに、記号内容と指示「対象」はノエーマに、対応する（ノエーマには「対象」と対象に関わる「理解内容」との二義がある）。この対応によって、ノエーシス・ノエーマ構造を持つものは記号化できることになる。記号化はノエーシスに、記号内容と指示対象はノエーマに、対応するからである。以上の対応は、記述言語で用いられる普通名詞についての事柄である。

さて「痛み」のように元来自覚表出言語に属する名詞については、なお若干のコメントが必要である。痛みは外的対象ではないが、意識内では、志向する意識に対する、志向されるもの（ノエーマ）であり、この意味での対象性があるわけだ。しかし感覚は単なる対象ではない。感覚は感覚される「もの」や、感覚する「こころ・からだ」の状態についての理解を含んでいて、それを表示している。これはたとえば音について「うるさい」、「やかましい」、味について「うまい」、「苦い」、一般に「こころよい」、「気味悪い」、「不快である」というような語を考えれば明らかである。

つまり、感覚はノエーマであるが、ある理解と結合しており、それを感覚する人に表示するものである。感覚は、身体から自我への身体情報だといってもよい。すると自我の側からいえば、感覚を表す語（記号表現）は、当の感覚を対象化しつつ、特定の理解内容と結合しているものであって、この構造は、記号表現・記号内容・指示対象の構造と一致するわけだ。だから我々は痛みと呼ばれる心的情報を、痛みという語として記号化できる。

では、「私」や「思考」のような、意識のノエーマとして対象化されないものについてはどうだろうか（ウィトゲンシュタインは、私や思考は客観的事象ではないから経験されないという。我々の言葉で言い直せば、私や思考は記述言語では語れない。「こころ」とは後述のように、表現言語を語り表現言語で語られる「はたらき」であって、記述言語で語られる「モノ」ではない）。さてデカルトが「我思う、故にわれあり」といったのは、「我」が思考を観察したのでもなく、思考から「我」の存在を推論したのでもない。これは理性が理性自身に目覚めたこと、つまり思考の自覚であり、この自覚は思考に直覚的に伴っている。換言すれば観念論哲学の全体は、思考の自覚の言語化だといえる（思考の思考）。つまりその言語は記述言語ではなくて、理性の自覚表出言語なのである（数学と論理学も思考の仕方――思考に固有な情報の造型と処理の仕方――の自覚であって、客観的世界にかかわる記述言語ではない）。文学と哲学・論理学は同じものではないが、ともに本質上、自覚表出の言語である。観念論哲学の誤謬は、自覚表出言語でいきなり客観的事態を語ろうとしたところにある。

デカルト的自我の自覚は「考える我」の直覚を含んでいる。この直覚は否定しようがない。「私」は観察の対象でも感覚の対象でもなく、考えるときに、考えることのなかで、考えることを通して、自覚されるのである。しかしまさにここからして、デカルトへの批判が生じてくる。それは、この直覚からして、やがて「私」は、「考える」こと自身とは区別されてくるけれども、私が考える「もの」、考えることを本質とする「実体」であるという帰結は、なんとしても生じてこないことである。この帰結は直覚に含まれてはいない。これは解釈であり、我々の言葉でいえば、自覚表出言語から記述言語への飛躍（超越）である。この意味でウィトゲンシュタインが「私の実体性は消される」というのは正当である。

では私とは何か。直覚にもとづいてだけ語る限り、それは感じ、考え、語り、動かす

「働き」、その自覚を伴うものである。ただバラバラな働きではなくて、それらの働きを私という人格にまとめ、統括する働きである。働く実体のない働きである。だから「私」、「思考」のような語は、元来は自覚表出言語に座をもつ動名詞であって、記述言語に座をもつ実体詞ではない。

さて私は上記の働きを、個的「統合」の働きと呼ぶことにしている（後述）。さらに私とは他者（対極）とかかわる極である。極は作用の出発点・収斂点であって実体ではなく、対極なしにはありえないようなものである。ということは「私であって私以外のなにものでもない」ような実体的な「私」は存在しない、ということにほかならない。実際、私は複雑なことは通例言葉を使って考えるのだが、言葉は、見通すことのできない広がりをもつ歴史と社会の所産であり、私が言葉を使うについては、数えきれないほど多くの人の仕事が必要だったのである。だから「私は考える」といっても、実際上の思考は「私であって私以外のなにものでもない私」という実体の属性ではない。

いずれにせよ、思考とか私とかいうことは、観察や感覚の対象ではないから、なんらかの仕方で表出されなければ、社会的現実とはならない。この意味で、それらはたしかに言語的事象である。私自身にとっても、私の生内容は自覚されて現実となるものであり、その現実性は言語化されて固定・安定するのである。ただし、自覚内容を言語化すると自覚表出言語となる。心的事象は観察されないというとき、ウィトゲンシュタインは、主体は記述言語では語られないといっているのであって、その限りで正当である。しかし、「私」が言語存在で、いわば言語世界の市民だとされるのは、いかなることだろうか。

ふたたび「箱のなかのカブト虫の比喩」にかえろう。このような「箱の所有者」は、ライプニッツのモナドを思わせる。モナド的個人とは、各人が自分の表象世界を持つが、それは他者の表象世界とは直接の関係（やりとり）をもたない。「モナドには窓がない」。しかし各人はそれぞれ異なった視点から世界を表象するから、各人の閉鎖的表象の間には対応関係があることになる。

さてライプニッツのモナドとは違ってウィトゲンシュタインの場合は、個人の間に言語ゲームが成り立っている。するとこの場合、言語ゲームは社会生活におけるもっとも根本的で公共的な所与である。こう考えると言語ゲーム理論は、あらためて言語の営み一般に拡張されうることになる。

モナド同士の言語ゲームを考えると、事象はすべて言語的事象であり、言語と独立な「事象」はすべて言語ゲームから脱落する。すると哲学の仕事は、概念の指示対象としての「事象」の探求ではありえない。言語ゲームが成立している限り、一般に概念に指示対象は必要ではない。するとウィトゲンシュタインのいう通り、従来の意味での哲学は終焉する。いまや哲学は事象ではなく、概念を明確化しようとするのであり、そのためには概念の使用を展望するほかはない。言語の有意味性は言語ゲームが成り立つことで示されるなら、概念の意味はその論理的分析ではなく、言語ゲームにおけるその振舞い（使用）を展望することで明らかとなる。

つきつめると、客観世界あるいは公共の対象なるものは存在しなくてもよいことになる。実際、各人の表象（経験や認識や自覚一般をふくめた広義の表象）の全体を個人の心的活動に還元することは、現象学的還元でみた通り、可能なのである。ここで見れば、各人の表象の全体は「箱のなかのカブト虫」である。ここではコミュニケーション（言語ゲーム）は成り立っても、その彼岸に共通の指示対象が確認されることはありえない。しかも事物一般は表象だから、観察されるものではなく、広義で自覚されるものとなる。この視点からみれば、コミュニケーションの全体は自覚―表出―了解という、表現言語の枠組みで捉えられることになる。

後期ウィトゲンシュタインの言語論は、記述言語を否定した、自覚表出言語一元論となるのではないか。実際、「カブト虫の比喩」は自覚表出言語のモデルなのである。それに対して、もしカブト虫の所有者たちが自分のカブト虫に番号をつけて大きなガラス箱に入れ、皆でそれを観察しながら、また何を話題にしているかを指で差して確認し合いながら、それについて語り合うとしたら、これは記述言語のモデルである。だから「カブト虫の比喩」を言語生活一般のモデルとすることは、表現言語一元論を立てることになる。

さてもし表現言語一元論ならば、有効な言語ゲームの成立のためには、それを離れた事態は不要だが、やはり「自分の箱のなかのカブト虫」を各人が確認して言語化し、その上で他者の言説を互いに自分の言葉へと、自分が語りうる言葉へと翻訳できるのでなければならない。換言すれば、各人の言語使用は各人の表象の自覚的言語化に支えられていなくてはならない。狭義の自覚表現言語から例をとれば、他人の痛みの感覚がどのようなものか、私には知りようもないが、当人の振舞いや発語に接して、私が自分の痛みの経験に思い当たるとき、さらに当の痛みについて語り合う言葉を、お互いが自分自身の言葉に翻訳しうるとき、了解（有効な言語ゲーム）が成立するのである。そうでなければ了解はそもそも不可能で、後述のように、表現言語自体が無意味になってしまう。早い話が、酒を一滴も飲んだことのない人と酒飲みとのあいだに、酒の「味わい」について有効な言語ゲームが成立するとは、私には到底思えない。酒をクラシック音楽といいかえれば、クラシック・ファンはきっとこのことに同感してくれるであろう。これは感覚・自覚の内容、さらには上記の意味での広義の表象一般についていえることである。

独我論が破られるとすれば、言語は自覚に裏打ちされ、さらに、言語ゲームにおける相互翻訳可能性に支えられていなければならない。ということは、記述言語は表現言語に含まれうるということであり、その意味で正当ではあるが、自我（たち）には言語内閉鎖性を超える道が全く閉ざされているということではない。言語世界の外にカント的物自体を想定する必要があるというのではない。表象（意識内在）と事実（意識超越）とは根本において一である（他者即自己）ことが示されれば、言語ゲームと言語世界外の事実とは両立することが明らかとなる（両者は決して切り離せないが区別はできるということ）。次節で言及する京都学派の重要性は、この意味での「一」を明らかにしたところにある。

次に（いま記述言語の世界を独立の領域と認めたとしても）事象はやはり一般にすべて言語事象であり、言語と独立の事象はありえない、ゆえに概念の意味を明らかにするためには事象ではなく、概念の使用を展望しなければならない、といえないことはない。この点にさらに立ち入って考えておきたい。一般に言語と事態とを分けることはできないし、我々は言語を用いるとき、言語化以前の事態を言語化しているわけではない、というのはとりあえず正当な見解である。前述のように、「あれは木である」という陳述は、ふつう言語化以前の事態を言語化しているのではなくて、「あれは世間で木と呼ばれているものである」ということ、つまり、すでに通用している言語化の再確認である。いいかえればこの陳述は「あれは〈木〉という記号の指示対象である」といっているのである。

繰り返すが、記号とは一般に記号表現と記号内容が結合したものである。記号表現とはイヌならイヌという発音や字のこと、記号内容とはイヌにかかわる社会的通念のこと、イヌは普通名詞だから、この場合指示対象は実物のイヌである。するとイヌという記号はイヌの実物を代表することになり、我々は実物を眼前にしなくても、記号を使って実物についてのコミュニケーションを行なうことができる。このように一方では、記号には実物の代表という性質がある。

自覚表出言語の場合も、痛みという語はその感覚を代弁する。他方では、言語の本質は言語として「通用する」ことにある。世には貨幣、身分、秩序、慣習、法、さらに時刻、暦などのように、社会的に承認（裁可・合意）されることによって成り立つ現実性がある。たとえば首相なら首相の現実性がそうであって、それは「首相として通用する」ことである。首相「である」ということは、当人の資質や実力によって首相「である」ことではなく、公的社会的に首相として認められ「通用している」ということである。社会生活上は「……である」ということは、多くの場合「……として通用している」ということであって、一般に社会生活上の現実性は「存在」ではなく「通用すること」である。言語はまさにこのような現実性である。言語とは言語として通用しているもののことである。以上のように言語には代表性と通用性の二面があるが、通用性の面だけを取り上げ、事態とは

「言語化され、そのようなものとして通用する事態」のことであると考えると、おのずと言語ゲーム理論が導きだされる。

まず類比からはじめよう。商品の売買を経済ゲームと考える。さて価格は商品の経済的価値を表示するものである（試験の成績が当人の能力の表示であるとされるように）。しかしそもそも価値とは何か。商品を生産するために投入された平均的労働の量か、欲望を充足させうる性質か、収益可能性のことか、それに需要と供給の関係がどう関与するのか。ゴッホの絵は当人が生きているときにはたったの二枚しか売れなかったのに、いまでは一枚が十億円単位で取引されていることを考えると、価値自体には正体不明のところがあると考えるほうがよさそうである。いずれにせよ商品がある価格で売買されるとは、商品がその価格で示される価値をもつものとして「通用する」ことにほかならない。価値とは存在ではなく通用する現実性である。

ところで商品の価値——変動する価格に表現される価値——がいかほどのものかを調べようと思うなら、それが実際にいくらでどのように売買されているか、つまり経済ゲームにおけるその振舞いを調べるのが当然だろう。注目すべきことに、価格と価値の関係は、記号内容と、当の記号が指示ないし代表する現実との関係に、類比的だということである。価格が価値を表示するように、記号内容は現実が「何であるか」を代表・表示する。ところでその現実が何であるかということは、つきつめて考えればやはり正体不明のところがあって、イヌならイヌというときそれがいったい何なのか、イヌに関する通念はあるけれども、底の底から知られているわけでは全然ない。つまり事態とは通常は言語化された事態のことであり、その内容はまずは言語生活の上で「それとして通用している」内容のことである。言語ゲームを離れて、それ自身として「何かである」ことではない。それは知られていないし、通用する記号内容でもない。記号内容（伝統的な言い方では概念の内包）とは、通用している内容、だからやはり通念のことなのである。

記号内容が、それが表示・代表する現実を正確に言い当てているかどうかは、一般の言語生活上では第二義の問題である。とすれば、「言語化されている事態」、換言すれば「概念の内容」が何であるかを明らかにするためには、それが言語社会でどのように通用しているかを検討すること、当の言葉が「言語ゲーム」内でどのように振舞っているかを調べるのが当然であろう。特にそれが——正義のように——通念的現実性のことである場合、その概念内容を明らかにするためには、言語ゲームでの使われかたを調べるほかはない。

結局、事態はもともと言語世界の一部であって、それを語る言語は事態が「何として通用しているか」を示すわけだ。とすれば概念内容が何であるかは、事態の認識ではなく言語ゲームの分析から知られるほかはない。我々は言語ゲーム理論を以上のように理解することができる。しかしこれは言語の通用性を採って、代表性を無視することである。やはりそれだけではすまされないことがある。

以下はウィトゲンシュタインの理論についてではなく、まずは言語生活の実際についていうのだが、言語ゲームはいわば経済価値から遊離したマネーゲームのようなものになりうるのである。という意味は、ものは商品化されて貨幣経済のなかに組み込まれるのである（事態が言語化されて言語世界の住人となるように）。商品には値段がついているから売買が可能なのである（事柄は記号化されて語られるものとなるように）。しかし貨幣とは、ものやサービスや情報に換えることができるものである。何かを売って他の何かを買うということは、やはり価値を等しくするもの同士が、それを代表する貨幣によって、交換されることである。すると原則として、やはり価格は経済的価値を代表・表示するものでなければならない（価値と価格の区別に固執したのはマルクス経済学の正しさだ——価値がどこまで計算可能かは別として）。

しかるに単なるマネーゲームにおいて価格が経済的価値から遊離することは、たとえばバブル経済とその破綻からよく知られるところである。バブルは土地の価値（とりあえずその収益性）から遊離した「地上げ」によって発生したもので、地価が上がり続ける限りで可能なマネーゲームだった。いったん地価がその収益性をはるかに上回ることが明らかになったとき「バブルがはじけて」、残ったのは負債と「地上げ」のために融資した金融機関の莫大な不良債権で、それが深刻な不況と金融不安をもたらしたことはよく知られている通りである。おまけに「地上げ」のために融資して我々の不動産購買力を減らした——つまり我々を貧乏にした——金融機関の不良債権の後始末のために、公的資金が使われるというのだ。価格が価値から遊離するとこういうことになる。

一般に社会的に「通用するもの」については、言語でも貨幣でも権力でも、「代表する」という基本的性格がある。言語は事態を、貨幣は経済価値を、権力は国民の総意を、代表する。この場合、つきつめていえば、たしかに事態や価値や総意の実体には不明なところがある。にもかかわらずやはり、戦前戦中に我が国で通用していた、戦果や米英の実力に関する報道のように、明らかに事態から浮き上がった言説があり、バブルのように経済価値から遊離した価格があり、一党独裁のように総意を代表しない権力があるものだ。それは不当・不正である。

「通用すること」を本質とする社会的現実には、やはり他方ではどこまでも実質を「代表・表示する」という面がある。ある人が横綱であるとは、横綱と認められ通用していることだが、横綱にしても黒星が増えたり休場が続いたりすれば、横綱をやめて引退しなければならない。実質を代表するから、代表として通用する、というのが正当な通用の仕方である。この正当性は原則として重視されねばならない。だから記号的なるものについても、通用性だけをとって代表性を無視することはできない。これは記号的なるもの一般についていえることである。

事態は言語化されてはじめて事態として通用するのは事実である。事物が記号化されているからこそ、我々はそれについて語ることができる。しかし言語はやはり事態を代表するものである。その結合を失って言語が事柄から遊離し、言語がもはや事柄を代表しないまま、通念だけが語られ、さらに単なる通念に基づいて、敷衍や推論がなされてゆくとき、必ず言語のバブルが発生する。

一般に宗教教団において、教義は真理であることではなく、真理として通用することが第一に重要なのである。なぜかといえば、教義は教団の秩序原理だからである。国家における憲法以上にそうである。教義が否定されれば教団は維持不能となるかもしれない。はっきりいえば、教義は検証とは無関係な、教団の「約束事」なのである。約束に同意できない人間は教団を去るほかはない。

しかしながら、教義はやはり実際に真実を代表するものでなければならない。信徒を、教義が代表する真実の経験に導きうるものでなければならない。この経験からして教義の妥当性を信徒が納得しうるのでなければならない。そうではなくて、教義が経験可能な現実から遊離したまま、教団がただ教義（教団の通念）のみに基づいて解釈に解釈を、敷衍に敷衍を、推論に推論を重ね、これをもって正しい宗教的認識とする場合、言語のバブルが発生するだろう。そのような言語遊戯が通用している間はよいのだが、いったんその非現実性が明らかとなって信用を失ったとき、教団に残るのは、いわば莫大なことばの負債、現実との互換性を失ったことばの空手形であろう。

実は、言語ゲーム理論は古典文献学では常識にすぎない。たとえば新約聖書で用いられる概念の意味論的研究は、新約聖書つまり原始キリスト教教団の「言語ゲーム」でその語がどのように用いられたかという、詳細を極めた研究で、すでに長い歴史がある。重要な概念ひとつひとつについて、十冊をこえる単行本と数十本をこえる論文がある。しかもそれはまったく語の使用の研究であって、語の指示対象（たとえば神）自身の研究ではない。だから信仰を持たない人間にも可能な研究である。

ところでその結果はといえば、語の使われ方はかなり明らかとなったが、しかしどうしてそのような語が作られたか、なぜそのように使われたか、その語の使用が現代人の実際生活や経験といかにかかわり、その語は我々の生活の場でいかにして有効に使用されるか、ということは、文献学的・意味論的研究だけでは結局明らかにならない。つまりそれだけでは、テキストはやはり「了解」されないのである。語が我々自身の自覚を代表するものとならない限り、そもそも「私」という言葉が私の「自覚」に根ざさない限り、語の了解も、教団の枠をこえた公共的使用も成り立たず、教団言語は一種の私的言語となってしまう。これはただ宗教教団の言語生活に限られたことではなく、日常生活でも同様にいわれうることである。

言語生活とは本来、事態から浮き上がった言語操作であり、基盤を欠いた幻想だというなら、たしかにそういう面がある。実は、ふつう思われているよりはるかにそうなのである。我々の生活上の現実性とは、実は通念の現実性なのである。しかしそれでよいことにはならない。繰り返すが、たしかに事態とは「言語化された事態」のことである。しかし、ここにすでに「言葉のバブル」の可能性（むしろ現実性）が潜んでいる。言語化された事態がすべてなら、言語を用いる自我もまた、一般に幻想だということになる。この意味では、自我の営みについて「唯幻論」を説いた岸田秀は全く正しいのである[1]。

一般に言語化以前の現実が言語化の正当性を支えなければ、言語化は虚しいのだ。そもそも言語化以前がなければ言語化は不可能である。言語化とは、本来は言語世界に取り込まれていないものを言語化することだからである。世界がはじめから言語世界なら、思考に可能なのは言語が内包するものの明示化でしかない。発見もなく、言語化の本質と正当性を検討する方法もなく、言語ゲームは空しい言語遊戯となり終わる。自然科学の発達とは、言語化されていなかった謎の言語化の努力でもあったはずである。

本節の結論はこうである。我々は、商品化以前の自然を見失ってはならないように、言語化以前の現実を見失ってはならないのである。それが本来現実を代表すべき言語の健全性を守る道である。言語化以前を見定めたときに、言語化とはいかなるものかが明らかとなり、言語化された事態を語る言語の権利と限界が見えてくる。言語化の仕方が複数であることもみえてくる。さもなければ我々は正当な認識（それには科学言語のような正当な言語ゲームが含まれる）と、現実から遊離した虚しい言語遊戯との区別を見失う。正当な言語ゲームと空しい言語遊戯は区別されなければならないが、言語遊戯の虚しさを示すのは言語化以前の現実の現前である。

しかしここで、いったい言語化以前の現実などというものがあるのか、それはそもそも如何にして現前するのか、というもっともな問いが生ずる。そして本書の全体は、この問いに——肯定的に——答えようとするのである。

付記　ウィトゲンシュタインについては特に以下の文献を参照したが、本節におけるウィトゲンシュタイン理解の責任は私にある。藤本隆志『ウィトゲンシュタイン』（講談社、一九八一）、黒崎宏『ウィトゲンシュタインの生涯と哲学』（勁草書房、一九八〇）、同『ウィトゲンシュタインと禅』（哲学書房、一九八七）、同『科学の誘惑に抗して——ウィトゲンシュタイン的アプローチ』（勁草書房、一九八七）、同『言語ゲーム一元論』（勁草書房、一九九七）。

第六節　京都学派

西田幾多郎

善の研究（一九一一）

一般者の自覚的体系（一九三〇）

無の自覚的限定（一九三二）

哲学論文集第七（一九四六）

久松真一

絶対主体道　久松真一著作集第二巻（無神論、絶対危機と復活、悟り——後近代的人間像他）（一九九四）

覚の宗教（久松—八木対話）（一九八〇）

西谷啓治

ニヒリズム（一九四九）

宗教とは何か　（一九六一）
神と絶対無　（一九四八、一九八七）

我々にとって特に重要なのは京都学派の立場である。重要だというのは、言語化以前の現実の現前を立場としているからで、したがってここでは言語を語る自我が相対化されるとともに、言語化する自我たちの、言語化された世界も相対化される。この立場は禅経験の、すくなくとも一面から全面に及ぶもので、ここで再び成り立ってくる自覚の反省的・哲学的表現は、自我と言語のラディカルな否定と再肯定となるゆえ、きわめて現代的である。その現代性がどこまで具体化されたかは別として、すくなくともその立場はもっとも根源的であるゆえにもっとも現代的である。

言語化以前の現場で言語化が再登場するとき、言語世界の秩序に先立つ、いわば原秩序が語られるのである。西田の『善の研究』は純粋経験（直接経験）を述べることから始まる。ところで後述のように、我々の見解では直接経験にはすくなくとも三つの相があり、それは主―客直接経験（直接経験A）、我―汝直接経験（直接経験B）、自我―自己直接経験（直接経験C）なのだが、西田が述べる上記の直接経験は、さしあたり直接経験Aである。

さて直接経験Aの現場は言語化以前であり、それは同時に自我以前ということであって、この現場で「これは私の経験である」という反省が戻ってくるときに、我と対象が分節されるが、我と対象の関係はまずは「知即事」ということである。ここでは西田のいうとおり、知識と対象はまったくひとつである。別ものが合一するのではなく、ひとつことが観点の違いにしたがって、もともとはひとつであるままで、知るものと知られるものに分節されるのである——両者がやがて相対抗する力として立ち現れることになろうとも。したがって、我あって経験があるのではなく、経験あって我があるといわれる。

言語世界での日常的経験は、はじめから「私（主体）が何か（対象）を経験する」こととして自覚されるのだが、原事態では直接経験が、直接経験の相を失わぬままで、知る我と知られる対象に分節されるのである。このような我は、我であって我以外の何ものでもないような我ではなく、対象もまた同様で、したがって両者の関係は、仏教思想でよく用いられる用語では「即」である。

「即」とはAと非Aとがひとつの事態の表裏であること、この意味で「Aは非Aである・Aは非Aではない」ということである。換言すれば、「知即事」といわれるとき、知り・語る我もその対象も、すでに日常的経験での我と対象とは違ったものである。知と事は、反省的に語られるとき、主は客を含んで主であり、客は主を含んで客であるといわれる。このように、それ以前とは違った我を含んで現前している違った世界が新しく言語化されるのであって、我も世界も——以前と同じでありながら——同じではない。という意味は、日常的経験は排されるのではなく、原経験の一面、言語化されコミュニケーション可能な局面として、位置づけられるのである。

さて西田は直接経験の現場に立ち、知即事の知として、原風景を語る。純粋経験の一が保たれたまま、それが主体的方向（精神）と客体的方向（自然）に分節され、一は両者を超えて包む統一力となる。このように原風景を語る西田は——この語りが『善の研究』である——重要な問題に逢着する。それは、このように知り、語る自己とは何かということである。それが明らかとならない限り、語る行為も語られる内容も明らかにならないわけだ。この場合、自己は対象化されて見られる我ではなく、主体としての見る我である。では主体として見る我はいかにして知られるか。もしその知を自覚というなら、自覚とはいかなる事態か。それを明らかにする作業は、西田の立場に始めから含まれていた直接経験Cの明示化にほかならないが、中期の西田は自覚の構造を哲学的に解き明かそうとして茨の道を切り開くのである。

西田は、自覚とは自分が自分を自分のなかに映してそれを見ることだと考える。すると、自分を自分のなかに映すとはいかなることかが問われるのだが、ここで三つのことが現れる。それは、ノエーシス的自己がノエーマ的意識を見るという現象学的方法、ドイツ観念論の伝統に見られる、知る我の主体方向への自覚の深まり（感性、悟性、理性、精神）、「SはPである」という判断を「主語Sは述語Pに於いてある」と解釈する述語論理である。西田はこの三者を結びつける。すると、感性を超えて包むもの、つまり感性を対象化してこれを自己のなかに見るものは悟性であり、同様に悟性を超えて包むのは理性である、というように秩序づけられてゆく。包まれるものは包むものに「於いてある」ことになるわけだ。

ところで現象学では、意識を対象化して見る主体は自我なのだが、西田の場合はそれとは違って、知の主体は自我をどこまでも主体方向に超えてゆくのである。すると「於いてある場所」の究極は超越的述語面といわれ、見る私を超えてこれを包むものであり、「私」はその働きを自己のうちに映すことになる。これはいかにもヘーゲル的である。正直のところ私には、中期の西田は、当時の状況では理解できることだが、自分の思考をあまりにもドイツ哲学に一致させようとし過ぎていたように思われる。

しかし後期の西田は、やはりヘーゲルとは異なった道を歩み、上述の自覚が成り立つ地平を場所の構造として言い表そうとするのである。ここには西田自身が内在的超越というように、自覚内在から自覚を超えてこれを包む超越への飛躍があると思われるのだが、西田は、なお理性主義的にひびく超越的述語面を、個物が於いてある働きの場所と解し直すのである。それは絶対が、自分自身を自分のなかに見る場所でもあり、だから絶対と相対（個物）との関係は、絶対矛盾の自己同一だということになる。こういうと再びヘーゲル的に聞こえてくるが、西田はここで「思考する絶対者の、思考する人間を通しての自覚」ではなく、実存的な個と個とが働き合う場所、人間が身体として働く歴史的世界を語るのである。

久松真一と西谷啓治は西田が開いた立場を継承してゆくのだが、その際、正当にもドイツ観念論哲学の文脈から、より純粋な仏教的思想表現に向かっていったと、私には思われる。神と存在と思考をめぐる西欧哲学の概念性は、禅的な自覚の哲学的表現にはやはり馴染み難いのである。久松は自覚を、端的に「無相の自己」の自覚として語る。これは人が無相の自己に目覚めることだが、同時に無相の自己が自分自身に目覚めることである。無相の自己は、自我を超え――したがって自我の理性を超え――自我と一である「自己」、身体的人間の究極の主体性である。本書の言葉でいえば、これは自我・自己の直接経験すなわち直接経験Cの典型的表現のひとつだといえる。

久松は西田のように現象学的概念性によらず――この方法ではどうしても知る我に偏るから、後期の西田は場の論理で働き合う個を語った――禅者らしく、いきなり無相の自己の自覚と働きを語るのである。この自覚が思想的に述べられる場合、久松は禅的自覚の立場を西欧中世の神律的・他律的な立場、近代の自律的・個人主義的な立場と対比する。中世には一があって多がなく、近代には多があって一がない。久松の立場は一即多が成り立つ後近代《ポスト・モダン》的立場なのである。

あるいは久松の「悟り」の立場は、ヒューマニズムをもニヒリズムをもセイズム（有神論）をも超えたものとされる。悟りの直接性においては自我も言語も——自覚ということすら——消滅して、ここで現成する純粋な無心の働きが無相の自己と呼ばれることになるのだが、その反省態においては自我と自己、自分と他者、個と超越が分節されてくる。反省的分節の立場で絶対他者（神）を語ることは可能であるが、しかし絶対他者は「即」絶対自者でなければならない。したがってこの立場は、人間主義でも虚無主義でも他者的唯一神論でもないわけである。これは臨済のいう「赤肉団上一無位の真人」の現代的自覚だといえる。

西谷は西洋哲学の伝統を踏まえ、神秘主義またニヒリズムと対話・対決しながら思索した。その著作において彼は、狭義の禅というより通大乗仏教的な「空と縁起」の概念性で語ることが多い。西田の場所は絶対と相対の矛盾的同一という構造をもつが、これは華厳哲学の用語では「理事無礙《りじむげ》」に当たる。しかし西谷はそこにとどまらず——という意味は、この立場を単に排するのではなく、哲学は理事無礙の立場での言説であることを認めながら――宗教的生の端的としては、理への反省にも基づかない直接性に還帰して「事事無礙」を語るのである。場所はいまや、そこで個と個の無限の相互浸透が成り立つ、力の場としての空の場なのである。働きとは相互浸透のことなのだ。ここで個はそれ自身であるとともに、それ自身ではない。

こうして「ある」ということの意味が明らかにされてゆく。この「場」では、世界を言語化する自我、つまり知り・支配し・利用する自我の立場も、虚無主義的自我もともに超えられ、世界と人間のありのままの姿が開示されるのである。あえて久松とくらべれば、両者は相互補完的であるといえよう。両者はともに直接性A、直接性Cを踏まえつつ、久松は特に後者、西谷は特に前者の内容を、仏教本来の形に展開したように、私には思われるのである。

付記　本節の執筆については西田幾多郎に関しては特に上田閑照『西田幾多郎を読む』（岩波セミナーブックス、一九九一）、同『経験と自覚――西田哲学の場所を求めて』（岩波書店、一九九四）、同『西田幾多郎――人間の生涯ということ』（岩波書店、一九九五）から教示を得た。

付論　滝沢克己と八木誠一

滝沢克己
　カール・バルト研究（一九三九）
　仏教とキリスト教（一九六四）
　続・仏教とキリスト教（一九七九）
八木誠一
　新約思想の成立（一九六三）
　宗教と言語・宗教の言語（一九九五）
八木誠一・阿部正雄（編著）
　仏教とキリスト教――滝沢克己との対話を求めて（一九八一）
滝沢克己
　あなたはどこにいるのか（一九八三）

西田から学び、そのあと西田に勧められてカール・バルトに学んだ滝沢克己は、洗礼をも受けてキリスト教神学者として活動した。しかしバルトを師と仰ぎながらも、滝沢は師の神学と伝統的キリスト教の中心部に対して批判を加える。滝沢が西田から学んだというのは、長年の思想的苦闘ののち「絶対矛盾的同一」を体得したことであり、我々の用語では直接経験C（自己―自我直接経験）に至ったことである。滝沢はこれを「神われらと共にいます」（インマヌエル）と言い表す。滝沢はインマヌエルの現場で神を語るのであって、だから単なる教義の信奉をもって神信仰といっているわけでは全然ない。さらに滝沢は自分のなかに確認される直接経験の現実性に基づいて、キリスト教と西田哲学、ひいては禅さらに浄土教との結びつきを見出すのである。

滝沢克己はインマヌエルを以下のように言い表す。キリスト教徒であろうとあるまいと、あらゆる人のもとに「神われらとともにいます」という原事実が無条件に直属している。滝沢はこれを神と人との第一義の接触と呼ぶ。しかし人はふつうこの原事実に気づいていない。しかし原事実自体の働きによって、人がこの事実に目覚める出来事が生起する。滝沢はこれを神と人との第二義の接触と称するのである。この出来事によって人は自覚的に宗教的生を生きるようになる。仏教との接点を求めれば、滝沢本人が認めたように、第一義の接触はあらゆる人に備わる「仏性」（ないし本覚）に、第二義の接触は「悟り」（ないし始覚）に相当する。

バルトから学んだ滝沢はここで、仏教では十分明確でないという区別、特に不可逆性を語るのである。すなわちインマヌエルの原事実における神と人との関係は不可分・不可同・不可逆であり、第一義の接触と第二義の接触の関係も同様に不可分・不可同・不可逆である。しかし滝沢に賛同した人々の間でも、この不可逆が問題となった。

「神われらとともにいます」という原事実は、キリスト論的に「キリスト」と言い換えられるのである。というのは、古代教会で成立してキリスト教の根本的教義となったキリスト論によれば、キリストにおける神性と人間性の関係は、区別はできるが分離はできないということであり、だから滝沢は、神と人との不可分・不可同・不可逆の関係をキリストと言い換える。ということは滝沢においては、キリストとは歴史的個人のことではなく、あらゆる人のもとに厳存する原事実、神と人との原関係だということである。

ここからして滝沢は、伝統的キリスト教のキリスト論に批判を加える。伝統的キリスト教は、バルトをも含めて、歴史的個人であるイエスと、神と人との原関係とを排他的に結合してきた。実は、イエスはユダヤ教的伝統のなかで第二義の接触を典型的に成就したひとりの人間であって、この意味でヒンドゥー教の伝統において同じ意味をもつゴータマ・ブッダと並ぶ人間なのに、キリスト教は、イエスによって神と人との原関係、すなわち第一義の接触そのものが成り立ったと解釈した（むしろ、キリスト教はイエスを第一義の接触そのものと理解した、というべきである）。こうしてイエスは常人とは異なる神の子、さらには地上に現れた神とされるにいたったのである。この点にキリスト教の誤りがあり、ここにキリスト教の「排他的絶対性の主張」も基礎づけられる。

しかし我々はイエスが第一義の接触そのものではなく、第二義の接触の成就者であったことを認めるべきである。そうすれば同じく第一義の接触に基づき、第二義の接触成就の別の形である仏教と対話関係に入り、共通の事柄への認識を深めることができるはずなのだ、という。こうして滝沢は宗教間対話のパイオニアとなった。

私はこの説が書かれた『仏教とキリスト教』を読み、直ちにその基本的正当性を認めたのだが、滝沢と私の間には、直接経験をめぐって長期に及ぶ公的・私的な討論がなされた。その経過をここで述べる必要はないと思う。実は両者ともに相手の真意をはかりかねていたところがあった。私の側で、行き違いがどこにあったかが明らかになったのは、滝沢の死後、直接経験に三つの相が区別されることに気がついてからである。よって、いまこの観点から両者の議論を簡単に整理しておきたい。

私は最初の著作『新約思想の成立』で、新約聖書の思想の中心を、宗教的「覚」の成立と当時におけるその解釈として、つまり仏教思想の成立と同様の出来事として、説明しようとした。基本的な考え方はいまも変わっていない。簡単にいえば、パウロがいう「私のなかに生きるキリスト」は、人間的・普遍的な「自己」が自覚され活性化されたもので、事柄上は仏教でいう仏性（自覚され活性化された仏性、臨済のいう無位の真人、久松のいう無相の自己）と、またイエスがいう「神の支配」と、同じものである。

しかしイエスの死後、はじめてイエスをあのように生かした働き（イエスのいう神の支配）に目覚めた弟子たちは、みずからのうちに現れたこの働きに基づいて、この出来事を「イエスが復活してイエスの力が自分たちのなかで働いている」と解釈した。当時このような解釈がなされたことは、マルコ6・14―16が洗礼者ヨハネについて実例を示している。他方、空虚な墓の物語（マルコ16・1―6等）は仏教にも類例の多い聖者伝説と考えられる。『碧巌録』第一則の評唱と頌に、達磨大師の棺が空であった話と並んで「達磨大師はいまここにいる」という言葉が現れるのは興味深い。前者は「空虚な墓の物語」に、後者は「わたしの中に生きるキリスト」に、対応する。

弟子たちが――パウロを含めて――イエスのいう神の支配、滝沢のいう「神と人との第一義の接触」、私のいう「自己」あるいは久松のいう「無相の自己」に目覚めて、これを復活したイエスの働きと解釈した。これが「イエスの復活」信仰の内実であり、その後の神学はその思想的展開である。

さて滝沢において「キリスト」とは、前述のように第一義の接触のことであり、「私のなかに生きるキリスト」とは、第一義の接触が人間に自覚される仕方で働いていることである。ところで本書の用語では「私のなかに生きるキリスト」とは「自己」のことであり、それに対して、自己に目覚める以前の自我は「単なる自我」だといえるから、キリストの働きを自覚した人はもはや「単なる自我」ではなく、自己が自我に対して、また自我のなかに露わとなった人間、すなわち「自己・自我」である。ということは、滝沢のいう第一義の接触は私のいう「自己」に、第二義の接触は私のいう「自己・自我」に当たる、ということである。

以上の一致にもかかわらず長年の討論がなされたのは、私は上記の本を書いた当時から──現在の私の言葉でいえば──キリスト教では直接経験Bが直接経験Cを、仏教では直接経験Aが直接経験Cを、それぞれ導いたと考え、したがって、直接経験A、Bに基本的重要性を与えていた。これは直接経験CはA、Bと結合して成り立つということである。ところが、滝沢においては直接経験Cがそれとして──いわば単独に──成り立っていたのである。だからもし滝沢が私の見解をいれると、滝沢自身の立場の真正性が否定されかねないことになる。それは滝沢自身の宗教的経験からして、決して認めえないことであった。滝沢は西田の『善の研究』における直接経験（つまり直接経験A）の意味を評価せず、これは宗教哲学の立場としては十分ではないと見ていた。この経験は重要ではあっても、たかだか一時の心境にすぎない、というのである。しかし、私の見解によれば、言語化の問題性、言語化された現実の非根源性が明らかになるのはここにおいてなのである。

実際、直接経験Aを十分に評価しない滝沢には——彼はたぶんこの経験を欠いていた——言語が現実のありのままを覆うことに対する批判がなかったし、また彼は、直接経験Aから必ず導かれるはずの、主と客の「即」、また個と個の相互浸透を語ることが少ないのである。他方、彼は直接性Cの言い表しについては類い稀な、正確で敏感な感覚を持っていた。それに対して私は、前述の面を強調するあまり、少なくとも討論の初期には、直接性Cの意味を過少評価していたと思う。実際、私は滝沢との議論によって、直接経験CとCその言い表しについて多くを学んだのであり、特に直接経験Cがそれ自身で、A、Bと結合しなくても、成り立つことを知ったのである。こういうわけで両者の議論は行き違ったまま、幸福な終結に至らなかった。いまとなっては、ここで述べた見解に滝沢がどう反応するか知りようもない。

本章の結論はこうである。現代思想は自我と言語の問題性にかかわっているし、実際、これは現代思想の中心問題だといえる。そしてこの問題を明断に見てこれを解くためには、自我の本質と、言語化以前の現実とが、見えてこなくてはならない。そうでなければ両者の仮構性も相対的権利もほんとうには明らかとならない。他方、現代では間接的経験が異常に増大している。活字と映像が、一般に記号による間接的経験が、直接経験を覆っている。現代人は、おそらく現代以前よりはるかに強度に、言語化された自分と世界（これらこそ仮想現実である）とを、自分と世界そのものと誤認し、自然と人間への直接のかかわりを失い、自分自身の根源的なあり方をも喪失している。ここに現代の病根の少なからぬものがある。

むろん、こういうことをいえば、誰にでも可能とはいえない経験を不当に重視するエリート主義だという批判がでる。しかし、だからといって、そのような経験を無視忘却してよいのだろうか。むしろ記述言語が圧倒的に優勢となり、自覚の表現をほとんど不可能とするまでに覆っている現代状況の、一方的偏向に気づくことが大切なのではなかろうか。宗教――すくなくともキリスト教と仏教――は、直接経験を知り、経験自体と、この経験の現場で見えてくるものとを伝えてきた。これは現代にとって貴重な遺産である。本書はそれに導かれながら、それを語り直そうとする。語り直すというのは、誰でもこれについて語るものは、伝統に教えられながら、しかし伝統に依存せず、自分で根源的に語らなければならないからである。

註

（1）『ものぐさ精神分析』（青土社、一九七七）、『幻想の未来』（河出書房新社、一九八五）。

第二章　倫理の観点から

第一節　倫理とは何か

本章の目的は、倫理は独立の領域であり、独自の基礎を持つけれども、倫理は実は宗教に支えられることを示すところにある。宗教は直接に倫理と等しくはない。第三章以下の結論を先取すれば、倫理とは自我に妥当する一般的規範であり、それに対して宗教は自己・自我の事柄であって、倫理的一般性を超えるところがある。だから仮に宗教的自己の表出（現実の絶対的受容や自発的な自己犠牲）を社会的規範としていきなり一般化すると、正義や秩序が成り立たなくなるおそれがある。しかし共生への意志と願いを育てるのは宗教であって、この意味で宗教性が倫理を支えるのである。

ところで倫理とは何か、私は以下のように説明することにしている。倫理とはとにかく自分にとっての規範、義務あるいは当為である（以下では単に義務あるいは当為といっておく)。さて私は何をなすべきか、明らかな場合とそうでない場合とがある。当為が成り立つ場を小さいほうから大きい方に辿ってみると、たとえば野球の場合、守るにせよ攻めるにせよ、選手が何をしなければならないかは――細部まで決定されるわけではないにしても――そのつどかなりの程度明らかだ。ルールがあり、ポジションがあり、打順があり、戦法があり、監督の指示がある。家族の場合も、それぞれのメンバーが家族から何を求められているか、かなりはっきりしている。たとえば夫として、父として、何をなすべきか、家族から何を求められているか、いないか、その義務と役割は伝統的に、社会的に、またそれぞれの家族のなかで、決まっている。さらに会社なり学校なり役所なりの一員としての自分の位置と役割、つまり義務も――多かれ少なかれ自分の裁量に任されることがあるにしても――大枠は決まっているものである。さて国民としての我々の義務だが、国家が我々一人一人に特定の仕事を割り当てることはないけれども、みな国法を守ることを義務づけられている。以上の場合、義務の内容はそれぞれの意味で決まっているが、これらはかならずしも倫理ではない。

さて我々一人一人が置かれている場をさらに人類にまで広げてみると、現在はまだ人類法というようなものはないから、我々の一人一人が人類社会から具体的な義務を課せられることはない。では人類の一員としての私(これを人間としての私という)には、何らの義務も当為もないのだろうか。もしあったらそれは何だろうか。ここで我々は「人間としての私の義務のことを倫理という」と理解するのである。

人類の一員としての自分つまり人間としての私の義務があるとしたら、それはどんなものだろうか。それはまず、私はいつでもどこにいても人間だし、また人類のすべてが人間だから、それは何時でもどこでも、また誰にでも妥当する義務である。つまり普遍的である。普遍的だというのは、それは私なら私の教師としての義務（特殊の義務）といつも重なるということだ。特殊な義務は人類的義務と矛盾してはならないのである。換言すれば普遍性とはすくなくとも、もし私の位置にいたら誰でもこうするだろう、と考えうることでなければならない。

第二に、それは人類法のようなものによって外から命令されるものではないから、自分の意志で自分に課する義務、つまり自律的な義務である。自律である以上、ここでは自由と創造性が必要である。自由の裏面は責任だから、自律ということは、自分で考え自分で判断して行為し、その行為に責任をもつという責任主体の確立を必要とする。

第三に、倫理は人類があることを肯定し意志するうえに成り立つ。ということは、我々の意味での倫理は人類が存在すること、自分はその一員としての人間であること、を受容し肯定し意志しなければ成り立たない。つまり私は基本的に人類と、人類が住む世界とに対して、またその一員としての自分自身に対して、肯定的でなければならない。このことを以下では「人間肯定」といっておく。つまり「人間」とは常に「個人即人類」であるものと了解される。以上のように倫理的義務は、普遍的であり自律的であり、かつ人間肯定的なものである。

たとえば殺人とか、一般にほしいままに他人の心や身体を傷つける行為は、もしこれを容認したら人類の存続が不可能となる。つまりこれは人間肯定的な行為ではない。したがって倫理的に許されないことである。また人間は言葉を用いる動物だが、言葉の誤用、たとえばほしいままに嘘をつくことは、他人の判断を誤らせて損害を与えるから、やはり倫理的に許されない。このような例を考えれば、人間としての私の義務つまり倫理はやはり存在するのである。それは決して無内容ではない。

結論を先取すれば、後述のように人間は自由な個人が一緒に生きるようにできているから、人類の肯定とは人類共生への意志であり、この意志は人間の尊厳性に対する敬意に基づくものである。倫理は損得の計算に基づくものではなく——もとよりこれを無視することはできないが——基本的に人間であることの尊厳性に対する敬意に基づくものである。したがって具体的に人間の尊厳性の所在をどこにみるかで、倫理の性格も異なってくるわけだ。しかしこれだけではなお抽象的なので、我々は本章で倫理の内容を簡単に展開することにする。

以上のような考え方にはもちろん先例がある。カントは『道徳形而上学への基礎付け』(1)で、無条件の善とは「善き意志」であると規定する。これは善が自分に利益や快楽などをもたらすからではなく、ただ単純にそれが善だから意志するということである。カントは「善き意志」の内容を行為の準則へと展開する。善き意志が意志するのは、普遍的な善を自己律法（自律）しつつ、人格を単なる手段としてではなく、何らかの意味で必ず目的として扱うということなのである。すると倫理は、人格を必ず目的として扱う「目的の国」で成り立つことになる。我々の倫理理解はカントとは別の仕方で導かれたものだが、基本的にはカントの見方と一致しているといえよう。

ただし、カントによると人間の本質は理性にあり、倫理を担うものは意志（実践理性）である。これは英国の倫理学からはあまりにも抽象的だと批判されたところである。カントの原則は立派だが、ここから具体的な指針を導くことは困難だというわけだ。英国また米国の倫理学はいわゆる功利主義ないしプラグマティズムの方向に向かうのだが、その理念は「最大多数の最大幸福」というように言い表された。

我々の立場は功利主義よりはむしろ理想主義（人間性の本質の実現に善を見る立場）に近いといえようが、我々は全人格としての人間を、まず生（身体）として理解する。理性

（自我）は行為を選択・決断する機能を担うものではあるが、人間の全体性は理性や精神ではなく生である。人類の共「生」を倫理成立の場とする所以である。物質性を捨象せずに、人間を生として、身体として理解しなければ、現代の経済や環境問題を論ずる視点が欠けてしまう。

ヘーゲルは広義の義務を、「客観的精神」に属する人倫（Sittlichkeit）の立場で論じている。外的行為にかかわる法には内面的自律をこととする道徳の立場が対立するが、両者を綜合するものが人倫であって、これは外的な構造を内的に意志する具体的な立場である。それにはまず家族があり、家族には市民社会が対立するが、ここで生ずる問題の解決のためにはさらに高次の、両者を綜合する国家が要求され、したがって国家が人倫の場の最高段階なのである。ヘーゲルの場合、国家はまた歴史を形成する世界精神の担い手でもあった。

しかし我々は国家を人類共存の究極の場とするわけにはゆかない。実際、国家に属しながら国家を出た人間の国際的社会が作られている。政治・経済は国際化され、インターネットの網の目や国際学会のような国際社会が形成されている。ＥＵはすでに民族国家を超えた政治・経済機構である。いまは国連が超国家的機関として機能しているが、やがては人類政府が形成されるのであろう。いずれにせよ、我々の世界には「家族―市民社会―国家」に類比的な「国家―国際社会―人類社会」という共生の場が開かれつつある。我々が倫理の場を人類的共生に求める所以である。ここで、人類が生きる場としての地球的環境が問題となることはいうまでもない。

マルクスは個人の善意とは無関係な社会の構造悪を問題とした。「資本家」が「労働者」を、合意された契約によって雇用し賃金を支払ったとしても、資本主義的生産関係においては、労働者が支出した労働の価値を下回る賃金――労働力を再生産するに必要な額――しか支払われない。剰余は「資本家」の利潤となる。この不合理をなくすためには、生産手段を公有とするしかないという。結局のところ計画経済は自由経済に敗退したけれども、社会の構造悪という視点は見逃しえないものである。

しかし皮肉なことに、過度の思想的・経済的統制はそれ自身が社会悪だった。反政府的立場の人が大量に粛清され経済は非能率化した。そもそも計画経済には監視・管理のための時間とエネルギーがかかりすぎるという。一般に権力の交替がそれ以前にもまさる社会的圧制を生むことは十分にあり得ることである。やはり自由な個人の創意と自律が守られなくては、現代社会の運営は不可能なのである。そもそも倫理とは社会が個に優越することを意味しない。かえって社会は自律的な個を必要とするということである。

他方、自由経済の未来が明るいわけでもない。競争社会は経済成長が止まったら成り立ちえないのは明らかである。皆が財の配分にとにかく満足しうるためには、等差的な成長ではなく等比的な成長が必要であろう。等差的成長は成長率がゼロに接近することを意味するからである。しかし地球の資源も環境修復・保全力も有限だから、等比的成長を要求する自由経済の競争原理は、いつか破局にいたるのは明らかだ。自由といえども絶対の原理ではないのである。

倫理の基本的属性は、普遍性と自律と人類共生への意志だといった。しかし普遍的なるものも自明な仕方で与えられているわけではない。これを見出すためには、考え、創造し、合意を形成することが必要である。それだけではない。人類的共生の立場は、自由や秩序や平等や繁栄などの理念のひとつだけが絶対化されることを拒否する。これらの理念は対立しうるものだし、共生は多面性を必要とするからである。

人類的倫理の普遍性は、さらに国家至上主義や民族至上主義や階級の絶対化を否定し、これらを相対化する。一般に自分が所属する大小の社会の自己中心化ないし自己絶対化は否定されるのである。小社会への方向の極限はもちろん個人で、だから倫理は社会あるいは個の一方的自己中心化の否定であって、その相対化を要求する。たしかに個人と個別的な社会は、それぞれが全体の中心ではあるが、自分（たち）だけが唯一の中心ということはない。このように倫理は、人類の共生を意志しつつ、自分で考え、決断して責任を負う創造的人間を要請するのである。

他方、倫理には固有の問題性がある。人間はすべてエゴイストだから、普遍性と自律の理念は絶えざる自己超克を要求することになる。しかるに人間肯定性はありのままの人類――各人はその一員である――を肯定し尊重することになる。倫理は人間の自己超克と自己受容を要請している。これは矛盾を、したがって問題性を含む。しかし人間を大切にするというときは、常にこの両者が含まれるものだ。

ところで人類共生への心からの願いを生み、はぐくむものは、伝統的に宗教だったし、現在でもそうである。我々の意味での宗教もそういうものである。倫理の基礎は人間の尊厳性に対する敬意だといった。しかし敬意だけでは、倫理的行為の根拠としてはあまりにも無力である。人類的共生へのこころからの愛と願いを生むものは宗教である。というより、これが宗教が証しし続けてきた「個人を超えて個人に働くもの」の所産である。宗教とはこの働きをうちに自覚することである。倫理と宗教の接点はここに求められる。

普遍性と自律と人類共生への意志が倫理の属性だといった。前述のように、ここには人間の自己受容と自己超克が含まれている。この両者を一語にまとめて、倫理は人間性の自己実現を求めているといってもよいと思う。人間性は既知のものではない。常に新しく発見され自覚されるものである。すでに知られている人間性といえども、各人において絶えず新たに自覚され、自覚を通じて現実化されるべきものである。だから倫理といっても究極の体系があるわけではないし、ありうるわけでもない。それはもともと単なる知に解消されるものではない。それは常に新しい生の自覚から出て、人のうちにその自覚を喚起するものである。それは普遍的でありつつ創造的なもの、時代に対する常に新しい方向づけを含むものでなければならない。

ではなぜ人間にだけ倫理というものがあるのか。社会的な動物に制裁行為がみられることはよく報告されるところである。だから動物社会にも倫理や法のようなものが全くないとはいえない。しかし、これは言語のようなものが動物にもあるというのと同じことであって、高度に発達した言語や倫理は人間にしかない。倫理があるということは、ある意味では人間の不幸である。本能だけで生きられる生物のように、学習もせずに、ただ身に備わった本能にしたがっていればよいというのではなく、人間は自分たちが作り上げた文明社会を維持するために、いわば無理に無理を重ねているところがある。これは高度の文明・文化、高い生活水準、安全、快適、便利さの代償といえるかも知れない。

人間には本能に代わって自我ができた。自我がそのつど情報を処理してしかるべき行為を選ぶ当体なのである。人間はこの文明社会に生きるためのいわばソフトを遺伝的に内蔵しているわけではない。まずはそれを学習して身につけなければならない。他方、自我は常に自己意識的であって、それぞれが自己イメージ——これは自己中心的な、自分に望ましい自己イメージを含んでいる——を持ち、その実現を求めている。そのためのソフトは主として自分で作るわけだ。大ざっぱにいって、人間は（自律神経系に固有な遺伝的ソフトのほかに）上記の二種類のソフトを持っているが、この両者は相矛盾したり対立したりするものであって、その葛藤が社会生活一般の破綻となるのを防ぐのが、倫理の役目である。それは倫理の機能のすべてではないけれども、倫理にはその役目が課せられている。

すると倫理は、いわばこの社会で生きるための個人的・社会的ソフトの円滑な運用を守るためのメタ・ソフトだが、かつて人間がせいぜい家族群のような小集団を作って生活していたころは、相互間の自然な理解や愛情が上述の葛藤や破綻を防いでいたのであろう。理解や愛情が倫理の役割を果たしていたのである。愛情が倫理の代わりだったというよりも、倫理が愛情の不在を補うことになったというべきだろう。だから恐らくは、都市の出現——ここで互いに理解や愛情で結ばれていない人間が共同生活をすることになった——が、倫理というメタ・ソフトを必要としたのである。

倫理にはさまざまなものがあるといっても、それはすべて個人間の自己主張と社会の秩序との葛藤にかかわっている。いったい、自分が自分自身であること——個人の自己実現——と社会の秩序とは両立するものだろうか。もしそれが本質上矛盾するものなら、倫理とは本当の無理を人間に強いるものであり、もし両者が何らかの仕方で両立し、そればかりか互いの必要条件ですらあるならば、倫理は文明社会における人間の正しいあり方がとるかたち、むしろ人間の本質の一面を示すものである。そして我々の主張は、人間的共生の形は両者を必要とする「統合」ということであって、それは宗教的認識においてあらわとなる、ということなのである。宗教は倫理的行為の破綻をきっかけとして、いわば人間性の深層を発掘し、倫理性を養う泉を掘り当てたのだ、ということができよう。しかし現代にはその宗教が、自己自身の実質を見失いつつあるという問題性があるわけだ。

第二節　自我

自我とはなにか。自我とは、これをしているのは自分だと意識しながらそれをしている当のものである。デカルトは「我思う、ゆえに我あり」といったが、ここで「我思う」とは単に思考の事実のことではなく、考えている当のものがそれを意識しているという二重性のことである。だからただちに「我あり」がいえるわけだ。さてこのような自意識は、狭い意味で考えているときだけではなく、語っているとき、感じているとき、さらに何かを動かすとき（行為するときといってもよい）にも現前している。換言すれば、考え、語り、感じ、動かすものは自我である。むろん体がなければなにも動かせないが、動かすときには自我が本質的に関与している。

自意識は何の役に立つかといえば、自意識とは自分がいま何をしているかを自分で見ていること、同時にそれがうまくいっているかどうかを判定し評価することだから、自意識は自己制御のための不可欠の条件である。自我は絶えず自分自身を見ては制御しているもので、うまくゆけば誇り、失敗すれば悔やむ。道徳行為の場合、自己制御のためのソフトを内蔵した機構は超自我とよばれる（いきなり良心とはいわないほうがよい）。このように自我は自意識的である。

逆にいえば、自意識の伴わない行為はたとえ自分の行為であっても、その主体は自我ではない。たとえば夢を見ているとき、自我は通常いわば夢の中にいるのであって、夢を作り自分に見せているのは私だという意識はないものである。だから夢の作者は自我ではなくて「無意識」なのである。同様に、たとえば心臓を動かしているのも自我ではない。換言すれば、自我は内外の感覚的情報や言語情報をとりまとめ取捨選択して、可能な行動から一つを選択する当体である。このような自我が自分をみつめているのである。

さて自意識的（つまり自己評価・自己制御的）だというのは、自我の本質に属する。自分を見るということは、やがて他人と比較することである。それはまた、自分に関心を集中していることでもある。このような自我には不安がつきものである。自分をみれば自分のあやうさがただちに明らかだからである。

自分を見、他人とくらべ、自分自身に関心を集中する自我は、同時に言葉を語る自我である。語るものが自我だということは、言葉を語るという行為が自我を立てることでもある。考えたり動かしたりすることも自我を立てるが、言葉がとくに重要なのは、自我の自覚においては「私」という言葉の使用（一人称単数の代名詞を自分に適用すること）が、自我を固定するからである。私という言葉が自我を明確化し、自意識を確立し固定するのである。動物にもおそらく自我のようなものがあるのだろうが、動物には「私」という言葉がない。ここに動物と人間の自我の決定的な相違がある。人間の場合も、自意識の成立は幼児が一人称単数の代名詞を使うことでわかるといえよう。

言葉は誰にも通じるはずのもの、つまり社会的なものだが、同時に私が語る言葉は私の言葉である。私はまた特定の人間と言葉を交わす。ここからしても「私」は社会的、個人的、対人的存在であることが明らかとなる。言葉が人間の本質に属するだけ、社会性、個人性、対人性は人間の本質に属するのである。しかるに言葉を語ることで成り立つ「私」は――まさに「私」という言葉そのものによって――絶えず自分自身に関心を集中する私なのだ。そしてその私（自我としての私）が絶えず不安なのであり、不安な自我は絶えず他者を気にせざるをえないのである。

ここからしてエゴイズムの概略を叙述することができる。それはエゴイズムとエゴイストが、倫理ばかりではなく宗教の問題だからである。[2]

エゴイズムとは「私は私であって私以外のなにものでもない、他者は私がそれを必要とするとき以外、私とは関係がない」という自己了解のことである。言語の問題は後述するが、一般に情報を形成し伝達する言葉は一意的でなくてはならない。正しい情報があれば我々は迷わずにすむ。ところで迷うということは、多数の選択肢があってどれをとってよいか分からないことだから、情報は選択肢を減らす、ないし特定する機能をもつ。ということは、情報は一意的でなければならないということである。そうでなければ情報自体が迷いを生んでしまう。

このように情報言語は一意的でなければならないのだが、言語の一意性の条件は「AはAであって、A以外のなにものでもない」という形で語ることである。「AはAであってA以外のなにものでもない」とき、Aは一意的にAなのである。

一意性は言語の性質であって、たしかに我々はできるだけ一意的に語らなければならない。しかし一意性の言葉を使う我々の言語習慣は、事柄が一意的に語られうるもの、事物が一般に「AはAであってA以外の何ものでもなく、自分自身によってAであるようなもの」つまり自己同一的なものだと思わせてしまう。これは明らかに言語の誤用である。我々は一般に「同時かつ同一観点からはAはAであって非Aではない」という形で語らなければならないのである。それはしかし、事物一般が「Aは常に、またどこから見ても、Aであって、A以外のなにものでもなく、AはA自身によってAである」ということではない。

要点はこうである。我々は我々の言語習慣から、事物の孤立的自己同一性を事物の本質と考えてしまう。「私」という言葉を自分自身に適用するときも同様である。言葉の使用自身が「私は私であって私以外のなにものでもなく、私は私自身によって私である、すなわち私は本質上他者と関係なしに私である」という自己了解を生んでしまうのである。言語の使用は自我を立てるといった。さらに一意的な言語の使用が、自己同一的自我を立てるといってもよいのである。つまりエゴイズムは言語の誤用に基づいている、というのが私の考えである。換言すれば、エゴイズムから自由になるためには、言語の使用がもたらす罠に気づかなくてはならない。

エゴイズムと関連して自我中心主義（egocentricism）がある。これはエゴイズムを前提し、エゴイズムと結合しているが、これと同じものではない。これは自我が自我以外のものを無視して自我に関心のすべてを集中し、自分に都合よく作られた自己イメージの実現のためにだけ配慮すること、こうして自我を中心として他者を周辺化することである。人間はむろん自分のために配慮する。これはハイデッガーが『存在と時間』で、配慮を実存の根本的な在り方と見たとおりである。しかし配慮といってもその仕方がある。いかなる自我のために配慮するかが問題なのだ。ソクラテスはプシュケー（理性を中心とする心の働き）のために配慮すべきことを説いた。倫理においては自分のための配慮とは、同時に人類共生への配慮である。要するに自分以外のものを無視した自我（これを単なる自我という）の、自分のためだけの配慮が自我中心主義である。

以上で明らかなことは、エゴイズムの克服のためには言語の誤用への洞察が必要であること、自我中心主義の克服のためには配慮の仕方への洞察が必要なことである。倫理や宗教は自分のあり方を正すものではないだろうか。実際、言語の誤用と単なる自我の定立と自我中心主義とが結合している事態が問題なのだ。これが自己の真相を覆うのである。我々が問題とする宗教は、この点を正確に見ているのである。

さて以下において特に断らない限り、エゴイズムという用語は自我中心主義をも含んでいると了解していただきたい。我々が問題とするエゴイズムの形式は、（A）絶えず倫理を破るような要因を含むエゴイズムと、（B）まさに倫理的（また宗教的）であるかに見えて、実は単なる自我が、倫理（また宗教）を自我定立の手段とするエゴイズムである。

前者の典型は「知り・支配し・利用する」ことを通じて自我（たち）の強化と満足をはかるエゴイストであり、後者の典型は「善きものの達成を手段として、実は自己満足を求めるエゴイスト」の自己欺瞞である。

以上に共通する事態は、単なる自我が、単なる自我の努力によって、単なる自我を立てようとしていること、こうして自我の安全と満足のためにだけ配慮することである。問題の中心はここにある。この「努力」が人間を非本来性の深みに追いやってゆくのである。

第三節　自我とエゴイズムの諸相

言語情報によって知られる限りの昔から、人間は富と名誉と権力と快楽を求めてきた。それはなぜか、エゴイズムの観点から考えてみよう。単なる自我――自分だけに関心を集中し（自己中心化）、自分を眺めながら他人と比較する自我――は不安である。さて不安をなくすために自我は何をするだろうか。自我は自我であり、自我として存在する。ところで「ある」ということには三つの面がある。それは「……がある」、「……である」、「……になる」の三つである。第三のものは、人間の場合、いつまでも同じ何かであり続けることはできないから、常に「……になる」可能性があるということである。

さて「……がある」意味での私の存在は常に大なり小なり危険――病気、事故、争い、災害、失敗、死――にさらされている。この危険に対処するために必要なのは、昔からまずは財産であった（むろん人間関係や権力も考えられるのだが、ここでは中心的なものだけ考慮する。以下同様）。次に「……である」意味での私の存在の中心は、所属や社会における位置と役割である。ふつう人間が何であるかはこれらによって定義されるものだ。ところでこれらも決して安定しているわけではない。これらが失われる不安は常に存在する。これらは通常は広義の契約によって成り立っているが、さらにそれを支えるのは社会での評価、信用を含めた名声である。第三の「……になる」意味での存在については、人間はもちろんなりたいものに必ずなれるわけではない。なりたいものになるためには自分の欲する方向に人を動かす力、つまり権力、一般に力が必要である。さらに人間が自意識的で自分のために配慮する存在だということは、自分に好ましい経験の拡大再生産を求めるということである。だから人間は昔から絶えず上記の四つ、富と名誉と権力と快楽を求め続けてきたのである。

それは一応は誰でも知っていることだ。しかしここでの要点は以下のことである。人は以上のようにして自我の安定と満足を求めるのだが、不安が究極的に解消されることは、結局ありえない。ここで道がふたつに別れる。ひとつはそれを率直に認識して「足ることを知る」ことである。他は「できるだけ多く」を求める道である。しかしこの道には限りがない。だから「できるだけ多く」は、限度と自足を弁《わきま》えない「貪《むさぼ》り」となる。古来、しばしば欲望が諸悪の根源とされてきた。現代では欲望を刺激して購買欲を高め、売り上げを伸ばして好景気を維持する経済活動が諸善の根源とされているが、誰の目にも明らかなとおり、経済成長には限度が見えてきている。自分の欲望の満足が自他の幸福と一致するのは、高度の経済成長が維持されているときである。そうでないときは、欲望は実際、自他の不幸を生む。

いずれにせよ「諸悪の根源」は欲望ではない。実は足ることを知る欲望を無限の貪りに変えるのは、我々のいう意味でのエゴイズムである。だから経済成長を諸善の根源とする現代社会は、人間がエゴイストであることを歓迎する。しかしエゴイズムがどこまでも繁栄をもたらすという期待は、幻想にすぎないだろう。それが可能なのは、やはり経済の等比的成長が保証されている間だけのことだ。欲求不満——これは自分勝手な欲求が満たされない不満だけではない。人間の本質が自覚され実現されていないところから来る、本人にも不可解な欲求不満がある——が犯罪や虚無・頽廃を生むのは当然のことである。

エゴイストは自我中心的な世界を構想する。これは彼にとっての現実だが、実は仮想現実である。仮想現実とは単にテレビなどが作るイメージ世界のことではなく、実は社会的に通用している言語世界が仮想現実であり、それに各人が自分中心に構成した現実像が加わる。エゴイストは繭のなかの蛹のように、その中に引き籠もって現実との現実的な関わりを喪失する。それは結局のところ自分自身にしか関心がないからである。その兆候は他者への共感がないこと、他者の苦しみや痛みに無感覚なことである。それは自我が自分のすべてとなっている結果、自分の生が尊厳な生だという実感がないからである。

そのようなエゴイストの欲望が貪りへと変質するとき、その人は――どこまで実際にそうするかしないかは別として――常に反社会的行為への動因を抱え込むことになる。これはいわゆる犯罪者性格の人だけのことではなく、「正常な」人間のことでもある。誰もが多かれ少なかれ例外なしにエゴイストなのである。貪りにもさまざまな形がある。寄生したり依存したりして他者を利用する形があり、支配し強制して奪う形がある。いずれにせよそのためには高度な知が必要である。だから貪りの典型的な形は「知り・支配し・利用する」ことである。直ちに明らかな通り、これは近代の「強者」が「弱者」の国を植民地化したり、自然を収奪したりして、富み栄えてきたやり方に他ならない。

エゴイストが自分自身を眺める局面では、別の現象論が成り立つ。強いエゴイストがいる。ただし強いというのは自分でそう思えるということである。この意味での強者――自分に好ましい自己イメージを実現しえた人間――は自分を眺めて「自惚《うぬぼ》れる」。自分を眺めてその素晴らしさを賛嘆しつつ、自分自身に「惚れる」のである。ギリシャ神話には、水に映る自分の姿に「惚れて」水辺から動けなくなり、水仙（ナルキッソス）になってしまった若者の話がある。ここからして「自惚れ」た自己愛をナルシシズムということはよく知られていよう。「自惚れ」の瞬間はエゴイストの至福である。むろん「自惚れ」は自己の過大評価を含んでいる。美点を拡大して欠点を無視することである。エゴイズムはもともと幻想の上に成り立つものである。その特徴の若干は以下のようなものだ。

他者への本質的な無関心。これは自己に関心のすべてを集中することの裏面である。もっとも、強いエゴイストは自分が自分に美しく見えることを求めるから、むやみに無礼を働くような醜い真似はしない。しかしそれは他者への尊敬から出ているわけではない。しかし強いエゴイストといえども、他者に対して以下のような関心は抱くものである。

差別。自分（たち）を特別な人間とみなし、他者を見下す。実際に特別な人間である必要は必ずしも、ない。たとえば「すぐれている」とみなされ、「すぐれた」ものとして通用するグループの一員であるだけで十分である。その特定の名で呼ばれるだけで、「すぐれた」資質のすべてが彼に帰せられる（これが記号の誤用であることは後述する）。その他面は他者を――そのなかで特定のグループが際立たせられることがよくある――特定の名で呼ぶこと、その名に劣悪とか不浄とかいう属性を帰属させることである。「強者」は、その名で呼ばれた人（たち）を、実際上何であろうとあるまいと、すべて劣悪不浄なるものとして扱う（これも記号の誤用であることは後述する）。このような自分（たち）の優秀性を正当な理由として「強い」エゴイストの自己中心化、他者周辺化が起こるのである。強者は他人に非礼を働くことを忌むものだが、内心は上記のごとくである。

嫉妬。エゴイストは――根本的には不安だから――絶えず自分を他者と比較せずにはいられない。もし――あらゆる自己弁明にもかかわらず――他者が自分より優れていることを認めざるをえないときは、もっともいとしい自分自身を賛嘆し恋することができず、もっとも厭わしい相手を賛嘆せざるをえない矛盾に陥る。こうしてもっとも関心を抱きたくない人間に、無限の関心を抱かざるをえない苦悩が嫉妬である。いかに「強い」エゴイストといえども、むしろそうであればあるだけ、嫉妬から自由ではありえない。嫉妬はすぐれたもの・美しいものを滅ぼそうとする。

自己欺瞞。エゴイストがまさにエゴイズムからして、自分の目にだけではなく、誰の目にも優れた人間になろうとすることがある。「誰の目にも」というのは、他者の称賛がエゴイストの自信（自惚れ）を養うからである。いかに強いエゴイストといえども、根本には不安があるから、他人の目を気にせざるをえないのである。いや、強い人間の場合、自分が自分の目に優れたものとみえることだけを求めることがあろう。この場合、彼は手段をえらばずなりふりかまわず富や権力や快楽を求めるあさましい人間ではなく、文化の領域で——学問や芸術や道徳や宗教の領域で——すぐれた人間となろうとして努力する。

むろん私は、この領域で傑出した人がみなこのようなエゴイストだ、などというつもりはない。ただ「自惚れの至福」を求めるばかりに、優れた人間となる努力をする人間がありうる、といっているのである。自惚れではなく、自己満足でも安心でも同じことだ。倫理についていえば、この種のエゴイストはエゴを立てるために——本来はエゴイズムを否定するための——倫理を利用するのである。つまり、一方には倫理を破る悪がある。しかし、それだけではなく、倫理を利用して自我を立てる悪がある。そして両者の克服が宗教の課題なのである。

上記の場合、自分がエゴイスティックな動機から「高い価値」を求めて努力しているなどということを認めたい人間はいないから、こういう人は自己欺瞞に陥ることになる。結局のところ単なる自我が単なる自我を立てるために努力しているのに、世のため人のため、さらには神のために、奉仕しているのだと思い込むのである。他人を欺くために自分がつけた仮面に自分が欺かれるわけだ。この欺瞞は無意識の領域に押し込められて、実際本人も気づいていないかもしれない。ただ、どうしようもない不安、自惚れ、他者への無関心、差別感情、嫉妬がその記号となっている。

世のため人のために努力している人間が、このようなエゴイスティックな感情をもつことは矛盾である。だから当人はこのような感情を抑圧しようとするが、抑圧しても、すればするだけ、この人は内的な矛盾と分裂に陥ってゆく。実はこのような仕方で優れた人間になろうとする努力自体がエゴを立てているのだから、当人がそれに気づかない限り、この罠から抜け出ることはできないのである。

カントは純粋な動機からの道徳的行為を説いた。そのカントすら、善行と幸福の一致の保証として、霊魂の不死と神の実在を要請した。しかし、もし本当に純粋な動機から善を行なって、今生でも来世でも何の報酬も見返りも求めないとしたら、それは「単なる自我」に発することではない。言い換えれば単なる自我は、尊敬に値する人間になろうと努力すればするほど、いつかその努力はエゴイズムに侵され、さらにはエゴイズムに発するものとなってゆくのである。その理由は、単なる自我の自己否定の努力は、その努力をする主体がまさに単なる自我であるゆえに、かえって単なる自我を強化するところにある。そして単なる自我が、まさにエゴイストなのである。

自我主義と自我中心主義、また両者の結合が根絶されるためには、言語の仮構と、自我による自我への関心の集中が破られねばならない。そのとき自我は「私は私であって、私以外の何者でもないもの、私のみによって私であるもの」という自己了解の誤りを知る。

換言すれば、個人は原子――古代ギリシャや近代初期の科学が考えたような不可分割者、単一・不変・恒常な実体――ではなく、「極」であることが自覚される。極とは、対極との関係のなかではじめて存立するものである。この際、極と対極は区別はできるが切り離せない。共同体とは元来このような極から成り、ひとつのまとまりをなすものである（統合体、後述）。

さて「極」であるものは単なる自我ではなく、自我をその一機能とする身体である。自我は身体の究極の主体ではない。身体は自我より深い「自己」の座である。自己は自我を超えるもの、自我のなかに、また自我に対して現れる主体である。自我と自己と身体の関係は、比喩的にいえば、舵取りと船長と船体の関係に似ている。船の方向を決めるのは操舵手だが、操舵手に命令するのは船長である。そして船長は、船のなかで船会社の意志を代表する。船会社とは超越の比喩である。これらが明らかになるのは倫理の次元ではなく、宗教の次元においてである。だから我々はこの問題を次章で扱うことになる。

しかし我々は本章でなお、倫理の内容をさらに具体化しなければならない。というのは、倫理は宗教のもっとも重要な表現のひとつだからである。倫理と宗教の関係は、自我と自己の関係に類比的である。こう言い換えてもよい。宗教が根で倫理は花である。根を知るためには花を、花を知るためには根を、知らねばならぬ。

第四節　個人倫理

言葉を手掛かりとして考えてみても、我々が語る言葉は自分の言葉であり、同時に誰にも通じるはずの言葉であり、また、特定の他者に語る言葉である。すなわち我々には、自分自身であり、社会の一成員であり、また特定の他者に対する自分であるという三つの局面がある。すべての人がそうである。したがって倫理についても、個人倫理、対人倫理、社会倫理の三局面を区別することができる。それぞれの局面でどのような倫理が成り立つかという問題は、人類の一員として（すなわち人間として）の私の義務が、それぞれの局面でどのような形をとるかということである。それはとりもなおさず、普遍性、自由、人間肯定ということが、それぞれの局面でどのような形をとるかということにほかならない。ここで普遍性とは「自分（たち）だけは特別だ」ということの否定である。また人間肯定とは、むろん人類の一員としての人間（自分）の肯定のことである。しかしそれは人類性の肯定でありつつ、同時にそれぞれの局面での人間のあり方の受容、肯定、意志（願い）に特殊化される。

さて個人倫理における普遍性とは、あらゆる瞬間に自分自身（人間としての私）に妥当する義務ということである。しかしそれは必ずしも自己同一性にかかわるということではない。むろんあらゆる瞬間の私にかかわることとは、確かに私の自己同一性にかかわることではあるが、具体的には私は絶えず変わってゆくものである。だからあらゆる瞬間の私に妥当する義務とは、「私がある」、「私は……である」、「私は……になる」の諸局面を含んでいなければならない。それは結局、私の本質の実現ということである。私は、私として具体化している人間性の、私における、私を通じての、私としての実現を、自己実現と表現しておこうと思う。

ユングは自我と自己を含む心的全体性の実現のことを「個性化―自己実現」といい、マズローも基本的欲求のうえに自己固有の可能性を円満に具現する自己実現をいうが、私は我々の意味での個人が、自分自身の可能性を自覚的に実現することを自己実現といっておきたいのである。それは、もとより創造的自由を含み、個人が自分自身をありのままに受容し、肯定し、意志することと相即している。換言すれば、ありのままの自分の受容と、絶えざる自己超克とは相即するということである。人間はこの片方だけでは行き詰まってしまう。この矛盾した両方向がどうしてともに成り立つか、これはつきつめると宗教の問題となる。

個人のことを英語では individual というが、これはラテン語の individuum に由来する言葉で、この語はギリシャ語の atomon のラテン語訳である。つまり近代西欧では、個人とは古代ギリシャ哲学が考えたような原子（不可分割者）に擬せられたわけだ。しかし個人とは（単一・恒常・不変の）実体、つまり他者との関係なしに自己同一的でありうるような実体ではなく、極である。「私は私である」とは原子的個人としていえることではなくて、極性の表現である。極とは磁石の両極のように、区別はできるが切り離せないもの、対極との関係のなかで自分自身であるようなものである。そのような自性が自己同一性である。極性といっても何か広がりのある実体が存在するわけではない（作用のひろがりは存在する）。個の自己実現とは、極としての個の自己実現のことである。換言すれば人類とは、実は極が集まってひとつのまとまりとなるようなものである。

極であることを拒否する単なる個はエゴイストとなり、この場合、個人は人類の一員としての人間ではなくなってしまう。乱暴な言い方をすれば、個人の可能性の自己実現といっても、私は手先が器用だからスリになる、というのは誤りだということである。個人であることは他者とは違う自分だけの個であり個性であることだが、極であることは社会性と矛盾するものではない。それどころか極は社会成立の必要条件である。それは社会には分業があり、個人は自分に適した仕事を選ぶところにも表現されている。しかも分業は関わりのなかで成り立つものだ。

後述のように人格共同体は個性的個（極）から成る統合体である。換言すれば社会性とは個の平準化ではない。倫理はたしかに普遍的である。しかしそれは個性の否定ではない。個人倫理の領域があり、個人としての人間に常に・どこでも妥当することとは、共生を成り立たせうる個の自己実現である。

自分の可能性の実現のためには自覚が必要である。我々の時代は客観にかかわる他者認識が重視されすぎて、自覚という知があることは教育においてすらほとんど忘却されている。それは科学・技術・経済の三者提携のなかで「知り―支配し―利用する」自我ばかりが尊重されているからである。しかし人間性は自覚なしでは現実化しないものだ。この点で人間は内燃機関に似ている。ガソリンエンジンやディーゼルエンジンは自分から動きだすことはできない。外から起動してやらなくてはならない。同様に人間も、まずさまざまな人間の営みに接して、自分のなかにその営みへの可能性を発見しなければ、自分の可能性を現実化してその営みに参加することはできない。

人間は文化を了解することで変わってゆくのである。モーツァルトといえども、仮に音楽的伝統の全くないところに生まれ育ったら、交響曲や歌劇などを書くことはできなかっただろう。これは才能のあらゆる分野についていえることだ。人間が自分だけで自分の可能性に目覚めることは、ないわけではないが、極めて稀である。教育と訓練と、文化の了解にはじまる自発的営為がなければ、さらに独創的才能を評価する環境がなければ、才能が開化すること、つまり各人の可能性の現実化はありえないのである。

理性や自由や人権や文化的創造性が尊重される伝統と、そうでない伝統とがある。その違いは人間性の違いではない。理性や自由は、人間は理性的に考え自由に生きることができるという本人の自覚がなければ、さらに理性や自由や創造が尊重される環境がなければ、現実化しえないのである。このような環境とは、また健康で文化的な生活が保障され、プライバシーが保護され、趣味や嗜好ができる限り許容される環境でもある。

自由で創造的な個人であることが認められ保護される環境がなければ、個人倫理も育たない。さもなくば、あたりを見回してひとと違うまいとし、責任主体となることを嫌い、大勢にしたがうことで自分の安全を守ろうとする人間、そして独立と自由と創造を無視し圧殺する社会が、できるだけだ。それに甘んじるなら別だが、これでは個人倫理は成り立たない。人間的であるとはどういうことか、知られ尽くしたわけではない。人間性の了解・自覚と創造的実現の余地がもはやないということもない。つまり自己実現とは将来にむかって開かれたことであり、社会も——どうやら儲けの種にはなりそうもない——新しい創造の芽をまず潰しにかかるのではなく、大切にして伸ばす用意ができていなければ、個人倫理も無視される。

以上のことは人権についても同様である。それを認める社会と伝統があるかないかで、上述の違いが生ずるわけだ。これは個性一般について、さらにスポーツや学芸など文化一般、創造性一般について、むろん宗教性についてもいえることである。このように倫理は、倫理性が重んじられる環境のなかでの、本人の自覚に訴える教育と訓練とを必要とする。そして自覚ということは単に理性の自覚ではなくて、全人格的「生」（身体的生）の自覚であって、そうでなければ、創造性の自覚も、他者や環境との関わりの自覚も成り立たない。

自己実現の中心には自覚がある。したがって自由とは自覚的に自己の本質に即することである。自由は関係のなかでの自由だが、しかし個人倫理の場から見れば、通念に埋没しない自由である。独立性であり、自分で決断し創造し責任を持つ人間の主体性である。個人であるとは、個人の側からいえば孤独に耐えうることである。関わりのなかにあるとはいえ、個人はしばしば孤独である。自己実現も必ず成功するわけではない。失敗も挫折も病気もあり、最後には死がある。倫理的自己肯定とは自己実現つまり絶えざる自己超克への意志であるが、同時に挫折や死の受容でもある。

このように個人倫理というとき、それはあらゆる個人のことではあるが、つきつめると単なる個の事柄ではなく、単独者としての実存性の面がでてくる。そして個の自覚も実存性も、実は深く宗教とかかわる。自己受容と自己超克との徹底した両立は、宗教的自覚のなかで可能となるものである。

第五節　対人倫理

倫理は、人間性への尊敬に基づく、行為の規範だが、この規範の内容を明かすのは知である。個人倫理の中心にある知が自覚なら、対人倫理の中心にある知は理解である。それに対して、後述する社会関係では認識である。対人倫理を場とする知（理解）において、人間が極であることが見えてくる。たとえば私は他者——特定の具体的人間——に語りかける。それはあくまで私の自由な行為だが、語りかける私は他者なしには存在しない。他者の語りかけに応答する私も同様である。ここで私は、他者を含んで私である。我は単なる我ではなく、「我と汝」の我である。(3) 我はアトム的実体ではなく、他者との関係のなかでそのつど新しく成り立つ私である。これは極同士の関係である。極性とは自分自身が対極なしにはありえないこと、極同士は区別はできるが切り離せないことである（切り離すと別物になってしまう）。さらに極同士が、たとえば外に対してひとつのまとまりとして振舞うとき、このような極の系を統合という（後述）。

「我と汝」は単に向かい合うのではなく、外に対しては「我々」というまとまりになる。ということは、「我と汝」は本来、二極的統合だということだ。そして人格の二極的統合とは、自由と愛とが両立するということ、また両人格のあいだには相互理解が成り立つということである。さて倫理の属性は普遍性、自由、人間肯定だといったが、これらは対人性においては以下のように現れる。普遍性とは、自分だけが特別で例外ということはない、皆同様に、ということだから、対人性においては、普遍性は一方通行を否定する相互性となる。対人関係は基本的に相互的である。

もちろん、たとえば親子は対等ではないし、あってもならないが、それは子が独立するまでのことであり、人格関係としては、その尊厳性において平等かつ対等であり、ここで成り立つ関係も基本的には相互的である。具体的には、親子や夫婦の間であろうと、恒常的かつ一方的な支配や依存があってはならないということである。むろん断絶があっては対人関係自体が成り立たないから、一方的支配、一方的依存、断絶は対人関係を破壊する要素である。

いいかえれば対人関係においても、両者はともに自由であるということだ。自由は個性的だから、対人関係は自由独立な人格同士の結合関係である。たしかに両者は「我々」として一になることができる。しかしそれは一性（同一ないし統一）が常に優先して個性を抑圧することではない。逆に自由な個性が、まさに相手との関係のなかで成り立つということがある（極性）。さらに人間肯定性とは、両者がその関係自体を大切にすることである。愛とは、互いに相手を自分と一緒に生きる人間として基本的にはどこまでも受容し合い、共生を意志することだが、相手と同時に自分を極とする関係性自体を大切にすることが、ここでいう肯定性である。好きだから愛するのではなく、逆に愛し合っているから好きでいられるという面がある。

もっとも愛は共生の事柄で自由は個の事柄だから、両者には対立し合う面があるけれど、愛は強制された愛ではなく自由な愛であり、また愛のなかで自由だということがある。具体的には愛する人と一緒にいるとき、無理をせずに自分自身でいられるということである。それは相手との関係が、まさに自分自身の構成要素となっていることである。だから相手の語りかけが自分の中心にまで届いて自分を動かし、こうしてかえって自分が自分となるのである（相互浸透、あるいはフロント構造、後述）。このような対人関係が同時に「我々」でもあるとき、その我々（たとえば夫婦）は、個人の自己実現に類比的な自己実現、そのふたりの関係が内包する生の可能性を実現してゆくこと、こうして人間的にゆたかになることが可能である。

とはいえ、人同士の関係ではいつもそうであるとは限らない。対立があり争いがあり、無理解があり傷つけ合うことがある。このとき愛は忍耐、寛容、また互いに赦し合うこととして働く。これは相互受容に基礎をもつことである。一般に愛は、むろん傷つけ合うことを避け、いたわり合い助け合うものである。相手に不快感を与えまいとすれば、親しきなかにも礼儀ありということになる。これらの事柄が可能なのは、互いに相手をおもいやり理解し合えるときである。理解し合うとは互いに互いのなかに自分を見ることだ。相手のよろこびが自分のよろこびに、相手の痛みが自分の痛みになることである。ここにも相互浸透がみられるのである。

対人関係における普遍性、自由、肯定性をまとめて「和」と言い表すことができる。和はすぐれて対人関係の事柄であり、対人関係の理想でもある。わが国の伝統では和が重視された。わが国では対人関係は洗練され高度に発達している（いた）といってもよいし、対人関係がしばしば社会の構成原理となっていたとさえいえよう。「君に忠に、親に孝に」ということは、元来特定の社会における対人性の優位を示す。わが国の伝統では母―息子関係が対人関係の重要なモデルになっていると思われるし、この間の事情は文化や宗教にも反映している（たとえば阿弥陀仏と信徒の関係）。

しかし和をいきなり社会関係に持ち込むのは危険である。たしかに和は社会生活においてもゆきすぎた自己主張をおさえ、軋轢《あつれき》や分裂抗争を避けるためのいわば潤滑油として作用するから、必要ではあるけれども、社会生活において常に和を優先させると、正義を曲げたり個を抑圧したりすることがあるからだ。それだけではない。波風を立てるまいとして正当な主張を引っ込める人もありうるのである。社会はたしかに正義や権利の主張だけで運営されるものではない。社会のなかでも特定の人間同士の関係があり、この関係は対人関係となりうるが、これは社会のなかでの対人関係だから、和の最優先は危険である。本来の対人関係では思いやりや相互理解が可能だから、和が正当な主張の無視や抑圧になることはないが、社会生活では個人への理解が行き届かないのが普通だから、和の強制は歪みをもたらしうるのである。

対人倫理と社会倫理とは区別して考えなければならない。社会関係は観念的である。ここで支配的なのは、社会的に合意され承認されて成り立つ統一性（社会構造、制度、法、身分、手続き、風俗習慣、貨幣、言語、時刻、暦など）である。これは学習され、自我に対する規範として守られなければならない。それに対して対人関係では思いやりが支配し、むろんここにも合意があり守られもするけれども、依頼と応諾が優先するから、それまでの合意を解消して新しく作り替えることは、遥かに簡単である。観念的な関係は「水臭い」とされ、そのつどの思いやりや創意が行動の原理となることが多い。対人関係（愛の関係）では相手のためにすすんで自分を犠牲にすることが起こるし、それは実際、人を救うことがある。しかしこれは自由な決断として起こることであって、基準的な行為として一般化できることではない。

以上のような対人関係がいきなり社会関係に持ち込まれると、社会的な約束や合意より人同士の直接の関係が重視され、たとえば個人的な依頼が社会的な取り決めを飛び越えて人を動かすことにもなる。それは社会の側から見れば不当な結合関係だ。それが好ましくないということは、対人倫理と社会倫理とは別物だということにほかならない。

個人であること、対人関係の中にあること、社会の一員であることは、もちろん重なり合うものである。ある人が社用で他の会社の人と会うことになったとする。さて人はいつでも個人であることを失わない。たとえばスーツの選び方やネクタイの柄はその記号であり、社用というだけで決まるものではない。他方、社用で会うとき、その人はむろん社会人である。さらに社用であろうとも特定の個人と向かい合うとき、人は対人関係のなかにある。個人倫理、対人倫理、社会倫理はそれぞれ違うといっても、重なり合う場面が少なくない。ひとつが前面にでるとき他はかくれるまでのことであり、どの面がどのように前に出るかの判断は、やはり教育や訓練や良識の事柄、さらに個性や創造性の事柄である。

対人関係はいわば情的であり、それに対して社会関係は知的、むしろ非情である。統合論的にいえば、対人関係では統合性が、社会関係では統一性が、全面に出る。ここでいう統一性とは、社会的に承認されることによってあらゆる成員に妥当する現実性、社会構造や法や秩序や習慣などのことである。社会はこれらをその成員に守らせるためには、強制力を行使することをあえて辞さないものだ。統一性のなかでも通念は法的拘束力をもたず、ほとんど意識されることなしに人々の思考や行動や価値判断を規定するから、もし人がここで自由をいうなら、後述のように自由とはまず第一に通念への批判的自由でなければならないのである。

対人関係において統合性（極と対極の結合関係）が見えてくるといったが、実はそれは宗教の場で成り立つことであり、日常の対人関係はそれへの接近にすぎない。たとえば宗教では、肯定性は絶対的受容として現れる。敵すら絶対的受容の対象となる。しかしこれをいきなり日常化するわけにはいかないし、まして倫理として一般化することはできない。宗教は倫理を支えるけれども、直接に倫理と等しいわけではない。ただ、対人性は比較的に宗教性に近いのである。これは忍耐や寛容や赦し合いのなかに見られる。この面をいきなり社会関係に持ち込むのは危険だといった。正義や権利を曲げることになりうるからである。それだけではない。わが国の伝統ではしばしば対人関係が社会関係にも現れるから、なおさらこころすべきだろう。たとえば国際関係は決して対人関係の類比で捉えられるものではない。国際関係は非情そのものであって、ここに対人関係を持ち込むようなお人好しな態度は、実はこの上もなく危険である。一国が他国の純粋な好意をあてにすることができるわけはない。

第六節　社会倫理

社会倫理においても普遍性、自由、人間肯定ということがあり、これらが社会関係でどのように現れるかを吟味することによって、社会倫理を概観することができる。ただし社会は個人や対人関係よりも多面的だから、それだけ倫理も複雑な様相を呈することになる。社会における普遍性、つまり「自分（たち）だけは特別で例外」の否定は、すべての人に等しく妥当すること、換言すればすべての人にかかわり、社会のすべての人のためになることである。それはさしあたり平等、公正、正義、公益、公開性などである。他方、社会の成員は「自由な責任主体」として社会生活に「肯定的に」かかわることが求められるが、この場合、共生の肯定とは個の尊重と社会性の肯定であり、これは具体的には社会的な合意を守り行なうことだけではなく、社会生活への「主体的参加」として現れるはずである。

しかし思いつくままの単なる列挙を避けるためには、社会性を代表するものについて、以上で倫理性の全面が尽くされているかどうか、検討してみる必要があろう。社会が群衆と違う点は、社会は成員の合意に基づいて成り立っていることであり、したがって合意を形成する機関と手続きが、それ自身も合意に基づいて、成り立っていることである。我々の社会ではこの合意は——国のレベルでは——法に表現されている。

ところで法は基本的にあらゆる人に妥当することだから、ここで法を例にとって上記の問題を吟味してみると、まず社会における「個人の尊重」は法的には人権の尊重として現れる。次に立法には——間接的にではあるが——基本的にすべての人が「参加」するものであり、その際意見の発表の「自由」が保障され、立法の過程と結果は「公開」されるべきものであり、法の施行に際してはすべての人は法の前に「平等」であり、法の運用は「公正」でなくてはならず、そもそも法は「正義」をもって社会の「平和や秩序や繁栄」を守るものである。以上、「　」のなかの諸理念は普遍性、自由、人間肯定性を表現するものだが、どれが特に倫理的なるものだろうか。

法と倫理との違いは、法は一定の手続きによって立法されて法として通用するものとなるが、倫理は良識の事柄である、ということである。また法は外面的な、検証可能な行為にかかわるが、倫理は内面にまで及ぶ。さらに、法は国家権力によって市民生活を規制するものだから、権力の及ぶ範囲が常に厳密に問題とされなくてはならないが、倫理は生活の全面に（個人の内面にまで）及びうる規範である。さらに法には手続きの規定が含まれるが、倫理的には手続きそのものは第一義の問題ではない。したがって社会倫理の場合、人権、平和、秩序、公益、平等、公正、正義、公開性、自由、主体的参加、というようなことは、倫理性の表現でもあるから、国法の視点からだけではなく、人間としての自分（人類の一員としての自分）の義務として解釈されうることになる。換言すれば倫理は直接には法ではなく、国家権力と結合するものでもないが、それだけに、倫理の観点から国家や国法を相対化する機能をもつことになる。

たとえば正義は一般に「帰すべきものを帰すべきところに帰せしめる」ことであり、これは応報の正義や不平等を排する公正さとして具体化されるが、倫理的には一般に「あるべきものがあるべきところにある『正しさ』」として解されよう。たとえばプラトンの国家論の場合、知恵の徳が支配者に、気概の徳が軍人に、節制の徳が生産者に、それぞれ配分され、かつそれらが調和している状態が「正義」と呼ばれたが、この場合「正義」とは国家の「正しい状態」のことである。また正しい陳述とは一般に、真実（あるべきもの）が陳述（あるべきところ）にあるような言説のことであって、このように「正しさ」は広義に解されうることになる。いいかえれば社会倫理は良識の立場からの、法に対する批判的機能でありうるものである。

本節は社会倫理の詳論ではありえないから、主要な問題点にふれるのみである。さて政治は国民の全員にかかわることだから、それには全員が参加するのが当然である。ところで民主主義とは――もとより直接民主制は不可能だが――本来は社会の成員がそれぞれの立場で、外部からの強制や介入なしに（自由）、全体のためにはなにが最善かを構想し（普遍性）、それを意見として発表して公開の討論が行なわれ（社会参加）、その結果多数意見が採用され、これが全員の合意として、つまり権力に裏づけられた法として、通用するというものである。決してそれぞれの成員が自分にもっとも都合のよいことを主張し、その結果多数意見が勝つ、というものではない。だから権力はもともと公益のための全員の合意を反映するもの、総意を代表し代行するはずのものである。決して特定の集団や個人が占有すべきものではない。

さらに倫理の立場からいえば、全員の合意とは本来は人類全体の合意であるべきものである――まだ制度的には不可能ではあるが。しかし国家権力は少なくとも人類の共生を損なうものであってはならず、倫理的には人類共生への意志を反映すべきものである。特定の国家や民族や社会層などへの差別、抑圧、一方的支配、搾取のような、一部の人間を特別なものとし人類的普遍性を害することが非倫理的であることは、明瞭に認識されなくてはならない。戦争が仮に国民的合意であっても、人類の総意を反映するとは限らないことはすでに述べた。

ところで政治的判断には正しい情報と、公正かつ高度の判断力が不可欠である。これを欠いて正しい政治的選択ができるはずがない。公正かつ高度な判断力の養成はまずは教育の問題だが、正しい情報は言論の事柄であって、したがって言論の倫理が社会倫理として要請される。社会一般に向けられた言論は上記の意味で、正しいもの（真実、公正）であり、公益のためになされ、またすべての人に開かれたものでなくてはならず（普遍性）、社会この意味で思想と発表の「自由」が守られねばならない。他面では自由といっても、社会性（平和、安全、秩序、文化性などを含めて）またプライバシーを無視し損なうものであってはならない。これは言論の自由の侵害に見えるけれども、社会一般に向けられた言論の場合は当然の倫理的制約である。言論の自由とエゴの自己主張は区別されなければならない。

さらに倫理は人間性の尊厳への敬意に基礎づけられるのであり、人間性の尊厳の法的表現は基本的人権の尊重だから、言論も人権のための配慮を怠ってはならないはずである。具体的には、実は多くの人の関心を惹き、記事を売るためなのに、正義や良識の仮面をつけて興味本位で煽情的な記事を書いたり、反論の機会を与えずに単なる私行を暴いたり、自分たちの主張に都合のよい事実ばかりを一面的に報道したり、批判的検証なしに不確実な情報や単なる通念に基づいて記事を作ったり、出来事を評価したりすることは、言論倫理に反することである。

倫理的には経済活動一般は公益を志向するもので、当然のことだが個々の人間や企業の儲けのためだけのものではない。つまり共生は物質的基盤を必要とするが、経済活動は本来はすべてのひとのためであり（普遍性）、生産、流通、消費の「自由」――我々の社会では特に市場での自由競争――が守られねばならず、それはいまや人類的「共生」を促進するものであって、それを損なうものであってはならないのは明らかである。この面は当然、環境倫理とつながるものである。

ところで言語、貨幣、権力には共通性がある。これらは前章第六節でふれたことだが、大切なことなので、あえて繰り返すと、言語や貨幣や権力は、法、倫理、慣習、時刻、暦などと同様、社会的に承認されることではじめて言語や貨幣や権力として通用するのであって、たとえば言語はそれ自身では単なる音や形にすぎない。第二に、言語は事柄を、貨幣は価値を、権力は総意を、代表するものである。つまりこれらはみな記号性を持つわけだ。ということは、上述のようにそれ自身によって現実なのではなく、それが代表するものによって成り立つ現実性だということである。

換言すれば事柄から遊離した言語、価値から遊離した価格、総意から遊離した権力は空無だということである。空無なのにそれらが絶対化されて通用すれば悪魔的となる。解りやすい例を繰り返せば戦前戦中には、敵国についての事実に反する一方的言説が真実として通用し、戦意を煽り立てたものである。戦中はそのいわば頂点に「大本営発表」があった。戦後になってそれらの言説の空無性が明らかになったが、その空無が国の内外に多大の損害を与えた戦争の、戦意を支えていたのである。

では戦中の国家権力は国民の総意を代表するものではなかったのか。日本だけをとれば、かなりの程度までそういえるのかも知れない。しかし前述のように倫理的には、総意とは本来人類的総意でなければならない。人類的総意から遊離していたから、日本は――ドイツ、イタリアもだが――世界的な戦争で負けたのではないか。人類的総意から遊離した権力の行使は、侵略戦争であれユダヤ人抹殺計画であれ悪魔的なものであった。

貨幣についての同様なことは、バブル経済について指摘した。土地の価格が上がれば不動産購買力が低下するから国民は貧乏になると百も承知の上で、金融機関が地上げのために莫大な資金を――土地の経済的収益性を無視して――不動産業に融資した。その結果、バブルは失速し土地の値下がりが起きて、金融機関は途方もない不良債権を握り、日本経済を弱体化させた。その後始末のために公的資金が使われる始末だ。まるでそれを狙っていたかのように、いわゆる金融ビッグ・バン――金融自由化が導入される。それが日本経済に与える影響はプラスの面だけとは限らないだろう。そこで起こる損失は、だれがどうやって補塡するのだろうか。

倫理的な意味での正しさということをいった。それは「あるべきものがあるべきところにある」ことだといった。すると言語、価格、権力は、それぞれ事柄、価値、総意を代表するものだから、実際にそれらを代表するときに正しいのである。言葉は必要な人間が必要なときに必要な知を手に入れるためにあり、貨幣は必要な人間が必要なときに必要な財（もの、サービス、情報）を手に入れるためにあり、権力は総意を必要に応じて遂行するためにある。私はそう理解している。

言語や貨幣や権力がそのように機能しうるのは、それらが記号性をもつ、つまりそれぞれの意味で現実を代表するときだから、現実から遊離した場合それらは正しさを失う。換言すれば倫理的悪となる。言語は社会的現実の中心にあるから、社会的現実は多かれ少なかれ言語に類比的なのである。このような倫理的悪を知るためには、社会性（繰り返すが言語はその中心にある）に関する正しい認識が必要である。個人倫理の内容を明らかにする知は自覚であり、対人倫理の場合は理解であるなら、社会倫理の場合は認識である。ここでもやはり、倫理的知の獲得のためには教育が本当に必要なのだ。倫理は人間知を必要とするのである。現代社会ではあまりに人間知が無視されているではないか。そして倫理的であることが人間一般の意志となり、それだけではなく心からの願いとなるのは、宗教性に目覚めるときである。

本章は倫理学概説ではないから、以下の重要な諸問題についてはただ問題を列挙するほかはない。社会というとき、前述のように、市民社会また国家だけではなく、今日では国際社会があり——ここにはすでに著作権侵害やコンピューターウィルスのような問題がある——さらに全人類社会の将来が構想されなければならない。ここが本来の倫理の場なのである。全人類社会の成立を傷つけ不可能とするものは倫理的悪である。それにはたとえば差別がある（後述）。しかし逆差別の問題もある。環境倫理があり、しかし環境保護の仮面をかぶった住民エゴの問題もある。医療倫理があり納得医療（インフォームド・コンセント）の必要が叫ばれれば、それを責任逃れに用いる医療機関があらわれる（患者が自分で選んだ医療法だから医者に責任はないという）。

倫理は必要だが、それだけでは如何にも無力なものだ。善は常にエゴの仮面に利用されるし、エゴ自身がその仮面で自分自身を欺くのである。人間は結局、自分が欲することしかできないのだ。倫理が求めるところを実現するためには、人間ひとりひとりがエゴをすてて心から人類共生を願い欲するようになり、人類共生をこころから歓びとするようになるほかはないのである。

宗教がそれをただちに与えるというのではない。宗教はまずは、少数者に対して人間に本来備わった共生の歓びを自覚させる道であった。それが一般化されれば、理念として倫理的文化的伝統となる。それはいかにも迂遠な道であるが、たとえば単なる政治的改革でいきなり人類的共生を実現しようとしても、そのような権力がエゴに蝕まれることは、すでに我々が十分以上に経験したことではないか。だからといって倫理をまったく無視したら、人類の将来はどうなるだろうか。

註

（1）*Grundlegung zur Metaphysik der Sitten*, 1785.
（2）八木誠一『自我の虚構と宗教』（春秋社、一九八〇）、参照。
（3）Martin Buber, *Ich und Du*, 1923.

付記

臓器移植のような問題には触れなかったので要点のみを記す。この場合も、普遍性、自発性（自由）、人間肯定性という倫理の三属性をあてはめてみることができる。するとそれらは、この場合には、それぞれ当事者の合意、提供者本人の自発性、人間尊重（生きている限りはあくまでも生きることを大切にすること）としてあらわれる。臓器の売買は論外である。一般に人間が作ったもの、とったもの（魚のように）は、売買できるが、人間が作ったものではない、人間を存立させる条件（たとえば生命）は売買の対象にはならない。身体の一部を売ったり、対価をとって処理を委ねたりすることも同様である。売春が倫理的に悪であるのは、ここに根拠がある。

第三章　宗教とは何か

第一節　神秘とその言語化――神について語るということ――

奥能登（石川県）に「アエノコト」（饗の事）と呼ばれる行事がある。収穫が終わったあとで田の神を家に迎えてもてなす行事で、最近はテレビなどで紹介され、よく知られるようになった(1)。

アエノコトは家の行事であり、執り行ない方は家によって多少違うとのことだが、たとえば以下のように行なわれるという。この行事を伝えている家では、十二月に主人が礼装で田に行き、鍬で田を三度打ち――田の神様は田の土のなかにおられる――「田の神様、田の神様、お迎えに参りました。どうぞ私どもの家においで下さいませ」と口上を述べて、神様を家にお連れする。神様は男女で目が悪いということになっているから、道の途中でも「田の神様、ここには段差がございます。どうかお気をつけ下さいませ」というように声をかける。

家につくと一家の者が玄関まで出迎えている。主人は「お寒うございましたでしょう、さあ、どうぞお暖まり下さいませ」と、神様にまず囲炉裏端でお休みいただき、それからほどよい湯加減の湯殿に案内する。頃合いをみはからって、湯から上がられた神様を主人が座敷にお連れすると、そこには食膳が調えられている。主人は「田の神様、お陰様で今年も満作でございました。有難うございました。冬の間どうぞわが家でゆっくりお休み下さいませ。ここに食事を用意いたしました。どうかお召し上がり下さいませ。これはお汁でございます。豆腐が入っております。これは赤飯でございます。これは芋と大根の煮物、こちらには焼き物と酢のものがございます。みなたくさんございます」というように、いちいちご馳走の説明をする。甘酒や二股大根や重ね餅などもお供えして、食事が済むと神様には、種籾が置いてある倉などで冬の間お休みいただくという。その間に田の神様の力が種籾に入り満ちるのである。

いまはこの行事もすたれつつあるとのことだが、このような行事を執り行なう気持ちはよくわかるではないか。わが国では穀物には霊が宿り、日光も神的なものとされていたが、田にも稲を育てる神秘的な力が働いていると感じられたのである。そこで田の神という表象が成立し、奥能登では「アエノコト」という感謝とねぎらいの行事が行なわれるようになった。

一般に我々はある出来事を「神秘」として経験するとき、その出来事の背後に「神」を立て、「神」について語るようになるのである。神秘は神の行為と解される。神について語るのは、必ずしも我々が非日常的な際立った「神秘を」経験するときではなく、むしろ日常的な何事かを「神秘として」経験するときである。「神秘として経験する」とは単なる心理だという批判があるだろうか。では生命や人格を尊厳なるものとして経験するのは単に主観的心理なのだろうか。経験は主観的で認識が客観的だと断定するのは、思うに、理性主義の偏見である。経験は全人格的身体の事柄であって、理性はその一機能である。逆ではない。

さて神秘とは、ルドルフ・オットーのいわゆる「ヌミノーゼ」とヴァン・デル・レオーの「力」とを合わせたようなものだが[2]、人智を超えた力に満ち、人の思いを超えた仕方、単なる偶然とは思えない仕方で人のために配慮し、人を助け、救い、あるいは罰する働き、つまり人生にとってまさしく有意味でありながら、無限の深み、奥行きを持ち、人を惹きつけてやまないもの、しかし決して人間の思うままにはならないもの、したがって有難く尊いもの、接するものに畏れと敬意また感謝の気持ちを抱かせるような働きである。

何事かを神秘として経験した人は、その経験を語るようになる。この場合注意すべきことは、人は必ずしも出来事を正確・厳密・客観的に語るのではないことである。神秘は対象的「事物」ではなくて、働きだが、といってもただの働きではない。右に述べたような仕方で経験される働きである。ここで働きの不思議さが語られるのである。それが、神秘として経験された働きを語るということである。神秘を語る人は、何事かが神秘として経験されるとき、その経験の対象を——客観的観察者として——語るというよりも、むしろ神秘に打たれた心を語るのである。むろん出来事なしには心の反応もないけれども、出来事を神秘として経験する心が語り出るのである。アエノコトの場合でも、田そのものが神なのではない。稲を育てる田の力が、不可思議で有難く尊いものとして経験される。アエノコトは感謝の心の表現である。

このような経験を語るについてはいくつかの仕方がある。もっとも何事につけ神秘を感じない人がいようし、また、感じてもそれだけで、それ以上立ち入らない人もいる。それがいけないというつもりはないが、これらの場合は宗教に発展することはないから、本書では問題にしない。

さて、何事かを神秘として経験して、その経験を言語化する場合、以下のような仕方が考えられる。第一に、経験される出来事あるいは事物がいかに驚くべく不可思議でかつ奥深く、いかに日常的経験や既知の知識や把握のパターンを絶しているか、その恐るべきさま（様相）つまり超常性を、いわば感覚的に語る仕方である。第二に、驚くべく恐るべき、人生に救いや罰をもたらす出来事の有意味性を、まさに出来事の経過自身を語る仕方で語る場合がある。もちろん第一の仕方と第二の仕方は結合するのが普通である。これらの場合、出来事が誇張され、尾鰭をつけて語り伝えられることが多いが、これはその報告が客観的記述として不正確だということではない。そうではなくて、誇張は当の出来事が神秘として経験されたことを意味するのである。

もともとこのような説話は、経験に反応する心を語るものであって、客観的な記述や報告ではない。だからこのような説話にみられる誇張や一面性は、語られる出来事がまさに神秘として経験され、神秘として語り伝えられていることを意味するのである。明らかな誇張から我々はまず、そこで出来事を神秘として経験する心を読み取るべきなのである。

さらにいえば、洋の東西を問わず、聖者には聖者伝説や奇跡物語がつきものなのだが、これらの説話も客観的出来事の正確な報告ではなく、やはり聖者が神秘として経験されたことを示すわけである。聖者伝説や奇跡物語は、直接間接に聖者に接した人の心的経験を物語として表現するものだからだ。ただし、語る人も聞く人も、その説話を事実として受け取ったのである。さもなければ聖者の不思議さ恐ろしさは伝わらない。

さてその日、夕方になると、イエスは弟子たちに「向こう岸に渡ろう」といわれた。そこで弟子たちは群衆をあとに残し、イエスを船に乗せたまま漕ぎ出した。他の小舟も一緒だった。すると激しい突風が起こり、波が舟のなかに打ち込んで舟は沈みそうになった。ところがイエスは舳で枕をして眠っておられた。そこで弟子たちはイエスを起こしていった。「先生、私たちが溺れ死んでもかまわないのですか」。するとイエスは起き上がって風を叱りつけ、湖に向かって「静かにしろ、おとなしくしておれ」といった。すると風は止み大凪となった。イエスは弟子たちにいった。「なんという臆病者だ。どうして信仰がもてないのか」。弟子たちはひどく恐れて互いに言った。「いったいこの人はだれだ。風も湖も従うとは」　（マルコによる福音書、4・35―41）

新約聖書のなかでは特に『マルコによる福音書』が、イエスを聖者（1・24参照）として描いている。イエスは、いわばこの世を超絶した彼岸からこの世のなかに突然現れ出たような異者、しかもイエス自身がまったく新しい福音であるような存在（1・1、27参照）であって、それ以上イエスがいったい誰であるのか、知ることも語ることもできないのである（8・30参照）。換言すればマルコ福音書は、既知のものからは理解できない神秘であるイエスを、その恐るべく驚くべきさまにおいて描いているのである(3)。

マルコにはキリスト論がない、イエスを神学的に規定することを拒否しているという(田川建三)のは多少ゆきすぎともいえるが(マルコ3・11―12参照、類例は少なくない)、マルコがイエスを、たとえば人となった神の子(ピリピ2・6―11参照)と説明していないのは事実である。このように神秘を描くに際しては、恐るべく驚くべき出来事だけを語ることがありうるのであり、必ずしもその背後の「神」の行為が語られるとは限らない。ただしそれは暗示されてはいるのであり、解釈は聞き手にまかされている、と解することも可能である。

他方で注意すべきことは、我々には奇跡を信じやすい心性があり、だから「聖者物語」の語り手が、それが事実ではないことを知りながら、あたかも事実であるかのように語り伝える場合も多い。これはためにするところのある非良心的な宣伝と異なるところがないのであって、そこには真正な「神秘」の経験がかえって欠けているのが普通である。

それだけに、第三の場合として――これが幻想とか虚構とかいうことではすまされない場合、つまり我々の研究の本来の、主題となる場合なのだが――幻想でも虚構でもない、厳正に良心的に語られた事実ありのままが、神秘として経験される場合がある。換言すれば、宗教の質を問うとき、それが提示する神秘が、神秘として経験される出来事の事実性の面で、偽りでないかどうかという問題がある。神秘として経験される働きには事実性の面と、それを経験する心の反応の面とがあるが、以下にみられるように、その両面が学的検討の対象となるのである。しかし以下ではまず、神秘の言語化一般を問題とする。

すると第四に、以上のようにして神秘として経験される出来事の背後に「神」が立てられ、神について語られる場合がある。イエスについても、マルコとは異なって、イエスが神からこの世に派遣された存在であると明示的に語られる場合があり、新約聖書ではこの方が普通である（ヨハネ5・24参照。類例は多い）。一般に「神」という語は神秘を言語化するときに用いられるものである。ただしここで「言語化」とは、事柄を言葉で語り、言葉に写し取り、現実を言葉で代表させることである。

さて人が神について語るとき、神を見ながら、つまり神の行為を客観的に観察しながら語るわけではない。「神」という単語は、神秘として経験された出来事を言語化するについて、経験された神秘の行為者を示す記号である（ここでは神という現実ではなく、神という単語が「神」と表記されている）。神秘として経験される出来事とは、非日常的であっても常に世界内の出来事であるが、しかし無限の深みと奥行きを持つと感じられる出来事、彼岸に起源を持つと解される出来事である。その彼岸性が、「神」という単語を用いて言語化されるのである。イメージ化されて伝えられると言ってもよい。

このように、神を見ながら神について語る人はいないから、神は常に「見えざる神」なのである。換言すれば「神」という普通名詞には、客観的に提示可能な指示対象がない（後述）。したがって、神について語る説話から我々はまず、もしその説話を了解しようと欲するなら、その客観的真偽を問う前に、語り手が何事かを神秘として経験したということを読み取るべきなのである。しかるのち神秘の出来事の客観面の記述、主観面の言語化の正当性が問われるのである。

出来事そのものが恐るべく驚くべきものである場合、すなわち人の思いを超える仕方、単なる偶然とはとても思えない仕方で人を助け、あるいは罰する意味を持つ場合、我々は「これはまるで目にみえない超人間的な人格——知性と意志を持つ主体——が、超自然的な仕方で、人の生活に介入し、人を助けたり罰したりしているかのようだ」と思う。この「まるで……ようだ」はまずは比喩であり、経験の様相の表現である。そして比喩は（後述のように）元来、表現言語に座をもつ言語形式である。一般に外からは見えない心の出来事（たとえば気持ち）は、比喩を伝達手段として語られるのである。

この際、神秘ではなく——神秘の出来事には記述可能な面がある——神について語る言語は、もはや記述ではなくて、後述のように経験の表出（言語化）である。客観的に検証可能な情報ではない。出来事を経験する心の表出、つまり表現言語なのである。「神」はまずは比喩として語られるのである。他方、宗教はやはり詩ではない。みずからの身にかかわる神秘の出来事に接して、どうしてもそこで神が行為していると思わざるを得なくなる人があり、時がある。するとこの人において比喩は——客観性の確認を欠いたまま、語る本人の確信によれば——客観的事実を語る言葉とされる。ここには意識内在（心的経験）から意識超越（神の定立）への飛躍がある。それによって単なる畏れや驚きではない「神信仰」が成立するのである。意識（自覚）内在から意識（自覚）超越への飛躍に、宗教の——また多くの哲学の——問題があるのである。

もちろん、宗教ははじめから神にかかわる客観的事実をありのままに語るものだという把握があるだろう。そのように主張する人には、人ははじめから神を見、観察しながら、つまり客観的に検証可能な仕方で神の行為を観察・経験しながら神について語るものだという事実を、説得的に示していただきたい。そうしたら私は私の意見を撤回しよう。

もしそうではなく、神について語るとは見えざる神について、つまり自分で見たわけではない神について、語ることであるなら、それはやはり「比喩」から「事実」への飛躍なのである——むろんその飛躍は常に不当だというわけではなく、後述のように、理解・共感可能である場合があるのだ。いずれにせよこのようにして「神」が定立され神信仰が成立するとき、アエノコトにみられるように、神との「人格関係」が成り立つ。具体的には語りかけや感謝、さらには祈りが成り立つ。つまり、この場合、神は人間に対向する人格として表象される。

さて神はこのように人知を無限に超えた力を持ち、人を助けたり罰したりする仕方で人間を人間として成り立たせる人格存在であり、しかも決して人間のいうなりにはならない他者である。これらの点を突き詰めれば、神は全知全能であり、正義にして愛である、絶対的主権者だということになる。さらに後述のように、神は無限であり、それに対して世界も人間も有限であるというなら、両者の間には無限の質的な差異があるわけだ。唯一神がこのような神とされていることは周知の通りである。

第二節　神秘と神・作用的一について

実は「神」を立てるのは個人ではなく集団である。はじめは個人であっても、やがては集団的行為となる。神が単なる「不可思議な力」や「霊力」と異なる点は、「神」は固有名を持ち、その神のために特定の聖所で定期的な祭儀が営まれることである。神は集団とその秩序を守る神である。ということは「神秘」の経験も共同体的だということである。たとえば稲の生育と結実が神秘として経験される場合、稲作は水の管理ということを考えただけでもすでに共同体の作業であり、神秘の経験も共同体的経験である。このような場合、皆が同じ神について語るためには神に固有名があることが必要であり、皆で同じ神にかかわるためには共通の祭儀の時と場所と方法が定められなければならない。

こうして神には固有名が与えられ——神名は神によって啓示されたものとされることが多い——聖所が定まり祭儀が営まれる。祭司が専門職となり、一つの神名を中心としてさまざまな神話が統一される。神は共同体の意志決定に参与し、安寧と秩序を守る神となる。こうして宗教が形を整えることとなる。すると「神」について、神自身（神名がこれを示す）と、神の働きの内容すなわち「神秘」と、神の働きの及ぶ場所（働きの伝達と、伝達が及ぶ神域、また神域の中心にある聖所）が区別されることにもなる。これは後述のように、遠くキリスト教的三位一体論にまで反映しているとみることができる。三位一体論は結局、救いをもたらす働きの分節であり[4]、働くもの（究極の主体としての父なる神）と、働きの内容（救いの原型としての子なる神）と、働きの伝達（聖霊なる神）が区別されることだからである。なお働きが伝達される「神域」にキリスト教側で対応するのは教会である。さらに聖所においては神に接し、神とかかわり、神と交わる方法が確立される（祭祀、礼拝、典礼）。神について語られるときは、以上の三者について語られるのが通例である。

以上のようにして「神」と「神秘」が区別されることになる。以下では、このように区別された上での神と神秘との関係を問題とする。神秘そのものが神なのではない。神秘性はこの世の出来事（その経験）の様相であって、彼岸の神は常に神秘を超えているのである。神秘と神が混同されることがあるとはいえ、元来あらゆる宗教で、神と神秘は区別されている。アニミズムにおいても、草木自体が精霊なのではなく、草木には精霊が宿っているのである。

　このように神秘は神ではなく、神を「宿す」もの、つまり「聖なるもの」である。このように「神」が立てられるとき、神秘はもはや単なる神秘ではなく、文字通り神を秘める「聖なるもの」となる。聖なるものとは、神の働きに参与しているもののことである。換言すれば、神が立てられるとき、神秘は神と世を媒介する媒体となる。我々が見えない神に直接することはない。我々が経験するのは常に神秘＝聖なるものであって、神自身ではない。「神」が立てられるとき、神は神秘＝聖なるものを超えながら、これに内在することになる。こうして聖なるもの＝神秘は神の媒体と解されるのである。神道ではこれを「よりしろ」という。この言葉は、神がよりしろに降り、よりしろに内在し、再びそれを去ることを含意しているから、単に媒体というよりすぐれている。媒体というと、そこには常に神がいまし、したがって媒体は常に神と結合しているかのように聞こえるからである。いずれにせよ媒体が人間の「外」にあるとき、「神」も人間に対向する人格的他者として表象される。

右のようにして、神が立てられるとき、神は「聖なるもの＝神秘＝媒体」を超えながら、その「なか」で働くものとなる。しかし媒体自身は神の働きではあっても神自身ではないから、神秘の働きは、そこに内在する神が神秘を「通して」働くことなのである。また、見えざる神の働きは神秘の働きとして世界内の現実となるのだから、神は神秘「として」働くことともなる。換言すれば、我々が神について語るとき、神と神秘＝聖なるもの（媒体、よりしろ）が区別され関係づけられる。神は媒体の「なか」で、これを「通して」、媒体の働き「として」働くこととなる。この三者は三者揃って媒体性というひとつ事柄を表現するのである。[5] ヨハネ福音書では神はキリストの中に在《い》まし、キリストを通して、キリストとして、働くのである（14・9―11参照）。神が媒体の「なか」で、とは、神が媒体の働きの超越的・内在的主体であることを示す。

他方、聖書には「キリストが神のなかに」（ヨハネ17・21等多数）という表現がある。前述のように神について神の働く領域を語ることができる。この場合、神の働きを受ける媒体は「神のなかにある」ことになる。したがって「神のなかにある」とは、媒体がそこで、自らを超える神の働きのなかに置かれて神の力や恵みを受けること、あるいは神の側から根拠づけられることを示すわけである。信徒が「キリストのなかにある」場合も同様であって、信徒はキリストの働きの領域内にあり、こうしてキリストは信徒の恵まれた生の根拠となる（Ⅰコリント1・4参照）。媒体は神の「なか」に置かれ、神は媒体の「なか」で働く。これは神が媒体を通して、媒体の働き「として」働くということである。

神と媒体の一性（実体的一ではない作用的一、後述）とは以上のようなことである。我々は一般に、神とその媒体について以上のように語る。そしてこのような区別と関係は、聖なるもの＝媒体を「神的・人的なるもの」として語ることであって、この事態はイエス・キリストを「まことの神・まことの人」と告白するキリスト論にまで反映しているとみることができる。さて神と媒体の一性をさらに厳密に言い表すと、上述のように両者は全く同一というわけではない。他方、媒体の働きはそこに内在する神の働きである。

この事態を以下のように言うことができる。神と媒体は実体としては異なるが、作用において一である。これを作用的一という。重要なのは、人間が「自己」（自我ではない）を神秘として経験する場合である。この場合、神の働きは人間の主体性と重なってくるのである。神は対向する人格ではなく、人間の主体性と重なる働きとしてとらえられる。媒体が外にあるとき、媒体との出会いが神との出会いだという意味で、神は人間の外にある、対向的人格として表象されるが、自己自身が媒体として経験されるとき、超越的な神は主体に内在する働きとしてとらえられるのである。さて作用的一とは、西谷啓治がマイスター・エックハルト解釈において用いている言葉である（能作的一）。エックハルトは人間を直接に神化したと解されやすいが、実は彼は、神と人とを実体的には異なるもの、作用において一なるもの（相対する主客の合一ではなく、人の主体性と神の主体性が重なり合う作用的一、Einheit im Wirken）と考えたのだという。西谷はそれを能作的一というのである。[6] 能作的一は実体的一なしに成り立つ一なのである。

これは重要な見解であって、神と人の関係を語る場合に基本となる概念である。晩年の滝沢克己は神と人の関係を規定するに際して、神と人との実体的一と作用的一を区別し、前者と後者の関係は「不可分・不可同・不可逆」であるとした。実体的一の方が先であり根拠なのである。滝沢はさらに、作用的一に本源的関係と現実的関係を区別し、両者の関係をも「不可分・不可同・不可逆」であるという。[7] しかし私見によれば滝沢は「実体的一」をいう必要はなかった。単に「作用的一」をいえばよかったのだ。神と人間が実体的に一となることはありえない。

「作用的一」は宗教哲学における最重要概念のひとつであるから、やや長くはなるがここで説明を加えておく必要があると思う。ものともの、主体と主体との作用的一（重なり）といってもさまざまな場合がある。

まず物理学的に、異なる粒子は同時に同一場所を占めることはできないが、波にはそれが可能なのである（不可能な場合もあるようだが。波動として記述されうる素粒子は衝突する）。波同士はぶつかっても――その現場では波形が変わるが――跳ね返らずに互いにすり抜けてゆく。同方向に進む波が重なり合うことも可能である。水面の波にせよ音波にせよ光波にせよ、合成と分離が可能である。異なる波をひとつの波に合成し、合成された波をもとの二つに分離することができる。この場合、合成が作用的一の比喩となるが、我々の問題である作用的一は合成ではなく、分離もありえない。いわば同一平面上で相異なる二の合一ではなく、以下のように一が二に分節されるのである。

生理学的には、人体は物質から成り、体内の代謝はことごとく物質の化学的反応である。しかしこの反応は同時に生体の営みにほかならない。生体は単なる物質ではない。たしかに物質から成るのだが、生体内の物質の反応は生体を維持するように秩序づけられている点で、ただの物質と生体は異なる。生体には単なる物質のかたまりとは違って、生と死の区別があるといってもよい。このように生体と（単なる）物質は実体としては異なるが、生体内での物質の振舞いはそのまま生体の営みである点で、両者は一であり、ここにも作用的一の比喩がある。同一の反応が物質的ともみられ、生体の営みともみられる。

もっとも物質の振舞いは主体的自由とはいえない。人間の場合、声は音波だが、声を聞くとき我々は人格に出会う。同様に、我々が語りかけるとき、発声と人格的語りかけはともに主体的行為である。声は音波だが、そのまま人格の語りかけであって、だから我々は声を聞くとき人格に出会う。ここにも作用的一の比喩がある。ただしこの場合、発声の主体と語りかけの主体ははじめから同一で、異なる主体の重なり合いではない。だから仮に発声の主体と発声の器官とを別の主体と考えれば、ここには作用的一との類比が成り立つ。

次に主人と使者の場合をとれば、両者は異なるが、使者の口上はそのまま主人の言葉である。滝沢の用語を用いれば、両者の関係は不可分・不可同・不可逆である。実際聖書では、神と預言者、キリストと使徒の関係がこのモデルで説明されている。これも作用的一の比喩ではあるが、主人と使者の関係は「語りかけと応答、命令と従順」の関係であって、一とはいっても、ここでは不可同・不可逆が優越している。換言すれば使者の口上は、結局は主人の言葉であって、使者自身の言葉ではない。

それに対して神と媒体の一は「我々は媒体自身の働きに接するとき神の働きに出会う」ということである。これは前述のように発声の器官の働き（声）に接するとき、我々は発声の主体（人格）に出会うのに似ている。これは媒体が人間主体の外にある場合であり、媒体自身の働きが彼岸に根源を持つということである。重要なのは人間主体（自己）が媒体であるとき、たとえば人間の愛が神に根源を持つといわれる場合である（Ｉヨハネ４・７参照）。この場合、媒体における主体の単一性がそのまま根源の二重性なのである。

以上のように作用的一といってもさまざまな場合があるが、結局神と媒体の作用的一ということは、我々は媒体自身の働きに接するとき神の働きと出会うということである。これは要するに神秘の経験の言語化（神を立てる言語化）と同じことである。ここからして、媒体自身の働きが彼岸に根源を持つと解されてくる。するとこの意味で媒体は神を表出し、神の象徴となるわけだ。したがって媒体（ここではⅠヨハネ4・7のような言葉を語る人間）の立場でいえば、媒体の主体的行為（たとえば愛）は神に根源をもち、また神は主体に内在するわけである。媒体自身は神を直接に経験するのではなく、自分自身（の愛）を神秘として（つまり自己の究極の主体と自我との作用的一として）経験するのである。この人はこの経験にもとづいて神を語ることができるし、「神を知る」ということさえできるのである。重要なことは、この場合、神は人格や存在としてではなく、「働き」として語られることである。神を語る仕方はひとつではない。自己における神と人との作用的一を、作用的一に定位して、純粋に語ると、神は「働き」として語られるのである。

むろん右の知は対象的認識ではない。媒体としての人間主体は神を対象として観察するのではなく、自己の主体性が自己を超えた根源を持つことを直覚するのである。主体が主体として働くとき、主体が主体自身の働きとその内容を、さらにその根源を、直覚することである。このような知は「自覚」である。たとえばデカルトの「我思う、ゆえに我あり」は、理性の自覚を語っている。考えるときに、理性が自己自身を直覚的に知るのである。この直覚はすでにデカルトにおいて、神と人間的理性との作用的一の自覚を含んでいた（デカルトによると完全性という観念は、人間理性が作り出したものではなく、完全なる神が人間理性の中に置き入れたものである。ここにも思考という理性内在からそれを超える神への飛躍がある。ここに哲学最大の問題があるといえるのだが、いずれにせよ人が完全なるものを考える思考は、神の自己理解を映すという。この自覚はシェリングとヘーゲルにおいて展開され、神は人間の思考を媒介として神自身を知る、自覚する、ということになった）。

ただしキリスト教や仏教における「自覚」は理性の自覚ではなく、他者とのかかわりを含む全人格性の自覚である。全人格性の自覚において、人間主体と神の作用的一の自覚が成り立つのである。

さて聖なるものの働きは聖化ということである。聖なるものをR・オットーのヌミノーゼの意味にとれば、これは日常性を超えたもの、犯すべからざるもの、恐れと慄《おのの》きをもって対すべきものでありながら、人を魅了し惹きつけてやまないものである。ところで我々はヌミノーゼに、いわばプラスとマイナスの両極を区別することができる。要するに清らかなものと汚れたもの、たとえば神々と悪霊である。すると前者は後者を排除し、駆逐し、滅ぼすという関係が見られる。清めやお祓いがそれに当たる（聖化）。聖者イエスは悪霊を追放するのである（マルコ1・24―25参照）。しかし聖化はさらに生かすこと、生を全《まった》からしめることである。「聖」霊は、それを受ける個人と共同体の生を全からしめる（ローマ8、Iコリント12）。救済と聖化は区別されることもある（Iコリント1・30）が、救済と聖化はともに聖霊の業に帰せられうるのである（Iコリント6・11）。

事柄の上からいえば、神と人の作用的一の現成が同時に人間の聖化であり、聖化は人間性の本来への還帰である。宗教の目的はここにあるということができる。さて我々が経験するのは神秘であり、我々はこの経験に基づいて「神」について語ること、我々が経験する神秘のひとつの中心は、我々の主体的自由が彼岸（神の行為）に根源をもつということ（作用的一）、このとき我々は「神を知る」と語りうること、これらすべては――すでに言及した――次の言葉に簡潔に表現されている。「愛する者たちよ、私たちは互いに愛し合おうではないか。愛は神から出るものであり、だから愛する者は神に根源を持ち、神を知るのである」（Iヨハネ4・7）。

作用的一の自覚に宗教の中心があるといった。この場合注意すべきは、その自覚がどこで成り立っているかということである。上記のようにIヨハネにおいては愛がそれであり、理性主義ないし観念論哲学の場合は、思考が神と人との作用的一の自覚の場であった。一般に宗教の違いは、どこで神秘を経験するかという違いであり、また同種の神秘の経験の場合でも、それを言語化する仕方が違えば宗教性は異なってくる。ここに宗教の個性がある。

さらに、神と人の作用的一を語る宗教の場合、どこで作用的一を自覚するかという違いは、同時に作用的一の内容の違いでもある。この意味で伝統的キリスト教とは、なかんずくイエスに神秘を、神との作用的一を見る宗教である（ここで詳論はできないが、イエスと神との実体的一を説くのはキリスト教としても不正確である。事柄上も誤りだが、新約聖書も「歴史のイエス」と「神」との実体的一を説いてはいない）。この場合、媒体としてのイエスは信徒の外にあるから、イエス・キリストの父なる神は信徒に対向する人格として表象される。

さまざまな宗教が、それぞれの仕方での神秘の経験のうえに成り立っている。さて神は見えないが、神秘は常に何らかの意味で経験されうるものである。何らかの事実が神秘として経験されるからである。また、その経験は了解可能でなければならない。つまり、その事実を、その事実に接したひとが、神秘として経験しうるのでなければならない。宗教は、何事かを神秘として経験するところから始まるからである。

たとえば教祖の「超能力」に神秘を見る宗教がある。この場合その宗教は、教祖における神と教祖の作用的一の自覚（これは一般の信徒には経験できない）にもとづいて教祖への信仰を要求するであろうが、教祖の「超能力」自体は信徒にとって常に経験可能でなければならない。これが客観的事実として語られているなら、それはその客観的事実性において、すなわち検証可能なものとして、経験可能でなければならない。その超能力は単なる非日常性ではなく、神秘として経験されるものでなくてはならない。

したがってたとえば教祖の超能力に神秘を見ながら、その超能力を実際に提示することのできない宗教、この点でもただ「信仰」のみを要求する宗教、また提示する超能力が特に神秘——人間にとって重大に意味をもつ神秘——とは思えない宗教は、宗教の必要条件を満たしていないのであって、十分警戒の対象になりうるわけである。一般に神秘の経験を約束するだけで、実際に神秘の経験を信徒に与えることができない宗教は、それがもともと神秘の経験を欠いているにもせよ、神秘の経験を喪失したにもせよ、説得力がなく、宗教の資格に欠けるところがあるといわねばならない。

第三節　「神」を語る言葉について(1)——宗教と科学——

我々は何事かを神秘として経験するとき、その経験に基づいて、神秘のいわば背後に、神秘の働きの行為者である神を立てる。あるいは神秘の働きの中に神をみる。これは宗教一般においてみられるところであり、我々はそのようにして神について語る心性を理解し、共感することができる。しかし、だからといって、このようにして神について語ることが常に正当だとは限らない。

例をあげよう。雷は洋の東西を問わずヌミノーゼとして経験されてきたのであり、したがって洋の東西を問わず雷神が語られた。この際、ゼウスにおいて見られるように、雷神が天空の神と結合すればその神はプラスのヌミノーゼとして現れ、たとえば落雷は悪人への正当な罰と解される。ゼウスは雷を武器としてティーターン族を征服するのである。他方、落雷が災害（マイナスのヌミノーゼ）として経験されれば、雷は怨霊や悪霊の仕業とされる。たとえば鬼が雲上で太鼓を連打するというように表象される。しかし現代の我々は雷が放電現象であることを知っているし、飛行機に乗って上から雷雲を眺めてももちろん鬼はいないから、雷神の表象は消滅する。雷が説明可能、予測可能な物理現象なら、べつに神秘ではない。我々は蚊帳に入ったりお臍を隠したりする代わりに避雷針を立てるのである。この例はいわゆる「宗教と科学の戦い」を象徴する。

右の例のように、科学的研究の対象となりうる個々の現象に関する限り、一般に科学は宗教に「勝利」してきたし、これからも「勝利」するだろう。宗教はもともと何事かを神秘として経験する心の表現であり、その表現はけっしてそのまま客観的事実を語るものではない。客観的事実として「神」について語ることは、後述のように表現の世界から記述の世界への越境であり、単なる畏れと慄《おのの》きからの信仰への飛躍である。

草木に精霊が宿ると信じ、湧水の傍に祠を建てる心性は理解できるし、自然に対してこのような敬虔な感性を持ち続けることは尊いと思う。自然を単なる物として扱い、さらには商品化して憚らない態度に比べれば、どれだけ人間的か知れない――もっともアニミズム的感性も、すでに呪術を用いて精霊を自分たちに奉仕させようと試みはじめている点で、現代的心性とつながるのだが。いずれにせよ宗教的表象をそのまま客観的事実と取り違えた宗教が、科学に敗北するのは当然であり、宗教は初心にかえって、宗教が元来、世界と人間の客観的認識にかかわるものではなかったことを想起すべきなのである。

このように、科学の進歩によって消滅する「神秘」がある。雷や湧水がかつては神秘として経験されたとはいえ、現代ではいかに信心深い人間でも、電気器具のスイッチを入れたり水道栓を捻ったりするたびに、敬虔な祈りを捧げたり感謝したりはしないだろう。科学と技術は世界を世俗化したのであり（世俗化とは、自然を自然から、人間を人間から、世界を世界から説明し、この説明に基づいて世界、自然、人間を管理操作すること）、世俗化が成功しただけ神秘は消滅し、消滅した神秘に基づいて成り立っていた宗教は衰退したのである。

しかし実は神秘一般が消滅したのではない。たしかに個々の現象は一般に、もはや神秘ではない。科学は我々を迷信から、したがって煩瑣で無意味な儀礼から、解放したのである。これは科学がもたらした大いなる恵みである。他方、現実の全体は、科学自身にとっても不可思議さを増したといえる。現代の科学者は、前世紀のインテリほど科学的認識に関して楽観的ではない。我々がそのなかにいる現実、我々がその一部である現実の全体は、思ったより遥かに不思議なもの、ある意味で変なものだったのだ。量子力学と相対論は違った言葉を語っている。すくなくとも現在のところ、量子力学の言葉で相対論を記述することはできないし、反対もまた不可能である。生物学は遺伝子の構造の確定とともに飛躍的に進歩した。しかし遺伝子レベルでの知識で生物の個体の振舞いないし人間の創造的自由が説明できるわけではないし、また遺伝子や個体の振舞いで生物全体の進化が説明できるわけでもない。突然変異と自然選択という原理は、事実の記述ではあるが説明ではない。変異の出現自体はまったく説明されていないからである。

たしかに科学の発達の過程で、たとえば電気と磁気と光のように、かつては別物と考えられていた現象が統一的に把握されるようになってきた事実がある。統一的な場の理論も完成するのかも知れない。しかし物理学や化学の言葉で生物学の全領域を語ることはまだできていない。ゲーデルによると、十分に内容のある記述について完全に矛盾のない一意的体系を作ることはできないという。まして人間の主体性を含めて考える場合、主体性が科学的に記述説明できたわけではない。主体性は理解され行使されるもので、観察や記述、まして説明や予測の対象にはならない。逆に科学自体が、人間主体の行為として創造され成り立ったものである。

もし我々が、我々自身を含む現実の全体を科学的に記述しようと試みるなら、我々はこの現実の外に出て、現実の中にいながら、同時に現実全体を客観化する位置に立たなければならないが、それは不可能である。説明される客観的現実は、もはや科学の主体としての我々を含むものではない。科学するという主体的行為自体は自覚されるもので、説明の対象ではない。説明している主体自体は科学的に説明されていない。

さらにいえば、個々の事象は一般にもはや神秘ではないといったが、あらためて生体の全体——ほんの一部でもよい——をとってその構造と機能を調べてみると、それは到底偶然にできたとは思えないほど複雑精巧なものであることがわかる。そもそも地球自体が生命にとってあまりにも都合よくでき過ぎている。しかもそれらすべてが全体として連動しているのである。その全体が偶然に出来上がる確率は、ほとんど無限小に等しいだろう。いわば試行錯誤（突然変異と自然選択）で生物全体の進化がなされたにしては、数十億年でも短すぎると思われるのである。(8) 実際私が内外の学術会議で経験した限りでは、十分に科学的に確かめられた事実にもとづいてこう感じる科学者、さらには――むろん科学的認識としてではないが――ここに神の行為をみる科学者が、以前よりも増えていると思う。

我々は言語――数学も言語のうちである――を用いて現実を語る。この際数学を含む言語は、情報を処理し伝達するための優れた道具なのである。しかし、言語の情報処理能力には限界があり、現実の全体性はこの能力を超えると思われる。科学――一般に学――がどれだけ進歩しても、現実の全体がなぜこのようにあるのかということは、原理的に説明不可能である。我々を含む現実の全体の神秘性は、科学の進歩とともに深まるといってよいだろう。

現実の全体性というような、我々の把握を超えたものではなくても、後述のように「直接経験」にあらわれる現実は、科学(学一般)の進歩とは無関係に神秘として経験される。以上の両者は無関係ではない。直接経験は現実の無限性を開示するからである。世界が世界すること、私が私であること、「私」が「あなた」と一緒に生きられること、かくてはこの世に社会と歴史が成り立つこと、これらは後述のように直接経験の諸局面であり、虚構でも仮構でもなく何のみせかけでもない、ありのままの現実でありながら、無限の神秘として経験されるものである。

ギリシャに由来する哲学は存在を問い、仏教は私が私であることを問い、キリスト教は共同体とその歴史を問うた。科学的にではない。むしろそれぞれがそれぞれの視角から、現実の全体を問うたのであった。そしてこれらの問いへの答えは宗教を否定することなく、かえってこれを立てたのである。現代哲学ですら、神を否定するとは限らない。これらの局面を含む現実全体を神秘として経験すること、したがってそれらの背後に神を立てることは、現代においても依然として——必然とはいわないが——可能であり、従来よりもよほど可能であるとさえいえる。科学は宗教を根底から突き崩したと思われた時期があった。しかし今となってみれば、科学の進歩によって現実の全体性の神秘は深まることはあっても、失せることはなかったのである。

個々の神秘のうえに立つ宗教は多神教となる。しかしこの宗教性は、科学の進歩とともに衰退するだろう。個々の出来事が科学的に説明されるだけではない。この世の出来事すべてが互いに関わり合って成り立っている以上、個々の出来事に個々の神を配するよりも、関わり合う全体の背後に神を立てる方が自然なのだ。こうもいえる。多神教とは、ここで出会う神とあそこで出会う神とは別の神だ、ということである。しかし自然法別の等質性をとってもこれは無理で、我々は天でも地獄でも地上でも同じ神に出会うという方が受け入れやすい。だから神とは唯一神のことなのである。

我々は客観面では自然を神秘として経験し、主体面では自己を神秘として経験する。さらに生命と人間の歴史を神秘として経験する。これらさまざまな神秘の背後で働く神は同じ神だということが、唯一神の意味である。実際、主体的自己を中心として考えても、自己を可能とする生命の世界、生体を可能とする物質の世界は、たとえ物質性が生命を破壊し自己を不可能とするようなことはあっても、互いに全く異質無関係のものではありえない。だから唯一神とは、世界の神、私の神、歴史の神は同じ神であるということ、さらに客観の背後にいます神、主体の背後にいます神、世界と歴史の上にいます神は、同じ神である、ということである。

実は多神教にも捨てがたいところがあるといえよう。神々は事件が起こると集まって——民主的に——協議をし、意見を出しあってことを決める。天照大神が天の岩戸に身を隠したときもそうであった。それに対して唯一神は絶対の独裁者になりやすい。特に、唯一神が単に超越的な絶対他者とされるときにそうなる。しかし我々は、神が世界内で人間と作用的一をなすことを見た。この場合、神は単なる超越的他者ではない。唯一神が専制的独裁者とされるのは、むしろ神が現実全体（無限の現実）の背後の神ではなく、特定の集団の神となり、したがって特定の教義や価値観と一意的に結合するときに起こることである。

たとえば特定の教団が、教団の神はそのまま排他的に全人類の神であると主張するときである。このとき特定の集団ないし教団とその「神―世界―人間」解釈が、教団は特殊であるまま、教義は説得力も真理性の検証も欠いたまま、絶対化される。むろん唯一神は絶対者である。しかし人間の神理解は絶対ではない。問題は、絶対はあらゆる相対の否定を含むのに、特定の相対者（教団と教義）が自己否定を含まないまま絶対化されるところにある。このような教団にとって、異教はマイナスのヌミノーゼつまり悪魔的なるものと見なされる。火をもって焼かれ滅ぼされるべきものである。ゆえに異教徒は改宗するか、さもなくば地獄に落ちるものと、一方的に宣告されるのである。

もともと唯一神は、世界の理論的解釈や思弁の産物ではない。自己の内外にかかわる出来事が、単なる偶然ではない神秘として経験される事実に根拠をもつのである。さてこの経験と信仰の間には飛躍がある。だから他方では、この経験を欠く人間（現実の全体性を神秘と思わない人間）、また神秘として経験しても、この経験を神を語ることなしに語る人間も当然ありうるわけである。信仰が飛躍である以上、無神論は可能な選択肢であって、誰もその不当性を説得的に証明することはできないし、無神論者をその見解のゆえに非難することもできない。他方、無神論者にも宗教を理解すること、少なくとも神について語る人間がいるということを理解し、自らは神信仰をもたなくても、それに共感を抱くことはできるはずだと思う。

本節の主張は要するに、自分自身と、自分を含む現実の全体性が神秘として経験されるとき、その全体を神の行為として言い表すこと――この場合、神信仰が成立する――は、実証的・科学的認識とは別個に成り立つ可能な選択肢だということである。ただしこの場合、現実とは場合によっては非日常的な個々の事実でもありうるが、少なくとも当人にとっては否定しようのない事実であり、ここからして現実の全体が神秘として経験されるような現実のことである。

第四節　直接経験(1)

直接経験といわれる経験がある。(9) これは言語化以前の経験とも言い表されうる経験であって、これが記号論的に何を意味するかは、言語との関連で次章に述べる。以下で直接経験を問題にするのは、第一にこの経験の現場で露わとなる現実の神秘性は、科学の進歩と無関係な神秘性であるから、第二に仏教とキリスト教（特にイエスの宗教）の中心には、直接経験の言語化があるからである。

直接経験とは換言すれば、我々がふつうに直接の経験だと思っていることも、実は言語化された世界の経験、この意味で間接的経験にすぎないということである。しかし以下ではまず、その経験がどのようなものであるか、誰でもが知っている芭蕉の句を手掛かりに示唆してみたい。

要点はこうである。第一に芭蕉の句の背後には禅的な直接経験がある。芭蕉はそれを詩的言語で語り出る。彼は一点に無限を見るのだが、彼の言葉にはヌミノーゼ感情はない。これは禅的言語の特質といえるものである。しかし事柄上からは、芭蕉はまさしく世界の「神秘」を見ている。以下に見られるとおり、この「神秘」は科学と競合するものでもなく、科学的説明によって消滅するものでもない。かえって客観的認識にかかわる科学には見えない主体的真実を露わにするのである。第二に当然のことながら、芭蕉は詩的言語（イメージ言語）を用いる。その言語には宗教性が豊かではあるが、直接仏法や神について語るものではなく、世界内の事象を感覚的に描いている。既述のように、神秘の語り方にはさまざまな仕方がある。我々は以下で、直接経験を踏まえた場合、世界がどのように見えてくるか、まず芭蕉について学びたいのである。

よくみればなずな花咲く垣根かな

なずなは春の七草のひとつで、要するにペンペン草である。芭蕉の時代といえども特に珍重された植物ではない。さてここで「よくみれば」は「能く見れば」の意味にとりたい。何もないと思っていたけれど、よくよく見てみたら、ペンペン草があった、ということではなく、見る目あるものは能く見る、の意味である。我々は通常何を見ているのだろうか。それは我々にとって常に、あるいはそのつど、有意味なもの、必要なもの、我々が探し求めているものである。ほとんど意識されてはいないけれども、反省してみれば直ちに明らかなとおり、我々は決して現実ありのままを見ているのではなく、常に選んで見ているのであり、その選択は我々のそのつどの関心と、それだけではなく、伝統的なものの見方や通念的価値観に規定されているものである。

ペンペン草というありふれた草のことは誰でも知っている。ではあなたは、あなたの家の近くのどこにペンペン草が生えているかご存知だろうか。芭蕉の句は多くのことを語っているが、芭蕉には、まずはペンペン草が見えているのである。それも生えたての、摘んで食べる時季のものではない。無価値なペンペン草が見えるということは、実は自分の生活の関心や通念的価値観から自由になっていなければ生起しえない出来事である。ありのままを「能く」みる目が見ることなのである。このように利己心や通念や言語習慣に方向づけられ決定されることなく、差別の念からも自由となって、ありのままをありのままに見ることを直接経験という。
そのなずなが花をつけている。植えられたのでもなく、予期されてもいない場所に、無心に咲いている。花であることにおいて桜や梅、牡丹や芍薬と異なるところはない。ペンペン草でも精一杯生きて開花する。その真実は世界の神秘であり、能く見る眼がペンペン草に世界の無限の神秘をみるのである。

東京のなずな摘み食うなつかしく　　加藤楸邨

この句でなずなは望郷の念によって価値づけられている。ありふれた草ではなく特別の草となっている。小さなものによってこそ触発される懐かしさに溢れた楸邨の佳句を、おとしめるつもりはない。対比によって、芭蕉がなずなを見る視点を際立たせたかったまでである。
さて一点に無限をみる感性は、次の句に、より明らかに語り出ている。

山路来てなにやらゆかしすみれ草

すみれには種類が多い。住宅地の道端にもさまざまなすみれが咲き乱れる。淡い花であるだけに、それは人が作った街の枠に容易に組み込まれてしまう。山路ではそうではない。日当たりのよい崖やわずかな草場に咲いて、かえって山の深さ暗さを映しだす。小なりといえども大自然の一部であり、自らが自然であり、独自の仕方で自然の全体を映し出す。「なにやらゆかし」というとき、芭蕉は山路のすみれに、言語化すべからざる無限の奥行きを見ているのである。「ゆかしい」とは、いうにいわれない清らかなもの、とうといものが、当のものはそれを隠しているのに、おのずと、仄かに、かおり立つ趣きである。

誰でも「すみれ」という単語を知っている。すみれの実物を見たこともあり、すみれのイメージももっている。野に遊んだ思い出と結びついているかも知れない。しかしすみれという言葉の意味やそれと結びついたイメージは、通常は社会的通念にほかならないから、我々はすみれを見るとき、そこに通念を読み込み、読み込んだ通念を読み取って、「すみれを見た」と考えがちである。しかしそれでは、すみれはまさしく我々の社会の枠組みのなかで言語化されたすみれ、通念的なすみれにほかならないから、そこでは微かにも小さな自然の底知れぬ奥行きは、見られることも感じられることもない。すみれはただのすみれであって、それ以外それ以上のなにものでもなくなってしまう。

一点の自然に無限を、言語化すべからざる奥行きを感じ、また見ることは、やはり我々が社会生活のなかで共通の基盤として持っている通念を破り、我々が共有財としてもっている言語化され価値づけられた世界を破って、ありのままと直接しなければならない。さもなければ、我々は経験するといっても、実は通念として言語化された世界、我々に知られ管理され、我々の生活に組み込まれ、位置づけられ限定されている意味の世界を再確認するにすぎない。「山路きてなにやらゆかしすみれ草」という言葉は、日常の言葉が破れたところから発せられた言葉である。自我の関心と言葉による限定が破られる現場での直接経験とは、一点に無限を見ることだといえる面がある。

閑かさや岩にしみいる蟬の声

「岩にしみいる」というのは、もちろん客観的な事実ではない。では芭蕉は、どうして蟬の声が岩に沁みいるといえたのだろうか。岩とは自分のことである。岩のように固く無機質な、こころなき自分にも、自分のいわば中心部にまで、蟬の声が浸透してくる。だから今、自分といえば蟬の声に浸透された自分であり、蟬の声といえば自分に沁み透っている蟬の声である。この一瞬にはそれ以外何もない（閑かさや）。まず自分（主観）がいて、それとは別にどこかで蟬が鳴いていて（客観）、しかる後に主観である自分が客観界のどこかにいる蟬を聞く（感覚）というのではない。主即客である。
主客の分離対立は、実はもっとも根源的な事態ではない。主観と客観が分かれて対立するのは、我々が第三者について情報を交換し、合意して事態に処するという構図から成り立つことである。「我々」と「事柄」が分かれ、後者は対処されるべき対象となる。それに対して根源的な事態は、主即客ということである。これは直接経験の現場で明らかになる。逆にいえば、主即客がいえる現場が直接経験である。そこでは蟬というような、自我と社会の生活にはとるに足らない虫の声が、自分の中心にまで沁み透り、いま・ここでの自分とは、蟬の声に浸透された自分のことだという自覚が成り立つのである。この自覚が岩に投影され、詩的表現の新たな次元が開かれる。「閑かさや我が身に沁みいる蟬の声」では、詩にならないのはいうまでもない。

古池や蛙とび込む水の音

この句の成立事情は以下のようであったという。芭蕉が仏頂和尚のもとで参禅していたころ、和尚が芭蕉を訪ねて問うた。「最近はどうしておいでか」。芭蕉は「雨過ぎて青苔湿う」と答えた。ここまでは必ずしも禅問答ではない。本来の禅問答はここから先で、和尚はさらに「青苔いまだ生ぜざる時の仏法如何」と尋ねる。これは「父母未生以前の汝の面目如何」という問いと同じ趣旨で、哲学的にいえば永遠とは何かという問いである。これに対して芭蕉は「蛙とび込む水の音」と答える。初句の「古池や」があとで付加されて俳句となったという。(10)

永遠とは何かという問いに対して、移りゆく瞬間をもって答えとする。「Aとは何か」という問いに「非Aである」と答えるのは、禅問答によく見られる形式である。さて禅問答の多くは以下のような形式でなされる（八木誠一『宗教と言語・宗教の言語』〈日本キリスト教団出版局、一九九五年〉第七章第二節参照）。

「Aとは何か」―「非Aである」―「非Aとは何か」―「Aである」―「畢竟如何」―「A即非A」―「A即非Aをここに出してみよ」。最後の問いがすぐれて禅的な問いであり、ここで「A即非A」の働きが提示されるわけだ。いま試みにこの形式に沿って仏頂和尚と芭蕉の問答を現代ふうに再構成してみると、つぎのようになろうか。ここでは答えである「蛙飛び込む水の音」は二番目ではなく、最後に来ることになる。

「永遠とは何か」―「瞬間である」―「瞬間とは何か」―「永遠である」―「畢竟如何」

――「永遠即瞬間」――「永遠即瞬間をここに出してみよ」「蛙飛び込む水の音」

倶胝和尚は何を問われても指を立ててみせたという(『碧巌録』第一九則)。指の動きが手話のような言語だということではなく、それが何か指の外にあるものの象徴だということでもない。身体の働きに「赤肉団上一無位の真人」(『臨済録』上堂、三)の働きが証されるということがある。「赤肉団上一無位の真人」は自我から区別されながら、しかし自我に露われ自我と一つとなる「自己」のことである(人間の本性といってもよい。後述)。自己は通常は隠れている。それを隠すのは日常的言語を語るエゴの閉鎖性、自己完結性である。それが破れたとき自己が自我に露わとなる。これは自我による自己の直接経験である。ここで本来「自己・自我」である人間が、自分自身を「自己・自我」として自覚することが成り立つ。このときキリスト教的表現では「永遠なるキリストとは私がいま・ここで生きていることだ」というように語られうるのである。「私のなかにキリストが生きている」(ガラテア2・20)に「私にとっては生きることがキリストである」(ピリピ1・21)を重ねると、そういうことになる。そしてそれは「いま」のことだ。過去のすべては「いま」の瞬間に止揚されていて、また「いま」の瞬間は未来のすべてを含んでいる。「ここ」についても同様で、「いま・ここ」に現実の全体がのぞいている。

さて「永遠とは何か」という問いに対しては、「蛙一匹水に飛び込む」だけでも答えたりえたであろう。しかし芭蕉はさらに蛙が飛び込む水の「音」という。無位の真人の働きは耳にあっては「聞く」ことである（『臨済録』示衆一）。音を聞く「人」がいることが大切なのである。自覚とはこの「人」の自覚である。蟬の声と等しく、水の音も単なる客観ではない。芭蕉の句は単に静寂の表現ではなく、また客観的な出来事の形而上学的説明でもない。ここには指を立ててみせる倶胝和尚と同じ、生の直覚がある。

旅に病んで夢は枯野をかけめぐる

芭蕉にとって旅は人生の象徴である。むしろ彼にとって旅とは人生そのものであった。そうだとすれば旅の風景とは人生の諸相のことだろう。芭蕉は人生の終わりに臨んでその全体を回顧する。はじめから順を追ってか、重要だった出来事をつないでか、あるいは連想の赴くままにか、さまざまな出来事を思い浮かべる。そのとき芭蕉にとって経験の全体、人生の全貌は、「枯野」という一語に凝縮されて言い表されるのである。全経験の地平が枯野といわれる。それはまた、夢みつつ枯野を旅した人生五十年ということでもあったろう。

我々が死ぬとき、人生の全体、経験の全貌はどのような姿で現れるのだろうか。幸福か苦難か、栄光か恥辱か、感謝か怨恨か、慚愧か満足か、執するのか捨て去るのか、これらの場合、いずれにせよ人生は枯野ではない。人生を枯野と観るのは絶望だろうか諦念だろうか。そのいずれでもあるまい。人生を蕭条たる枯野と言い切って憚らないのは、およそ執着することも留まることも知らぬ自由、独立不羈の創造的精神である。不動の自己を欠いたもの欲しげな自我にとって、世界は悦楽の巷ではあっても枯野ではあるまい。芭蕉の句の背後には揺るがぬ自己――人間性の本来――の自覚、「自己」の直接経験があるといわなくてはならない。

第五節　直接経験(2)

繰り返すが、我々は何事か（これは何らかの意味で経験的事実である）を神秘として経験するとき、宗教言語を語るのである。ところで科学の進歩によって消滅する「神秘」がある。このような神秘は現代人の宗教の根拠とはなりえない。他方で、前節で示したように、科学の進歩とは無関係に経験される神秘性がある。第一に現実の全体性（これは経験の対象ではなく、むしろ理念だが）がそうであった。第二に直接経験の現場で露わとなる現実、特に「自分が自分であること」の神秘性、無限性も科学的説明によって消滅するようなものではない。

むろん第一点と第二点には密接な関係がある。というのは直接経験において開示される現実の特質のひとつは、無限性ということだからである。芭蕉は詩的言語で語ったが、以下では直接経験が、詩とは違った仕方でどのように言語化されるか検討してみたい。直接経験と言語の問題は言語論との関連で論じられるから、改めて次章で取り上げる。

直接経験には、次章でも述べるように、(A)主—客直接経験、(B)我—汝直接経験、(C)自我—自己直接経験があって、お互いに密接に関係しあっている[11]。

本節ではこの三者をあまり厳密に区別せずにまとめて扱う。主—客直接経験は、西田幾多郎が『善の研究』の冒頭で語っているもので、「毫も思慮分別を加へない、真に経験そのままの状態、例へば、色を見、音を聞く刹那、未だ之が外物の作用であるとか、我がこれを感じて居るといふやうな考えのないのみならず、此色、此音は何であるといふ判断すら加はらない前をいふのである。……自己の意識状態を直下に経験したとき、未だ主もなく客もない、知識とその対象が全く合一して居る」というように語られている。

この「経験」——これは必ずしも「色を見、音を聞く『刹那』」だけの経験ではない。むしろ「色を見、音を聞く」日常経験の基本に、いわば重なってあり続けるもので、かつそれとして現前するときは、日常言語の枠組みとは違う枠組みの言表を求めるものである――に接近するためには、フッサールの「現象学的還元」という方法がひとつの手掛かりとなるかもしれない。現象学的還元とは、本書第一章第四節で略述したように、意識超越的なるものすべてを括弧に入れて、純粋な意識内在（純粋現象）に還元する操作である。つまり括弧を外せば――むろんしかるべき批判を介してだが――基本的にはもののままの世界が戻ってくる。しかし純粋現象には直接経験と一致するところがある。ただし直接経験の場合は意識超越が括弧に入れられるのではなく、消滅しているのである。まったく失われたのではなく、再生するのだが、そのときは経験全体がそれまでとは違ったものとなって、後述の「即」で言い表されるものとなっている。

直接経験と純粋現象との最大かつ決定的な相違は、直接経験は意識内在（純粋現象）ではなくて、言葉で言い表せば主観即客観、意識内在即意識超越ということになる点である。主観と客観とをまず分けた上で客観性を括弧に入れ、意識内在から意識超越を取り除いてゆくのではなくて、主客分離以前なのである。それは前述のように、主客の分離――ここから意識一般というようなものが立てられる――は社会における言語の使用と関係があるから、主客分離以前とはすなわち言語以前なのだ。

とにかく我々は現象学的還元を念頭において、ということは「意識超越」という用語を借りて、直接経験に向かってゆこう。意識超越的とは、始めから、直接に、意識自体のなかに現前していないことのすべて、簡単にいえば、学んだり覚えたり考えたりしたこと、意識内容についての知識や反省や説明や連想のすべて、というほどのことである。

たとえばいま――樹が見えているという仕方で――意識のなかに樹なら樹があったとする。するとまず、この樹が私の外にある客観的対象だという認識は意識超越的である。それが「樹」である――松であれ、樫であれ桜であれ――というような認知、またその樹にかかわる記憶や知識や連想も同様である。また人にせよ事物にせよ、それが何であるかは、同じものでも置かれた連関で異なる。同じ人でも、異なった連関内では父だったり会社員だったり旅行者だったりするわけである。また同じものも、どこから見るかで違ってくる。するとこのような社会的意味や連関や視角も、意識超越的である。

松なら松という単語の場合、これは普通名詞だが、普通名詞の場合は一般にそれが指示する実物がある（指示対象）。すると記号表現（マツ・等の発音や字）も記号内容（松にかかわる通念）も、なにが当の記号の指示対象であるかということも、すべて当の言語社会で通用している約束ごとである。またこの約束自身も、約束による記号の使用も、意識にはじめから含まれていることではないから、記号もその使用も意識超越的である。だから純粋現象は――現象学ではこの点が曖昧だと思う――言語化以前でなくてはならないが、直接経験は実際にそうなのである。さらに言語化ということのなかには、主客対立の構図や言語に固有の情報処理、造形、伝達の仕方も含まれている[12]。これらの操作によって、現実は言語によって伝達されやすいように単純化される。たとえば「すみれ」という単語は、元来の「なにやらゆかし」という奥行きを失うのである。

単語だけではない。文で言い表される命題（対象にかかわる社会的通念的あるいは専門的知識）一般も同様である。ところでこれらは、疑えるもの一切を疑ったデカルトの方法的懐疑の対象にほかならない（『方法序説』）。デカルトは疑ったのであって、括弧に入れたのではないが、彼の懐疑は直接経験に与えられていないことをすべて排除してゆく点で、我々の参考となる。

さてデカルトは伝統的社会的通念、専門的一般的知識はもちろん、経験される世界の実在も疑ったのである。「私は覚めていると思っているが、実は夢をみているのかもしれないではないか」というわけである。人間に考え違いの可能性がある以上、数学的知識さえ懐疑を免れない。するとデカルトは、意識内在に関わる知識の正しささえ疑ったことになる。たとえば純然たる意識内在に関して、右や左の位置関係の認識も誤りうることになる。この点でデカルトは、フッサールよりラディカルである。純粋現象といえども、それが反省的認識の対象として立てられ、認識がそれについて何事かを語り始めたら、それはデカルト的懐疑の対象となる。

デカルトが疑わなかったのは「我思う、ゆえに我あり」だけである。「我思う」は自分の思考の事実だけではなく、その自覚を含んでいる。だから「我あり」がいえる。「我思う」は考える我が考える我を直覚している二重性だから、「我思う」は疑いようがないわけだ。デカルトの場合「我思う」は感覚、表象、思考（懐疑を含む）などすべてを含めた「我思う」である。「我思う」はこれらすべてについていえるのだから、「我思う」はデカルト哲学全体の基礎である。

さてデカルトは「我思う」から出発して神の存在証明に移り、善意なる神の存在に基づいて、人間が明晰判明に認識することの真理性の確信を取り戻すのである。だからデカルトの場合、もし神存在の証明に説得力がなかったら――カントは神存在の証明一般を批判した――残るのは「我思う」の自覚だけになってしまう。「我思う」を超えた我、思考以外の現実性は、たかだか仮定されるだけであろう。

ところで直接経験の現場には、「我思う」こともなく「我思う」の自覚もない。「我」も「言語」もない。換言すれば「我思う」は絶対の出発点ではなく、その前がある。デカルトの場合、疑っていた「我」は、「我思う」を自覚した「我」と結局のところ同じ我である。言葉を使って疑い、考え、知る我である。しかし直接経験において、この我は「思考以前」からして相対化される。言葉を使って考える我は言語の使用によって立てられ、言語で再構成された我である。ここに直接経験の立場とデカルト的自覚との違いがある。デカルトは言語の有効性を疑っていない。もし疑ったら、「我思う、故に我あり」という命題は明晰判明さを欠くこととなり、生得観念からの神存在の証明も、無意味となり終わったであろう。

繰り返すが、デカルトの思考には理性内在（我思う）から理性超越（神の定立）への、結局は論証不能な飛躍があるというなら、ここには哲学固有の問題性があるわけだ。これは内在（思考、意識、自覚）から超越（思考、意識、自覚を超える現実の定立）へと飛躍する哲学すべての問題性である。思考と存在を同一視したパルメニデス以来、概念形成から実在的イデア界へと飛躍したプラトンにも、論理的思考で存在と歴史を写し取ろうとしたヘーゲルにも、同じ問題がある。自覚から超越へと飛躍する京都学派についても同様である。これはカントが『純粋理性批判』で、最近ではウィトゲンシュタインが『論理的哲学的論考』で問題にしたことであって、神秘から神信仰に飛躍する宗教と類比的な哲学の問題性である。一般に哲学あるいは宗教が不信を買い、あるいはみずから破綻するのは、この問題性を曖昧にしたまま飛躍をおこなうときである。いずれにせよここに問題があることは明確に自覚されていなければならない。

直接経験の現場には、実は意識内在と意識超越、主観と客観の区別がない。「ない」ということはただの欠如ではない。思考が現実から情報を取り出し、処理し、伝達可能な言語に造形するとき、現実本来の構造を変え、単純化してしまうが、そういう操作以前だということである。「私は蟬が鳴くのを聞く」と語るとき、ふつうは主観と客観が分かれていて、私は私、蟬は蟬だから、「私とは蟬の声に浸透されている私のことである」という自覚は失われている。このような主客分離は、情報形成と伝達の必要上、言語世界が作り出したものであって、元来の構造ではない。

しかし直接経験からは、やはり主客の区別が出てくる。これは分離ではなく分節である。分節とは切り離すことなく、区別することである（生体のなかに呼吸器と循環器を区別し、器官のなかにさまざまな細胞を区別するのは分節、解剖してばらばらに切り離すのは分離である。分節には区別されるもの同士の相互関係が含まれている）。

さて直接経験の現場で、これは私の経験だという自覚が現れる。すると「私」と「対象」と「私の経験」が分節される。他方、直接経験は失われるのではなく、主客構図の枠内での経験と、いわば二重構造となって存続している。すると直接経験の内容は、意識の自覚という立場からすれば意識現象――この場合は純粋現象――だから、意識内在といえばあくまで意識内在だが、他方では（主として客を見る立場では）他者の経験だから、意識超越だといえばあくまで意識超越だということになる。私ではない他者が私のなかで経験されている、ということだ。

仏教哲学の用語で、Aと非Aとが直接無媒介に一であるとき、A即非Aという。すると直接経験を言語化すれば「主観即客観」ということになる。思うにこれは「即」のもっとも解りやすい、かつ厳密な使い方である。つまり、普通の意識では主観は主観であり、客観は客観である。両者は異なる現実である。しかし直接経験を言語化すると「主観即客観」ということになる。「事実即知」といってもよい。意識を意識する立場から見れば意識内容であるものが、認識主観として見れば意識超越だということである。実はこれはまったく当たり前で自然なことである。これは色や音の感覚を例として考えれば、誰にとってもほとんど直接に明らかなはずである。バラの色は感覚だから意識内在だが、しかしそれは同時に私が勝手に作り出したものではない客観に由来する事態である。色にすら客観性（単なる私の主観性を超えているということ、間主観性）があるものだ。

西田はこれを「知識とその対象との全き合一」といった。まったくその通りなのだが、合一というと、知識と対象という別物が一つに合わさったように聞こえる。そうではなく、実は単純な一が意識の立場から見られるか、知識の立場から見られるかによって、二に分けられるのである。それだけではない。主観と客観が立てられれば、両者はふたつの極面となる。ただし極というものは、磁石の北極と南極のように、区別はできるが分離はできないものである。

比喩的に説明しよう。磁場の全体は磁石の北極からみれば南極を表現し、南極からみれば北極を表現している。地球の北極に立つと地表のあらゆる方向が南であり、南極に立つと地表のあらゆる方向は北である。北極からみればすべては南に含まれ、南極に立つとすべては北に含まれる。同様に、認識主観の側からみれば直接経験の内容はすべて客観的であるが、意識の自覚から見ればすべて意識内在である。だから直接経験の内容すべては主観に含まれることになる。すると主客はふたつの極面だといえる。さらにいえば、主と客を分節した場合、主客は分離対立するのではなく、あくまで相互に含み会い、浸透し合っているということもできる。主観即客観は、主と客とが極面として区別されるとき、極同士の相互浸透として言語化される。

ここからして一般に存在者は極であり、極同士の関係は相互浸透だという把握が成り立ってくる。作用的一とは主体性と主体性の一（神と神秘の作用的一）であった。それに対して、主客関係を含めた極同士の関係、相対する極と極との一性は、相互浸透ということである。ここでは極同士の関係は二極的だが、一般に多極間に相互浸透があり、その結果として多極が一つのまとまりを成す場合、これはまとまりの一性である。たとえば社会が社会としてまとまりをなし、まとまって行動するときも同様である。したがって一性といっても、作用的一、相互浸透の一、まとまりの一、というような一が区別される。

さて極と対極の相互浸透という把握は、経験に支えられていることを忘れてはならない。天体が重力で関わり合っている場合、それらは重力に関してはどこまでも相互に浸透し合っている。生体における器官同士も同様で、働きが互いに浸透し合っている。また私とは、私であって他のなにものでもない私、他者をまったく含まない私ではなくて「中心まで蝉の声に浸透される私」なのである。人格間の相互浸透は、他者との出会いにおいて、原理的に常に起こりうること、実際に起こっていることなのである（どこまで自覚されているか、あるは歪められているかは別として）。だから私のどの部分、どの面をとっても、私はそこで他者（自然、社会、歴史、文化、そのつど出会う人格）の働きと出会うのである。

私という人格は、古代ギリシャ哲学や近代初期の科学が考えたような原子（単一で、他者に依らず自分自身において成り立つ不変恒常な実体、アトムすなわち不可分割者）ではない。私は他者との関係のなかで成り立った存在、また成り立つ存在、つまり極存在である。他者の言葉が私の中心にまで届き、私を動かし、それゆえ他者の私への働きかけは、私が私であることの構成要素なのである。たしかに極点としては、私は私である（自己同一）が、極としてはまさしく関係存在である。

さて前述のように主客関係における直接経験があるが、上述の「蟬の声」を人格的他者の呼びかけ、語りかけに置き換えると「出会いの直接経験、我—汝関係の直接経験」が得られる。他者に語りかける私、他者の語りかけに応《こた》える私は、他者からの促しを自分の主体性に転換する私、自由で主体的な私が他者を含んで私だということである。このことは、他者の語りかけが私の中心にまで届いて私を動かす、したがって私の中心的な一部、私という人格の構成要素となっている、という自覚において露わとなる。蟬の声なら、たとえ聞かなくても私は生きていける。しかし、一緒に生きる人間、人格的他者との関係はそうではない。人格的他者との共生なしに、私は人間ではありえないのである。人間が人間社会のなかで生まれ育ち人格となってゆくことは、客観的にも観察される事実である。

とはいえ、存在者同士の関係は一般に無限に相互浸透的であるという理解は、やはりまず自覚に基礎を置く理解である。すなわち、私とは他者の語りかけ、働きかけに中心まで浸透される私であるという自覚である。私はあくまで私であるという私の自己同一性は、極点すなわち極性の中心としての私についていえることである。しかし私が極であるということは、まさに私は他者と不可分な関係存在だということである。それは以上のように、まず直接経験の自覚の場でいえることである。ここに座をおいて、存在者一般が極として捉えられてくるのである。

したがって「事事無礙」（存在者同士の無限の相互浸透。華厳哲学では四法界をいう。事法界、理法界、理事無礙法界、事事無礙法界の四者である。事事無礙法界とは存在者一般の無限の相互浸透の世界をいう）は、もし客観的事実としていわれるならば、やはり自覚言語から客観的情報言語への飛躍（越境）であるといわねばならない。くどいようだが、この事実は明確に把握されていなければならない。換言すれば、相互浸透の事実を客観的事実として提示しようと思うなら、それはあくまで客観的事実として検証されなければならない。自覚内在から自覚超越へといきなり飛躍することは、哲学には許されないことである[13]。

この飛躍は、直接経験の「知即事」において知がそのまま事だというのとは、レベルを別にする事柄である。実は、知がそのまま事だということすら、我々の経験と反省で確かめられることである。上記のように事事無礙は直接経験からいえることではあるが、それがあらためて客観的事実として述べられるためには、そのつどの検証が必要である。たとえば今私の前にある時計と眼鏡は、いかなる意味で無限に相互浸透的なのだろうか。それはいかにして実証されるだろうか。私と時計、私と眼鏡はたしかに相関的ではあるが、時計と眼鏡という客観的存在者同士が極として相関的だとは、ごく限られた意味でしか言えないであろう。とすれば、宗教哲学的認識の座は、やはりまず第一に自覚なのである。

私において本質的に成り立つことは、誰の場合にでも何らかの意味で成り立つはずだという想定は可能である。しかしそれは絶えず実際にそうであるかどうか、実際の局面では、もし必要なら、可能な手段で確かめられなければならないことである。それに対して純粋な自覚表出の場合は、それを表出する言語について、話者の間で相互了解と相互翻訳が可能だということが、確かめられなければならないのである。

第六節　直接経験(3)

人格は極だといった。これは自己同一は関係のなかにあるということである。極性は人格の個性、主体性つまり自由を言い表す。他方、関係性つまり自分は関係存在だという自覚からして他者を受容し、また他者との関係性をも受容して、自分とは異なる他者とともに生きることを願い喜ぶ人間の本性は、愛といわれる。さて人格が極だということは、自由と愛とは同時に成り立つということである。愛は自由な愛であり、自由は愛のなかで自由だということである。これは二極的（我と汝）共生の構造である。

しかし世界は多極的である。一人の人間は多くの極（事物）と関わるものである。もっとも自我（単なる自我。自己意識的行動の当体）は、実は必ずしも極ではない。自我とは自分自身を「私は私であって私以外の何ものでもないような私、他者に依らず、私自身によって私であるような私」と了解する私のことである。自我の本質は孤立的個（individuum、ギリシャ語の原子〈atomon〉のラテン語訳、ともに不可分割者を意味する）である。もしこのような個同士が連帯するとしたら、それは共通のなにか、所属、目的、所有、過去、意見、価値観、利害などの共通性による。これらの共通性（統一性）によって、我が集まって「我々」となり「仲間」となる。

これは「我々」以外の人や事物との対立を本質とするような「我々」であり、対立するとはまた、「我々」以外の人や事物を対象化して管理し支配しようとすることでもある。換言すればすべてを言語化し、それに基づいてすべてを欲するままに操作しようとする自我たちである。それができると確信し、それを遂行するところに歴史と文明の進歩と意味を見る自我たちである。それは結局「仲間同士」とそうでない人間とを分け、「我々」を中心に据えて他者を周辺に追いやろうとする「我々」である。この「我々」は他者と違うことによって成り立つから、全人類にまでひろがることはないが、他方で「我々」の極小は「私＝自我」となる。

しかし人間はもともと世界のなかで、世界と、環境と、他のもろもろの生物と、さらに重要なことに、人間同士が関係し合って生きてきた生物である。最近ますます明らかとなりつつあるように、一方的な支配―利用関係は相手を破壊し、ひいては自分たちの生存を不可能とすることである。ところで関係は、生物界で広く見られるように、何らかの意味で一般に相互的である。すくなくとも間接的にそうである。したがって極同士の関係のなかで成り立ち、生きてきた人間存在も、当然その根本において極たるべく定められ、そのように作られている。

とすれば、自覚的存在である人間において、もともと共生は人間を成り立たせてきた事実だから、共生は人間の本性に含まれ、したがって人間はこころから共生を願い誓い喜びとするはずではないか。実際そうなのだ。人間がこの本性を自覚するとき、人間的本性の願いと誓いが自我に映り、我自身の願い、誓いとなる。自我自身の意志となる。だから倫理の根、倫理的行為を担い現実化させる働きは、自己（自覚され働き出した人間的本性、後述）であるというのだ。

この本性は、自我が人間の思考、感情、行動の全範囲を支配するようになったことにより覆われてはいるけれども、失《う》せたわけではない。自我とはもともとこの本性を自覚し、現実化すべきもの、自我とはこの本性の機能、すなわち本性を自覚したうえで、それを現実化すべく、もっともよい道を選択し決断する機能である。するとこの本性は人間の究極の主体性をなすもので、それゆえ自我と区別して「自己」と呼ばれうるものである。自己と自我の関係は、すでに用いた比喩によれば、身体が船体、自己が船長、自我は舵取りにたとえられるようなものである。

実は自己が関係の極なのだ。身体の外への関係だけではなく、身体内部の極関係をいわば統《す》べ束ねる作用であり、それらを「その最も内奥において統握する」（Was die Welt im Innersten zusammenhält. ゲーテ『ファウスト』三八二―三八三行、参照）働き、こうして自らを生かし、同時に他者をも生かす共生の働きである。人間の本性にこの働きが秘められている。これが自覚され、働きはじめるとき、この本性は日常的自我を超えた神秘＝聖なるものとして経験されるものだ。

この働きは倫理の基礎であるばかりではなく、宗教の基礎である。上記の意味での自己は単に人間的（自我とその世界＝内在）なのではなく、単に神的（超越）でもなく、神的・人間的なるもの（内在的超越）として言語化されうるのである。これは人類を人格の統合体（新約聖書はこれをキリストの身体という）たらしめ、一即多の世界（天台）、事事無礙の世界（華厳、禅）を人間社会に実現する働きである。ゆえに自己は単に個的な働きではなく、個を超えて、個を一面では主体的個たらしめ、同時に他面では個同士を互いに極たらしめる働きである。自己が神だというのではない。自己は神秘、つまり神的・人間的だという所以である。

この自己が自我に対して、同時に自我のなかに露わとなり、こうして自我が自己の自覚的機能となるとき、換言すれば自我が自己を内的かつ直接に経験するとき、これを自我―自己の直接経験という。パウロが「キリストが私のなかに生きている」といい、臨済が「赤肉団上一無位の真人の働きを直覚せよ」という、これらの言葉は自我―自己の直接経験を語っている。蟬の声が私の中心にまで届くとき、これ（相互浸透）を自覚する自我がいる。それはまた「蛙飛び込む水の音」を聞き、その音を聞くところに永遠即瞬間を自覚する自我である。この自我はすでに自己に目覚めた自我である。そうでなければ蟬の声、水の音は単なる客観的些事にすぎない。自覚の表現とはならないのである。

以上、直接経験の諸局面を略述した。それは直接経験A（主―客直接経験）、直接経験B（我―汝直接経験）、直接経験C（自我―自己直接経験）であった。これは経験である以上、誰にも可能なはずのものである。私見によれば禅は直接経験のAとC、キリスト教は同BとCの結びつきを根幹としている。しかし直接経験Cはそれだけで単独に現れうるのであり、私の間違いでなければ、浄土仏教の場合がそうであり、滝沢克己の場合も同様であることはすでに述べた（第二章第七節）。実際、直接経験Cの立場は宗教となりうるけれども、直接経験Aあるいは Bだけでは哲学の立場とはなりえても、宗教とは言い難いだろう。しかし、AとBは――そこではすでに単なる自我ではない自己が働いているのだから――深化展開されれば、結局Cと結びつくだろう。
Cが宗教たりうるというのは、そこで超越的―内在的な働きが自覚され、神秘として経験されるからであり、そこから、その働きに自分をうち任せつつ、自覚を深めてゆく信仰的認識の立場が開けてゆくからである。この場合、信仰と認識（覚から出発する認識）のどちらに優位を置くかで、信の宗教と覚の宗教という両タイプが分かれるだろうし、またこの信仰的自覚をどのように言語化するかで、宗教の個性が異なってくるであろう。

註

（1）にひなめ研究会編『新嘗の研究』第二輯（吉川弘文館、一九五五）六五頁以下（堀一郎）参照。
（2）Rudolf Otto, *Das Heilige*, 1917.
G. van der Leeuw, *Phänomenologie der Religion*, 1956.
（3）田川建三、『原始キリスト教史の一断面』（勁草書房、一九六八）。
（4）Karl Barth, *Kirchliche Dogmatik*, 1/1, 311ff. は啓示概念の分析から三位一体論を導き出している。
（5）Donald M. Baillie, *God was in Christ*（NY: Scribner's, 1984）はキリストが神の「なかに」あり、神はキリストを「通して」働き、神はキリスト「として」働くことを述べている。

(6) 西谷啓治『神と絶対無』、三四頁以下。
(7) 滝沢克己『歎異抄と現代』、二〇七―二〇八頁。
(8) 山口実『生命のメタフィジックス』（TBSブリタニカ、一九九三）参照。ただし私は、実証生命の発生と進化の事実から神の存在が「証明」されるとは思わない。推論だけでは実証にはならないからである。一般に私は、客観的「事実」のみにもとづいて神を語る仕方には共感できない。
(9) 西田幾多郎『善の研究』（岩波版『西田幾多郎全集』第一巻、一九六五）、西谷啓治・八木誠一対話『直接経験』（春秋社、一九八九）、上田閑照『経験と自覚―西田哲学の「場所」を求めて―』（岩波書店、一九九四）、八木誠一『宗教と言語・宗教の言語』（日本基督教団出版局、一九九五）。
(10) 鈴木大拙『禅と日本文化』（春秋社版『鈴木大拙選集』第九巻）一九五五、一四四頁以下。
(11) 八木誠一『宗教と言語・宗教の言語』第五章。
(12) 八木誠一『宗教と言語・宗教の言語』第四章、第四―第六節。
(13) 私は『フロント構造の哲学』（法藏館、一九八八）を書いたとき、この点で十分慎重ではなかったと思う。自覚の表出と客観的事態の記述を十分明確に区別していなかったと思う。実はこの不備に気づいたのが、言語への反省へのきっかけであった。

第四章　宗教の言語

第一節　通念的言語世界と直接経験A

人間悪のもっとも悪質なもののひとつは、人間が人間を奴隷とすることであろう。しかしこのような行為は言語とその使用なしにはありえない。というより、日常言語はこの可能性を本質的に含んでいるから、無反省に言語を用いる者はすべて、ある程度他者を「奴隷化」することになりかねないとしたらどうだろうか。この問題を念頭において、すでに第一章第五節で述べたことと重複するところがあるが、言語というものを考えてゆきたい。

差別ということがある。性差別、人種差別、社会層差別などがよく知られている。これは特定の集団が他の特定の集団に、いわばレッテルを貼り——つまり特定の仕方で記号化し——このように記号化された集団のメンバーを、それが誰であろうとあるまいと、また何であろうとあるまいと、一括して社会の周辺に押しやり、ないし共同体の外に追い出して、対等のつきあいを拒否することである。たとえば居住区域をわけ、施設の共用を拒否し、教育や就職、結婚や公民権の使用について不利な条件を――法律的にあるいは実際上――押しつける。さらに差別する側の人間は、差別される側の人間を、正当であろうとあるまいと一括して、劣悪、不道徳、不浄、有害などとマイナスに価値づけるのが普通で、この価値づけは差別を正当化する機能を果たしている。歴史上、差別はどこにでも普通にみられることであった。現在でも稀ではない。ただ現在では、差別は悪だという認識が一般化してゆく方向にあって、公然と差別することは難しくなっているし非難の対象になる。

差別は悪である。差別にもさまざまな種類や程度があるが、必ずしも無償の労働を強制しないだけで、本質上は人間の奴隷化と異なるところがない。あるいは奴隷化は差別の極限値だということもできる。さて現代人は差別は悪だと認識し始めているが、実は差別は「記号化」を条件として成り立つものであって、あらゆる記号化は――言語は記号の体系である――差別の可能性を含んでいる。かつて奴隷は人格と認められていなかった。実際上「もの」として扱われていた（物象化）。差別される人間は差別する人間から、すくなくとも対等の人格としての扱いを受けていない。それだけ「もの」として扱われることになる。

記号化、物象化、一方的な管理・支配は連動している。まず明らかなことは、差別者は自分たちを「我々」として認識していること、この「我々」は定義可能であり、したがって特定の名称を有し（記号化）、誰が「我々」の一員であるかも一意的に定まっていること、「我々」は「我々」の間では「優秀、清浄、高度に文化的・道徳的」な人間として通用していることである。同様に被差別者のクラスにも特定の名がつけられ（記号化）、誰がそのクラスに属するかも同様に定義されていて、前述のようにそのメンバーは――差別する側の社会では――反価値として通用している。両クラスとも、誰に対しても開かれている集団ではない。ともにメンバーが一定の仕方で資格づけられている閉鎖的集団である。

したがって、差別の必要条件は――かならずしも十分条件ではない――こうである。差別者、被差別者ともに定義可能なクラス（集合）であり、特定の名称を持っている。この名称はレッテルとして機能する。ということは、この名称をもつクラスには、特定の内容（優秀・清浄／劣悪・不浄）が結合しているということである。すなわちこれらのクラスのメンバーは、ただそのメンバーであるというだけで優秀・清浄な人間あるいは劣悪・不浄な人間として通用し、実際にそのような人間として扱われる。両クラスは単に定義可能なだけではなく、実際にクラスがありそのメンバーがいるから、空集合ではない。

ところで以上のことは記号使用の要件と同じである。記号とは前述のように、記号表現（犬なら犬という音韻や字）と記号内容（犬なら犬についての社会的通念）が結合したものであり、普通名詞の場合は特定の指示対象（犬なら犬の実物とそのクラス）が存在することになっている。そして記号（概念）は言語の構成要素だから「通用すること」を本質としている。すると指示対象は記号内容によって定義されるものとして——定義が不当でも——通用する。とすれば、記号化と記号の使用はなんらかの意味と程度で、可能性としてか現実性としてか、差別を結果しうるのである。

さて現実とは、我々の外（内でもよい）にあり、しかも我々にかかわり働きかけ、我々を動かすもののことである。現実にもさまざまなものがある。重力のように、我々がそれを知っていようといるまいと、それとは無関係に働く現実があり、無意識のように、我々がそれに気づくと消滅する働きがあり、理性や自由のように、現実化するためには我々の自覚をまたなければならないものもある。第四に、社会的な合意と裁可によって現実となるものがある。たとえば通貨がそうであり、社会的な地位がそうである。法、倫理、社会的慣行、風習、さらに時刻や暦なども同様である。

このような社会的現実性を、我々は「通用するもの」と呼ぶ。これは存在ではなく社会的価値であるといえる。社会的価値とは「……として通用する」ことだからである。我々の問題とかかわることだが、言語も「通用する」現実性であって、だから本質的に社会的なものである。私的言語は言語としての資格を欠くわけだ。通念も通貨同様「通用するもの」であり、通貨同様「抵抗なく」通用するもの、社会人としての我々の思考と行動の共通の前提となるもので、法や通貨と同様、絶大なる拘束力を持っている。通念は――たとえ正しくなくても――抵抗なく通用するから、我々はその可誤謬性と拘束力とに気がついていないのが普通である。

ところで記号――繰り返すが、言語は記号の体系である――には記号表現と記号内容があるが、記号表現は合意と裁可（違反すると罰せられるような是認）によって機能し、記号内容は通念そのものである。また普通名詞の場合のように記号に指示対象がある場合、指示対象がいかなる内容のものかは、記号内容によって――事実上の合意として――定義され、定義が不当でもそのような内容をもつものとして通用する。

認知ということがある（identification といってもよい）。たとえばある対象を見て「あれは犬だ」と認知する。それはどういうことかというと、当の対象を「犬」という記号の指示対象として認知することである。「あれは世間で犬と呼ばれているところのものだ」ということは、「あれは犬という記号の指示対象だ」ということである。そして犬についての常識は、犬は「犬」という記号の指示対象なのだから、記号と結合している記号内容（犬に関する社会的通念）によって与えられることになる。

よく考えてみれば変なことだ。「犬」が何であるかは、犬を実際に調べてみてはじめてわかることなのに、我々は数万にのぼる記号を用いるについて、いちいち記号内容が正しいかどうか検討せずにそれを通用させている。もし記号内容を訂正しようとするなら、それはつまり社会的通念の変更を要求することであって、到底簡単にできることではない。それに反して通念にしたがって「犬」を扱っておけば、何の摩擦もなしにすむのである。

読者には、私がここで何をいいたいか、お解りであろう。差別者は記号化一般とまったく同じ仕方で、被差別者を記号づけているのである。ただこの場合は、被差別者の名称（記号表現）と結合している記号内容が、「劣悪、不道徳、不浄、有害」というような価値づけを含んでいる点に特殊性があるだけである。被差別者は当の言語社会で、実際にそのようなものとして通用し、実際にそのような人間として扱われるのである。差別者には差別しているという意識は必ずしもないであろう。他方、被差別者の方も、当の社会的通念を受け入れている場合には、差別を当然のことと思い、差別に気づかず、差別に反抗したり抗議したりする勇気を欠いて、それを恥じたりするものである。

実はこれこそが本当の差別なのである。自分たちは白人よりあらゆる点で劣悪であると、白人とともに合意している東洋人がどこかの国にいる。これは自己差別という事態であり、白人の通念を受容することによって自分たちを劣悪として差別しておきながら、それが差別だとは思っていない。この場合、この通念と一致する言説だけが事実を語る言説として通用し、通念に反する事実は無視され、それを語る言説は排除される。なぜこういうことが通用するかといえば、それがその国の秩序となっているから（タテ社会的秩序に組み入れられているから）である。通念への反抗は秩序紊乱になるのである。それだけではない。モノにせよ思想にせよ流行にせよ、カタカナで表記すれば良質な商品として通用し、売れるのだから、輸入業者にとってはこれほど都合のよいことはない。

それに反して、被差別者たちが自分たちに通用される差別的通念に気づいてこれを拒否するようになれば、差別を差別と気づく認識が始まったのである。戦後まもなく、当時の指導的キリスト者で有名大学の学長にもなった人が、谷崎の小説『鍵』がアメリカで翻訳されたと聞き、「メガトン爆弾が頭上で炸裂したようなショック」を受けたという。不浄な民の文学が清教徒の国を汚すというのだ。彼は当時のキリスト教的通念にしたがって、このように反応したのであろう。これを聞いた当時のあるキリスト教徒たちは、この反応に預言者的直覚をみたという。ここにはキリスト者の対異教徒差別があるわけだが、私はここに日本人の自己差別をも感じるのである。読者はいかがだろうか。自己差別が通念であるうちは、それが差別だと気づかれることはない。自己差別は現在、ようやく差別として気づかれるようになったのだろうか。

ついでに付記すると逆差別といわれうるものがある。これは被差別者が自分たちを清浄無垢かつ善意の人間として価値づけ、差別者のクラス一般を悪魔的人間として価値づけることである。差別者はたとえば必ず神の裁きにあうのである。これはニーチェが『道徳の系譜学』で指摘した「弱者のルサンチマン」だが、我々の連関ではこれを逆差別と称することができる。たとえば小中学校では、往々にして弱い子が差別的扱いを受けていじめの対象となるが、逆に強い優秀な子や経済的に恵まれた子が、まさにこれらの理由によって差別的扱いを受けることがある。いずれにせよ、すべてを通じて差別は同じ記号論的構造を持っている。だから差別を本当に克服しようとするなら、記号の使用が含む問題性一般を明確に自覚しなければならない。

差別的記号化を含む記号化一般の問題はこうである——これは実は記号自体の性質というより記号の誤った使い方の問題なのだが、この誤りは広くみられる。我々は特定の対象を特定の記号の指示対象とするとき（つまり何かとして認知するとき）、その指示対象がいかなるものであるかを、いきなり通念的な記号内容から了解して、その記号内容が正しいかどうか、検討することはおろか、疑うことすらしない。しかもその理解を指示対象すべてに及ぼしてしまう。

これは先入見とか偏見とかいわれる事態だが、先入見や偏見のない人間は——これに気づいている人間すら——実に稀である。我々はほとんど例外なしに、指示対象に通念的記号内容を読み込み、読み込んだ記号内容を読み取って、これをもって対象をありのままに認識したと思い込む。一般に通用するのは、まさに読み込まれた通念であって、対象にかかわる正確な認識ではない。我々が読み込み、読み取るのは、けっしてありのままではなく、極めて限定され、しばしば自分たちに都合よく歪曲された一面的内容にすぎないのである。

さて奴隷は人格ではなく「もの」として扱われた。彼らが元来暮らしていた土地と社会の連関から切り離され、記号づけられ、さらに一方的支配・管理の対象とされたのである。ところで記号化ということは、同様に特定の対象（その集合）を現実の諸連関から切り出して一つのクラスにまとめ、他から区別することを含む。名付ける（記号表現を与える）とはそういうことである。

フェルディナン・ド・ソシュール以来、言語学の常識となっていることだが、我々が事物を命名するときは、必ずしも特定の事物が際立っているから、それを他から区別して、特定の名をつけるのではない。むしろ我々は命名によって、命名されたものを他から際立たせるのである。際立たせるとは、Aがかえって非Aを呼び出し、非Aを立て、非Aと対立しながら、Aを非Aから区別するという仕方のことである。犬と呼ばれる動物にはさまざまな種類があるが、犬は犬であって、狼でもコヨーテでもなく、猫でも小鳥でもない、という具合である。そのとき我々は命名された事物を主語として立て、それについて語ることができるようになる。

注意すべきことは、ここで犬なら犬という記号の指示対象は、それが置かれている元来の連関から切り離され、狼やコヨーテというような別の連関のなかに位置づけられるということである。犬にせよ蛙にせよ、記号の指示対象とされている限りでは、それらが生きている元来の環境や世界から切り出され、言語世界の記号連関のなかに移し置かれるのである。ということは、記号内容は——記号表現もそうだが——もともと切り出され、一面的に単純化されるということである。実際上、複雑すぎる記号は使用するについて不便だから、明瞭・単純ということは記号に要求される特性である。記号はもともと、指示対象について極めて限られた一面的内容しか伝えないものだ。

以上は記号化レベルのことだが、前述のように言語レベルで見ると、言語が用いられるもっとも典型的な場面は以下のようなものである。それは、ある状況のもとで「我々」が「我々ではない何か」について情報を形成し、その情報を「我々」のあいだに伝達し、状況にいかに対処すべきか合意を形成する、という構図である（記述言語）。ここで我々は問題の「何か」を対象化し、それについて情報を形成するのだが、それは当の「何か」を一方的な支配・管理・処理の対象とする姿勢にほかならない。

さて「何か」を一方的管理・支配・使用・処理の対象とするとは、それを「もの」とすること（物象化）である。言語（記述言語）はもともとこのような構図のなかで成り立っている。奴隷化もこの構図のなかで可能となるのである（現実にはむろん力関係その他が関与するが）。とすれば我々が言語を用いる、すなわち人間や事物を対象化してそれらについて情報を形成するとき、つまり記述言語を用いるとき、この意味での言語化はすでに対象を物象化しているのであり、したがって人間が対象化されるとき、人間を奴隷化する可能性をも常にはらんでいるわけだ。

直接経験Aと名づけられるものがあるといったが、それを改めていい直せば、それは言語化以前が露わとなる経験、すなわち言語化された世界（言語世界）が人為によるもの、通念として通用している第二次的現実であって、けっして「ありのまま」ではないことが見えてくる経験である。最近仮想的現実という言葉があり、これは人為的に構成されたイメージ世界のことだが、もし厳密に仮想的現実というなら、言語世界一般がすでにそれなのである。我々が一般に現実そのものだと思っている世界は、実は人為による仮想現実なのである。通念の世界で現実として通用しているにすぎないものである。

直接経験の現場では、通念的言語世界が消滅している。主観と客観との分離も、人や事物の名称も、その名称と結合している記号内容も、一般に通念の世界すべてが第二次的現実であって、ありのままではない仮想現実であることが直観的に露わとなるのである。そこでは、さらに、言語世界と「ありのまま」がこうも違うものかということが直観的に明らかとなり、言語世界に汲み取られていない「ありのまま」の無限性が、無限の奥行きが、「神秘」が、見えもし実感もされるのである。前述のように「事実即認識」ということも成り立つ。換言すれば通念的世界は、厳密な意味での「事実」の世界ではなく、すでに言語世界のなかに汲み取られ、配置された限りでの事実にすぎない。

第二節　通念的言語世界と直接経験B

主客関係においてではなく、対人関係のなかで、人格同士の出会いを妨げているものがある。それは第一には、前節ですでに述べたこと、つまり人間の記号化である。しかし本節で問題となるのは、人間集団の記号化ではなく個人のそれである。たとえば名詞に印刷されるような肩書き、つまり所属や地位である。これは当人が何であるか、すなわち社会で何として通用しているかを示すものである。所属や地位は、もちろん尊重すべき社会的現実ではある。

ところで社会人同士の関係は、まずは社会的機能上の関係である。秩序ある社会を運営するために、我々はそれぞれ社会的機能（役割）を担っていて、それを遂行するために社会行動を営む。それだけではない。我々の社会には長い間かけて形作られた振舞い方、つきあい方、順序や手順がある。それは風俗、習慣、作法、しきたり、取り決め、手続き、倫理、法といったものに表現されている。それらはそれぞれの意味で社会的規範であり、不変ではないが、それぞれの時と場所で通念（合意と裁可）によって支えられている。我々がそれに従って行動する限り、社会生活は支障なく抵抗も受けずに営まれる。ところでそのとき我々は、人格同士の出会いをどのように経験しているのだろうか。

人格同士の出会いがある。それは相手を対象化するのとは異なる。対象化は前述のように相手を支配・管理することと結びつくが、「人格同士の出会い」はそうではない。前述のようにマルティン・ブーバーは『我と汝』（一九二三）で「我―汝」関係と「我―それ」関係を、ふたつの基本的関係として区別した。「我―それ」関係はさきに述べた「対象化―言語化―支配」関係のことであり、だから「我（個人）―それ」関係というよりは「我々（集団）―それ」の関係という方が正しいだろう。他方「我―汝」関係は人格関係であり、一方が他方を単なる手段として扱うというようなことはない。そうではなく「我」は「汝」との関係のなかではじめて「我」なのである。換言すれば「我」は実体ではなく極であり、「汝」との関係のなかで、そのつど新しく成り立ってくる出来事である。

「我」は「汝」との関係のなかで「我」の何たるかを自覚し、「汝」を人格として立て、さらに「我と汝」関係の根底に神の働きを見るようにもなる。これは我々の言葉でいえば「直接経験B」の世界である。

さていったい社会的行動において「人格」同士の出会いが起こっているのか、そうでないとしたらそれを阻むものは何かという問題に帰ると、人間が単なる肩書き（意味。つまり社会的地位と機能）に還元される場合については前節で述べた。肩書きは一種の記号であって、それには記号内容、つまり当人が社会で果たす役割と社会的評価が結合していて、当人はもっぱらそのような人間として定義され通用する。

ところで上述のような、社会的規範にしたがう行動についてはどうだろうか。これについては以下の比喩が示唆的かも知れない。何か新しい機械――PCか何か――を買ったとする。はじめてだから使い方がわからない。それでマニュアルを読む。マニュアルには機械の部品の名称からはじまって、起動のさせ方、終わり方、もろもろの機能、さまざまな目的のための使い方、禁止事項、トラブルが起こったときの対処の仕方、などが書いてある。要するに機械の扱い方が書いてある。この説明は往々にしてひどく分かりにくいものだが、とにかく機械の扱い方を覚えてマニュアルどおりに使っていれば、機械もいうことをきくし、トラブルも起こらない。しかし使えるようになったということは、機械がどういう仕組みで、どうして機能するのか、機械がよってもって成り立つところの原理や機械の構造は何か、などを私が認識したということではない。一応使えるようになったというまでである。

人とのつきあいの場合も同様である。習慣や作法や手続きや倫理などの社会的規範を身につけて、社会人として振舞えるようになったということは、決して人間とは何か、自分とは何か、社会とは何かという認識に達したことではない。逆に我々の社会生活では、人間との出会いよりも社会的規範に正しく従うことそのことに重点が移ってしまう。というのは、そうしていれば義務も果たせるし用事も済むし、抵抗もなくトラブルも発生しないからである。

こうして人格同士の出会いは覆われ、気づかれないままに無視され、ひいては忘却される結果となる。機械ならば使えればそれでよい。しかし人間関係の場合、出会いの喪失は人間性の喪失につらなるであろう。規範と秩序を備えた社会とは、高度の人為的現実性である。我々はそのなかで人間性を見失いかねない状況に置かれている。

すでにイエスの時代のユダヤ教的律法主義にも、その傾向が強かったようである。律法は神から与えられた行動規範とされ、律法を守れば神に祝福されて神の民の一員と認められ、ひいては神の国に入れるとされていた。それに反して律法違反は罪とされ、罪人は神の民とは認められず、神の国にも入れないのであった。したがって律法に熱心なユダヤ教徒は――必ずしも自分個人のためではなく、ユダヤ教徒全体が祝福されるように――日夜律法を学び、その解釈と適用に心を用いていたのである。そこには高度で複雑な秩序が形成されていたと思われる。

それに対してイエスはいう（以下のイエスの言葉において「安息日」とは要するに安息日の掟のことで、これは律法一般に拡張して解することができる）。

安息日は人間のためにできたのであって、人間が安息日のためにできたのではない（マルコ2・27）。

この言葉には深い意味がある。しかしここでさしあたり明らかなことは、律法を守ることと自身が大切なのだという律法主義は、ある倒錯を含んでいるということである。律法は人間同士の出会いの基準的な形を示しているのに、人間同士の出会いそのものより律法を守ることの方が大切になり、ひいては他者も律法も、自分が律法的完全に達するための手段となるという倒錯である。注意すべきは、律法は言語化された規範だということである。

さてここには「主義」一般の問題性が示されている。我々には社会的規範も、人生を方向づける理念も、それを表現する「主義」も必要である。しかしもともと人間のためにあるはずの主義が——ここで決定的に大切なのは「人間のため」というときの人間とはそもそもいかなる人間のことか、単なる自我のことか、自己・自我のことかということだ——自己目的となるとき、人間が主義に奉仕し主義の犠牲となる倒錯が生ずるのである。主義（たとえば民族主義）が独り歩きして社会全体を支配するものとなるとき、民族を尊ぶということ自体には十分な理由があるのに、人間生活にいかなる災害を及ぼしたか、我々はこの一世紀のあいだに十分以上に経験したのではあるまいか。

民族主義が及ぼした災害については誰もが知っている。しかし問題は人間「主義」にも存在するのである。もし律法は人間のために作られたということを安易に「ヒューマニズム」と解釈するなら、たちどころに人間中心「主義」の問題が立ち現れるであろう。人間中心主義の名のもとに特定の人間理解の絶対化が生じて、そのための奉仕と犠牲とを要求することになろう。

一般に主義は同じ主義者同士を癒着させ、違う主義者同士を切り離す。これでは自由も愛も不可能となりかねない。律法は社会的通念であった。「主義」は自覚的に先鋭化された、主義者仲間の通念であって、それに反することは許されない。さてパウロは『ガラテア人への手紙』に見られるように、律法からの自由を説いたのだが（ローマ7・1—6等）、これは単に現在の意味での倫理や法律からの自由のことではない。パウロ当時のユダヤ教徒にとっては、律法からの自由とは、自分を支えていた根拠を放棄することであり、この意味で自我の死であった（ガラテア2・19参照）。

今日では倫理や法からの自由がありすぎて、倫理や法の順守を自分の存在理由とする人は稀であろう。律法からの自由を現代ふうに言い直せば、通念からの自由ということである。自分が思考と行動において、通念から手を放すことがすなわち自分の死であるほどに通念に支配拘束されていたことに気づいて、通念の奴隷となっていた自分が死に、パウロが「私のなかに生きるキリスト」と呼んだ現実から生きるようになることである。そのとき律法主義の倒錯が明らかとなるはずである。言語化以前とは、ただの言語以前ではなく、通念からの自由を含むのである。

他方、通念から自由となったはずの宗教者が形成する教団にも、教義という通念が形成され、教団の秩序原理として――それが真理であるからでは必ずしもない。教義は教団の自己同一性と秩序の原理であるから――信徒を拘束するに至ることはすでに述べた（第一章第六節）。真理を守るという仮面のもとに、実は教団エゴが支配することもないわけではあるまい。

人格との出会いとは、まず自由な人間としての「私」が、同じく自由な人間であり、

「私」とは異なった人間である「あなた」を、ともに生きる相手として無条件に受容することである。だからたとえ「私」を差別する相手でも、無条件で受容することである（マタイ5・44、ルカ10・30—37）。それは「自己」にとっては自然でも、「自我」にとっては躓《つまず》きである。しかし、もし人間同士このように受容し合えたら、どんなにか幸福だろうに。だから人間は差別から自由でなければならないのだが、いずれにせよ「あなた」の語りかけが「私」の自我の壁を破り、律法の防壁を貫き、主義の妨害を排して「私」の中心に届き、「私」に「あなた」の尊厳性を開示して「あなた」との無条件的共生に向けて動かすなら、「あなた」の人格性が経験されたのであり、それを直接経験Bというのであり、ここでは前述の無限の相互浸透が人格間に成り立つのである。

第三節　通念的言語世界と直接経験C

前節で述べた自分の「肩書き」や「主義」は、単に当人が社会で何として通用しているかだけではなく、自分が自分を何として了解し、自分に関していかなるイメージをもっているか、をも意味している。人は普通、自分が誰であるかを示すときには名刺を出すもので、そこには肩書きと名前、住所などが記してある。このように言葉で定義された自分、つまり言語化された自分が当人の自己了解ともなるのだが、肩書きによらない自己了解があるだろうか。

「サッチャン」他多数の童謡の作者として知られている阪田寛夫は、佐藤義美作詞、大中恩作曲の「いぬのおまわりさん」がもつ、ある不条理な不気味さを指摘している。(1) 言われてみると、なるほどと納得される。ここに登場する「いぬのおまわりさん」は、通念的社会秩序を代表する。そこに「まいごのこねこちゃん」が現れる。「いぬのおまわりさん」の方は、市民の自己同一性はその名前と所属で判明すると信じているから、当然のこととしてそれを尋ねるのだが、「こねこちゃん」は「まいご」、つまり社会的秩序からはみ出した生きもので、「いぬさん」のいうことがまるで耳に入らない。そもそも名前や所属というものが自分にあてはまるとさえ思っていないらしい。ただ「にゃん、にゃん」としきりに自己主張をするばかりである。このねこの名前と所属は、おしゃべり「すずめ」も知らないし、物知り「烏」にも分からない。

こうなるとこの変な生き物は、もはや「いぬのおまわりさん」の手には負えない。社会秩序の網の目に覆われた日常世界の、いわば下には言語世界に吸収されていない深淵があって、ふだんは気づかれていないけれども、それが「まいごのこねこちゃん」として、つまり一種のマイナス・ヌミノーゼとして、不意に秩序の守護者の前に出現する。はじめてこういう世界に接した「いぬのおまわりさん」は「困ってしまって」――むしろ、ものの怪《け》を見たかのように――ただわんわん吠えるばかりだ。

自分というものは、名前――さまざまな経歴を通じて変わらない自己同一性の記号――と所属と業績で定義できるものではない。そもそも自分という不動の実体があって、自分がそれを認識するというものでもない。前述のように、重力は人間によって認識されようとされるまいと変わりはしない（すくなくとも日常経験の範囲では）。しかし人間は、その人が社会でどのように評価されているかで異なった扱いを受ける。それは当人にとっては決してどうでもよいことではない。

同様に自分自身も、自分自身によってどう了解されているかによって、自分自身から不当な扱いをうけることが十分にあり得るわけである。たとえば到底なれないものに無理やりなろうとする場合がそうであり、反対に自分の可能性あるいは現実性に気づかない場合もある。

それと密接に関係することだが、自分というものは自覚されてはじめて現実化するものである。前述のように、たとえば理性がそうである。デカルトの「我思う、ゆえに我あり」は、前述のように理性の自覚を示している。理性が自分自身に目覚めて、その自覚を語り出ているのである。理性は誰にでもある。しかし誰もが理性的に生きるわけではない。

理性的に生きるためには、本人が理性を行使して生きうる事実に目覚めなければならない。自分自身に目覚めた理性が理性なのである。同じことは自由についても妥当する。自由は客観的存在ではない。自由は、自由に生き得ることに目覚め、自由を行使する人間において現実となるのである。愛や人権についても同様である。

一般に人間性は客観的事物ではない。それは可能性、むしろ潜勢力（ポテンシャル）であって、現実化を求めているのだが、それは当人の自覚をまって現実化し開花するのである。人間性はガソリンエンジンのように、外から起動してやらなければ自分からは動き始めないものである。人間に、自覚だけではなく、教育や訓練が必要な所以はここにある。学問にせよ芸術にせよスポーツにせよ、あるいは道徳にせよ宗教にせよ、それは外から人間の可能性を触発する働きを持っている。それらへの能力は、それらに接した人間が自分の可能性を触発され、みずから自分の可能性に目覚めて、はじめて現実となるのである。

実は、ただこのようにして現実化しただけでは足りない。そのような可能性と現実性は社会的に認められ、評価され、通念化されてはじめて社会的に認知されるのである。だから理性や自由や人権などが認知されず評価もされない社会と伝統がありうるし、実際、あったのである。以上のことは人間性一般について一層深い意味で妥当する。たとえば人間的生の自覚がある。それは生きているという直覚であり生の充実感であるが、同時にその内容は、共生への願いと誓いとを含んでいる。その基本には世界と人間と自分自身への肯定がある。それはやはり自覚をまって活性化されるのである。

自我とは言語を語る自我だといった。逆に言語の使用が自我を立てる。言い換えれば、自我とはまず通念の担い手である。通念にしたがって感じ、考え、行動する。自我は同時にエゴイズムのエゴ、自己中心的エゴのことである。さてこのエゴが単なるエゴイズムを克服して社会的となったとしても、自我はなお通念的自我たることを失わない。この意味で道徳的であろうとすればするだけ、道徳はまさに自我の行為だから、エゴは強化されることになる。このような自我は私的・社会的なプログラムをもち、プログラムの実現を求めて生きている。プログラム実現の観点から状況に反応し、信号に応答し、情報を得てそれを処理し、しかるべき行動を選択する。換言すれば自我は、自己完結的な情報処理機構である。現実を言語化し、言語情報を操作することによって、生きる上での問題に答えを出そうとする。

私のいいたいことはこうである。自我が強化され孤立すればするだけ、自我は生の直覚、自覚を喪失してゆくのである。逆にいうと、通念的な生き方を破らなければ生の直覚は成り立たない。本来的人間性の自覚―直覚に到達しようとするなら、その一つの道は、私とは古代ギリシャ哲学や近代初期の科学が考えたような「アトム」、自分であって自分以外のなにものでもない私、さらには他者と自分とを自分の欲するままに操作支配しようとする近代的自我ではなくて、他者の語りかけが自分の中心にまで浸透する存在だという自覚から出発することである。自分の中心には、いわば関係の束としての自分を統《す》べ束ねる働き（自己）があって、だから自分が自分であるということは、関係のなかでそうなのだということ、そういう自己の働きのなかで、自我は自己の自覚機能として位置づけられるのだということを、単に思い込んだり信じたりするのではなくて、実際に自己の働きに即して納得することである。

　自我は自我了解を持っている。自分とはかくかくしかじかなるものである、かくかくしかじかなるものでありたいし、そうでなくてはならない、という認識（イメージ）を持っている。そのようなものとなり、そのようなものであるところに自分の意味をみている。そこに自分の存在理由があるわけだ。だから、そのような自分了解、自分志向からいわば手を放すことは、とりもなおさず自分が自分に「死ぬ」ことなのである。しかし、そのときにこそ自己が露わとなることを信じて自我から手を放せば――生木を裂くような仕方で無理やり自分を捨てるのではなく、いわば自我が枯れて落ちるような仕方で自分が捨てられれば――必ずや「自己」が、自我に対して露わとなるであろう。

　その自己とは自分の究極の主体、つまり自我を超える主体として、かえって自我を生かす働きである。自己の共生への願いと誓いとが自我に映って、それが自我自身の願いとなるような自己なのである。それは他ならぬ自己だから、自分に異質的な働きではなく、マイナス・ヌミノーゼとして自我を脅かすような働きでもない。本来の自己はそこにあると納得できるような自分自身なのである。

我々は、このように自己が自我のなかに、また自我に対して露わとなる出来事を、直接経験Cと呼んできた。それまで、自己は存在したけれども自我に露わとならなかった、というのではない。自己は自覚されてはじめて現実化するようなものであって、だからその現実化のためには自覚が必要なのである。

要するに直接経験Cとは、本来自己・自我であるべき人間が、それまでは自分を単なる自我として了解していたのに、つまり一定の仕方で言語化して、そこに自分の本質を見ていたのに、いまや言語世界で言語化されていた自分とは、自分の仮想現実にすぎないことに気づいて、自分を自己・自我として自覚するようになる出来事、臨済ふうにいえば「赤肉団上の一無位の真人」に気づく出来事、パウロふうにいえば「神がその御子を私のなかに現してくださった、神が私たちの心のなかで輝き、御子を露わならしめ、御子を通じて神を知らせて下さった」出来事なのである（ガラテア1・16、Ⅱコリント4・6参照）。

第四節　記述言語　表現言語　要求・約束言語(2)

以上述べたように、宗教言語は神秘に打たれた心の表現である限り一般に表現言語であり、また直接経験の現場で成り立つ自覚を表出する限りでも同様である。では表現言語といわれるものはどのようなものか。以下で略述したい。

言語はその機能に関して三つにわけられるのが普通である(3)。

第一は関説《かんぜい》機能（referential）で、客観的な事態について述べる機能、第二は感情表出機能（emotive）、第三は動能機能（conative）である。第三のものは命令、要求、依頼、脅迫、誘惑のように、他者を話者の欲する方向に動かす機能である。このほか言語には、話者が自分の言葉の効果を測りながらその内容を説明したり、語り方をコントロールしたり、話者が言葉自身の美しさや面白さに関心を抱く場合があるが、これは上記三機能のそれぞれに共通するものなので、ここではこれ以上問題とせず、以下で上記三機能について、それぞれの無意味条件が明らかになるように、より厳密な限定を加えておきたい。なお以下では、たとえば主として記述機能をもつ言語を記述言語というように呼ぶことにしておきたい。実際上は純粋な記述機能しかもたない言語は稀だからである。

記述言語の典型的なものは、すでに述べたように、「我々」が第三者を知り、その知に基づいて第三者を支配・管理・利用するために、その第三者について情報を形成・伝達するための言語である。現代では科学・技術・経済の三者提携における科学の言葉である。この言語の特色は、この言語が伝える情報が真でなければならない以上、それが何について語っているのか、言語社会のメンバー一般にとって特定可能でなければならないこと、また情報の内容についてそれが正しいかどうか、当の対象について検証（反証）可能でなければならないことである。そうでない場合は、この言語――以下では単に記述言語あるいは情報言語と呼んでおく――は一般に無意味である。

というのは、この言語をある事柄に関する記号としてみれば、普通名詞と同様、この言語には特定の「指示対象」と意味「内容」があるはずだからで、したがって指示対象（換言すれば陳述の主題）が不明・不定だったり欠けていたりする場合、また内容が検証・反証不能である場合（つまりほんとうかどうか確かめるすべがないとき）、当の言語全体が無意味となるからである。換言すると、言語分析あるいは分析哲学と呼ばれる言語哲学が問題としたのは、主としてこの言語領域だということである。だから分析哲学は科学哲学への傾向を持っていた。

右の言語哲学は記述言語について、それが検証・反証不能である場合、つまり当の言語内容の真偽を決定する手段がないとき、その陳述は無意味だとしたのだが、これはそのまま承認されてよい。ただし無意味とは、我々が考えたり行動したりするとき、その陳述を問題とする必要がない、無視して差し支えない、ということである。そのような情報は使いようがない、といってもよい。

したがって、有意味、無意味と真偽とは同じではない。一般に正しい情報を持っていれば、判断に際して迷わなくて済むのだが、偽りと判明している情報も、判断に際しては迷いを減らしてくれる。それだけに我々は情報言語に関しては、できるだけその検証の仕方を弁《わきま》えておく必要がある。実際上、情報の利用者がそのひとつひとつを自分で検証することは不可能であっても、情報はもともと検証されるべきもので、信頼されるべきものではないことは、常に明確にされていなくてはならない。

さらに注意すべきことは、情報は一意的（ひとつのことだけを意味すること）でなくてはならないことである。判断に迷うということは、選択肢が複数あってどれが正しいか分からないことであり、正しい情報は選択肢を特定したり減らしたりする役に立つのである。それなのに情報自体が一意的でなかったら（曖昧であったら）迷いが増えてしまう。だから情報は一意的でなければならず、その条件は伝統的論理学の三原則（AはAである。Aは非Aではない。Aと非Aの間にはどちらでもない第三者は存在しない。ただしAとは語義あるいは文意を含む）ということで与えられる。

記述言語はひろく日常生活で用いられるが、その代表は前述のように自然科学の言語である。歴史学や言語学も、客観的事実の確定と叙述に際しては記述言語を用いる。社会科学や報道の場合も同様である。現代社会ではこの言語が優勢で、次に述べる表現言語を圧倒しているのは、この言語が知り・支配し・管理し・利用するために都合がよいからで、科学・技術・経済の三者連携が——経済の圧倒的優位のもとに——社会の根幹をなしている現代では、主流となるのが当然であろう。

それだけではない。この言語領域の陳述には、政治や経済の場合のように意図的な事実の隠蔽や歪曲が可能であるとはいえ、原則的には真偽を確かめうるばかりではなく、真偽が一意的に明らかなことも多いから、試験問題に出しやすく、したがって試験重視の学校体系や教育体系では、この言語領域が優越することになる。

すると次に述べる自覚・表現の領域は不当に軽視されることになりやすいし、実際そうなってもいる。この領域は、客観的事実だけが現実として通用する現代状況のなかでは、客観性を欠いているようにも見えるわけだ。人間性の現実化が、自覚と修練を必要とするということ、つまり人間は文化を理解することによって実際に変わってゆくものだということは、知識と偏差値重視の教育体系のなかでは、顧慮される余地がない。それが人間性の貧困をもたらしていることに気づく人も、東京の夜空の星のように稀である。

なお自然科学と関連して、論理学や数学は元来客観的事態の記述ではなく、誰にも妥当する思考形式の自覚であって、それ自身は理性の自覚といえる面を持っている。とすれば、これは元来は次に述べる言語領域にはいるのだが、数学や論理学は我々が情報を形成し、また処理する場合の普遍的かつ不可欠の道具であって、この意味では情報言語と関係が深いことを付言しておく。物理学は量と量との間の関数関係を記述する方法を発見して以来、飛躍的な発展をとげた。

第二の言語領域は感情表出言語だが、内容上からは自覚・表現言語というべきである。この言語は、外からみたのでは分からない話者当人の内的な事態、すなわち感覚、感情、感動、感嘆、感銘、感激、感想などの「感」を表出するときに用いられる。しかしそれだけではなく、思考や経験（対象ではなく内容）や表象やイメージ一般をも表出する。これらは外部から観察可能な客観的事態ではないからである。これらの内的事態一般は、当人に自覚されていなければ表出といっても感嘆詞以上のものではなく、意識ないし自覚されてはじめて、分節された言語で語られるものである。だからこの言語は、自覚・表現言語という方が事柄に即していよう。

自覚・表現言語で語られる事態は客観的事実ではないから、認識の対象ではなく理解の対象である。自覚・表現言語は自覚—表出—理解という連関内で理解されるものだということが、まずこの言語領域でいえる決定的なことである。

「頭が痛い」という言表は理解可能である。これは「頭」が記述言語で指示可能な対象であり、またいかなる感覚を「痛い」というかは実際的体験的に学習されているから——もし解らないというなら、たとえば頬を抓って、これが痛いという感覚だと教えるほかはない——「頭が痛い」ということはいかなる事態であるか了解可能なのだが、それだけではない。話者の説明——言葉や表情、動作、顔色などを含めて——に接して、我々は自分の経験を検索して、同じく頭が痛いと言語化されうる事態に思い当たる。そのとき、我々はこの表現を了解するのである。まだ恋をしたことのない子供には恋愛文学はよくは解るまいが、やがて恋をすれば解るようになるし、たまたま作者と同じような恋をした経験のある人には一層よく解るだろう。

また我々は、それを実際に見たことはなくても「むかしむかしあるところにお爺さんとお婆さんが住んでいました。お爺さんは山に柴刈りに、お婆さんは川に洗濯にいきました。あるときお婆さんが川で洗濯をしておりますと、川上から大きな桃がどんぶらこっこどんぶらこと流れてきました……」という物語を了解することができる。それは私たちが物語を聞いて、言葉をイメージに転換できるということだ。だから「柴」（芝ではない）をイメージすることができない人には、「柴刈り」が何のことか解らないということになる。

哲学は難解だといわれるが、解らないときはまず論述を読んでから本から目を離し、自分で論述をはじめから組み立て直してみるとよい。自分で納得のゆく仕方でそれができれば、論述は解ったのである。一般にこのように追思考ができれば、哲学的論述は了解される。もし追思考ができなければ、読者の理解力が不足なのか、あるいは論述の方に問題があるわけだ。

このように、理解するとは自分の経験のなかを探して、語られている事態に思い当たるとか、そうでなくても、語られていることを追体験、追思考、追表象できる、ないしできた、ということである。そのとき話者の言葉が自分の言葉と同じでなくても、自分もその事態を同様に語ることができる場合、話者の言葉を了解することができる。あるいは話者の言葉を自分の言葉に翻訳できる、自分で言い直すことができる場合、といってもよい。もし話者がその言い直しを聞いて、そうそう、そういうことだ、と肯定すれば、了解の正しさはそれだけ確かとなる。そのとき聞き手は、話者の語りに自分自身の表現の可能性を見ているわけだ。

したがって自覚・表現言語は、一般に理解不能なとき、それも特定の個人だけに理解できないのではなく、誰にも理解できないとき、無意味となる。さらに厳密にいえば「あなたもこういう経験をすれば私のいうことが解るだろう」というように、了解可能性（この言語領域での検証可能性）の条件を提示できるなら、その人の言葉は無意味ではない。しかしその人の言葉がどうしたら了解できるのか、了解を可能とする条件をその人がまったく提示できない場合、表現言語は無意味である。

思い切り簡略化していえば「もの」を語るのは記述言語であり、「こころ」は表現言語を語り、表現言語で語られるもの、むしろ人間のはたらきである。「こころ」は表現言語に表れる。表れるというのは、他者の表現言語を了解するとき自分の経験に思い当たること、言い換えれば、同様な表現をなしうる自分に気がつくことである。他者の表現言語に、自分のこころの表出を見ることである。つまりこころは自覚されるもので、客観的対象として認識されるものではない。

こういってもよい。「もの」は記述されるが、「もの」を経験する「こころ」の表出は表現言語となる。しかし「こころ」の表出を――理解を度外視して――外から観察してこれを記述すれば、その言葉は記述言語となる。「あの人はこういっている」という報告がそうである。同じ経験でも、経験の対象を記述言語で語れば、対象は「もの」となり、経験内容を表現言語で語れば、言葉は対象に託した「こころ」の表現となる。この場合、対象はこころを映すものとなる。月の天文学と月を詠む和歌とをくらべられたい。記述言語の絶対化は「こころ」を見失うのである。

「こころ」は普通名詞の指示対象ではなく（つまり実体ではなく）、その内容も記述言語では語れない。表現言語は記述言語と違って、客観的事態の写像ではないからである。換言すれば「こころ」とは、自覚・表現言語で語られる事態であり、自覚・表現言語は「こころ」を言語化するといってもよい。自覚と表現なしには「こころ」の現実性もない。「こころ」は自覚されて現実化すると繰り返しいう所以である。繰り返すが、重力（記述言語の対象）は、我々がそれについて知っていようといるまいと現実だが、思考や自由や愛や美、一般に人間性は、自覚され表現され、さらに社会的に認知されてはじめて十分な文化的現実となるのである。

これは宗教、芸術、哲学など文化一般についていえることである。文化には客観的事実性の面があり（たとえば文学史における客観的事実）、これは記述言語で語られるが、しかし文化は単なる客観的現実ではないから、その全面を情報言語で語ることはできない。これは文学的用語で科学史を語ることができないのと同様である。だから記述言語しか知らない人間が仮にいたら――これは我々の文化的状況ではありうることだ――「こころ」の事柄は、検証不可能な主観的幻想として顧みないに違いない。自覚という現実性を知らないから、自覚にしか現れないことは無いも同然となる。そういう人が増えれば、人間に関する恐るべき無知が、無知と気づかれないままで社会的に通用することにもなろう。実際、表現言語で語られる事態は決してそのまま客観的事実ではないし、逆もまた真なのであって、客観知のみの世界ではこころの現実性は見失われ、文化は枯渇する。

表現言語一般は日常生活でも普通に用いられるが、文学で多用される（もっとも文学の言語がすべて表現言語だとはいえない）。文学には表現手段として比喩がよく用いられるが、比喩は外からは見えないこころの中の出来事を、目に見える（知覚可能な）ことに託して伝える方法だからである。たとえば「錐で刺されるような頭痛」などという。比喩は一般に表現言語に不可欠な表現手段である。文学だけではなく、歴史記述も過去の事実の客観的再現にかかわる限りでは記述言語だが、それが了解可能な人間的営為を語る限りでは表現言語である。歴史には了解の対象たるべき局面がある。たとえばソクラテスの死についての客観的記述は、同時に人間性の表出として了解可能なるものの範疇に属する。宗教言語も、その故郷は表現言語である。客観的事態であれ直接経験であれ、何事かを神秘として経験するこころの表現だからである。経験の対象は記述言語で語られ、経験内容は表現言語で語られるものだ。

我々が特に問題としている宗教言語は、自己・自我である人間が自分自身を自己・自我として自覚する、その自覚の表現である。哲学や論理学の言語も、思考の自覚の表現である限りでは自覚・表現言語で語るものである。これらが文学言語と違うのは、哲学や論理学では「感」ではなくて、思考の内容や方法が自覚的に語られること、それゆえ言説が論理的であるという点においてである。自覚・表出言語は一般に文化の言語である。我々はこの言語に接し、これを了解することを通じて、自分自身のあり方の自覚を深め、それとともに我々自身の在り方も変わってゆくものである。これが生の哲学及び解釈学的哲学の主題であることは、第一章で述べたところである。

第三の言語領域は「動能言語」である。これは前述のように、話者が相手を自分の欲する方向に動かすための言語で、命令文がその代表だが、脅迫や誘惑もこの中に入る。なお言語に関する哲学的反省のなかで、オースチンのいわゆる「言語行為」が提唱された。言語は一般に事柄を代表するもので、事柄とは違うものだが、語ることそのことが行為であり出来事であるような言語があるという。これは言語の performative use と呼ばれている。たとえば約束や判決や宣戦布告がそうである。(4)

キリスト教神学には「言葉の出来事」(Sprachereignis) という概念があり、言葉は単に情報伝達や表現をこととするものではなく、歴史的状況に語り込まれた言葉が、人間をそのつど新しく決断の状況に立たせるという。預言者やイエスの言葉が、このような働きを持っていたという。(5)

しかしもともと動能言語は記述や表現ではなく、直接に行為とかかわるもので、その意味では出来事性を持っている。日常性を破る動能言語は決断を要求するのだ。また約束は自分自身への動能言語であり、ふつうそれを相手に伝え、場合によっては公的に宣言もする。判決や宣戦布告の場合は、自分たちの間で社会的合意が形成されたことを公に、また相手に宣言する。他方、社会的合意を言語化すると動能言語となるものである（法律など）。社会的通念一般についても同様である（朝起きたら顔を洗うものだ、というような通念）。したがって動能言語は自分たちに対する動能を含むと了解しておけば、「言語行為」や「言葉の出来事」のために新しい言語のカテゴリーを設定する必要はない。

したがって動能言語は要求・約束言語と名づけることもできる。実際、命令、要求、約束、宣言などの言語性は等しいのであって、それは、これらがいかなる場合に無意味となるか、その条件が同じであるところにも見られる。すなわちこれらが無意味となるのは、まず為されるべき行為が物理的、法的、通念的、またはその他の事情によって遂行不可能な場合である。「おとといこい」という「命令」は、「もう二度とくるな」という意味にとれば有意味だが、文字通りにとれば無意味である。第二は為されるべき行為が不明・不定な場合である。「今後は襟を正してゆきます」、「前向きに検討します」などの約束がこれである。ということは、要求・約束言語は記述言語と同様、一意的でなければならないということである。さもなければ、いったい何が要求・約束されているのかわからないから、言葉は無意味である。第三に、為されるべき行為が実際になされたかどうか検証不可能な場合がある。「いつもいつも私のことだけを思っていて下さい」、「はい、きっとそうします」というような要求と約束の場合、前者は遂行不可能だし、後者は実際に遂行されたかどうか検証不能である。ともに要求・約束としては無意味であって、表現言語として了解されるべきものである。

第五節　「神」を語る言葉について(2)

以上の三言語機能について、その相互関係が問題となる。たとえば記述言語と要求・約束言語については、前者が真である場合にのみ、前者は後者を正当に基礎づけることができる（狼がきた！助けてくれ）。あるいは、情報言語の説得力を増す手段として表現言語を使う（煽動）のは不当だということもある。また、記述言語が直接表現言語を基礎づけることはできないし、両者を直接的因果関係で結合してはならない、ということもある。

最後の点について多少解説すると、たとえば一定の波長の空気の波動が耳で物理的・化学的刺激に変換され、神経を伝わって脳に達したという「記述言語的事態」と、当人が音を聞いたという「表現言語的事態」は、直接的因果で結ぶことはできない。なぜなら感覚（表現言語的事態）は、脳の情報処理（記述言語的事態）の結果生じたものであるとはいっても、感覚は物理的・化学的量ではないし、両者の間に介在するのは因果連関ではなく、一種の変換ないし翻訳作業である。したがって一方は他方を意味する、つまり一定の波長の音波の存在は、その刺激を受けた人に音の感覚が生じていることを意味する、という方が正しい。いいかえれば両者は一つ事柄の両面にほかならない。記述言語で語れば空気の波動が神経を刺激し脳に達したということが、表現言語で語れば音を聞くということである。

ところで我々にとって重要なのは、記述言語と表現言語の区別である。一般に両者を混同してはならないことは明白なのだが、宗教言語は神と救済に関する客観的情報だという見解は、かなり広くみられるところである。さて神話——創世神話や建国神話など——は、かつては史実を伝えるものとみなされたことがあるが、現在では神話と歴史は、当然のことながら区別されている。いずれにせよ神話は、共同体的イメージを言語化したものであって、史実を直接間接に見聞した人が伝えた記録ではない。神話には特定の家系の支配権を正当化するものがあり、また無意識の表現と解されるものもあり、理解の仕方は一様ではないが、一般に了解の対象としての表現言語、ないし共同体の秩序形成のための要求・

約束言語（動能言語）であると考えられる。

神話、叙事詩、民話さらに小説までを含めて、これらは物語であり、その意味で形式は叙述であるが、史実の客観的記述ではない。むろんそれらの背後に史実がある場合があって、たとえばシュリーマンはイーリアスに基づいてトロヤの遺跡を発見した。しかし文学的伝承にもとづいて歴史を再構成するというなら、厳密な史料批判が必要なことはいうまでもない。新約聖書の場合、福音書は形式上はイエスの言行録と見えるけれども、実はイエスがキリストであることを主張する教団文書であって、ここから歴史のイエス像を再構成するためにさまざまな手法（史料批判の方法）が開発されたことはよく知られている。福音書が全体として史実の記録であると考える新約聖書学者は、今日では少数派となった。

宗教言語は神について語るけれども、神の行為を実際に観察した人間が作った記録ではない。宗教言語は、何事かを神秘として経験したひとの、神秘に打たれたこころの表現である。表現はやがて教団言語となり、このとき表現は客観的事実の記述として通用するようになり、さらに教団形成のための要求・約束言語の役割を担うものだ。いずれにせよ宗教言語はまずは了解の対象であって、ここからして現実全体の背後に——特に直接経験の現場で露わとなる現実の背後に——神の実在を信じることは可能であり正当であっても、宗教言語をそのまま記述言語として受け取ることはできない。

我々は本書でいきなり神とは何かを問うことなく、なぜ神について語る言語が存在するかを了解しようと試みているのだが、宗教言語の了解ないし自分自身の自覚から出発して神信仰にいたる場合、神を客観的実在として語る言語は、表現言語から記述言語への越境を含むことを十分に認識しておく必要がある。越境したときに、認識でも了解でもない「信仰」が成り立つのである。

それに対して、「越境」の事実を認めずに、いきなり宗教言語を客観的事態の記述（神、世界、歴史、人間、救済に関する客観的情報）だと主張する人は、検証・反証不能な言説を検証・反証不能なままで真とみなす誤りを犯すことになる。以下ではこの点を記号、および（記号の体系としての）言語という観点から検討してみたい。

あらかじめ注意したいことは、すでに述べたところから明らかなように、表現言語は形式上は叙述であっても、客観的事実の記述であるとは限らないことである。ということは、表現言語を全体として記号とみなした場合、客観的指示対象は必ずしも存在しない、ということである。繰り返すが、表現言語で（たとえば小説で）語っている人は、物語を客観的事実の経験に基づいて、その記録として語っているとは限らない。あるいはこういってもよい。記述言語は、当の言語社会のメンバーに特定可能な対象について、検証・反証可能な内容の言語を語るものであって、記述という形式を持つ言語一般のことではない。

ところで普通名詞には指示対象と記号内容があるのが一般である。したがって記述言語で用いられる名詞（普通名詞、固有名詞、集合名詞など）には、特定可能な指示対象がある（ないし、あった）ことになる。指示対象は実在でなければならない。たとえば銀河、星団、恒星、遊星など天文学で用いられる名詞には、実際に指示対象がある。重力というような力は、実際に計測される物理量間の関数関係として記述される。それに反して表現言語のなかで用いられる名詞には、たとえ固有名詞や普通名詞であっても、特定可能な指示対象があるとは限らない。民話や小説に登場する人物（桃太郎やドン・キホーテ）や事物（竜宮城や巨大国）は、実在する（した）とは限らない。というより実在である・ないは問題にならない。

この意味で、もし宗教言語がもともと表現言語であるとするならば、そこで用いられる名詞（たとえば神々）には、必ず客観的指示対象があるとは言えないことになる。換言すれば表現言語は、理解される場合は、そこで用いられる名詞あるいは物語の全体について、指示対象が実在していなくても無意味にはならないのである。記述言語の場合はそうではない。では記述言語において、名詞一般にはかならず指示対象があるのだろうか。以下ではまず記述言語における名詞の指示性をみてみよう。

さて名詞には普通名詞、固有名詞、物質名詞、集合名詞、抽象名詞、動名詞が区別されている。普通名詞はたとえば「梅」、「桜」、「犬」、「猫」などであって、記述言語のなかで用いられたときには指示対象があるのが一般である。この場合、指示対象とは個物およびその集合（部分集合あるいは全体集合）のことである。だから普通名詞は実体詞（substantive）と言い換えてもよい。

実は厳密に検討すると、普通名詞にも必ず指示対象があるかどうか、かなり曖昧なところがある。たとえば「犬の墓」という場合、当の「犬」はもうどこにもいない。しかしこの場合、「犬の墓」の「犬」とは何のことか、その単語が使われる文脈では明らかなのが普通だから、ここではこれ以上問題としない。固有名詞また集合名詞（村、町、国、民族など集合体を指す名詞）、物質名詞（水、油、空気、鉄などで、指示対象は個物ではなく物質一般である）の場合も同様で、その記号内容と指示対象は、これらが用いられる文脈では明らかなのが普通である。

抽象名詞の場合はそうではない。これは、大きさ、長さ、重さ、色、便利さ、美しさ、正しさ、真実さなど、人や事物の様相や性質や属性を示す名詞だが、様相、性質、属性はそれらを持つ個人、個物、事柄、事態なしに単独で実在することはない。美しい女性や正しい判決や真なる認識はあるけれども、美や正義や真理が単独で客観的に実在することはない。「これらは実在する」と考えたのはいうまでもなくプラトンだが、これに対しては既に弟子アリストテレスが正当な批判を提出した。したがってプラトン主義者を別とすれば、たとえば真理そのものが経験的世界を超えた真実在の世界に存在すると考える人はいない。真理や正義などは実体ではなく、情報を処理するための方法的概念（理念）として有用だと考えるひとの方が多いだろう。

以上の意味で「抽象名詞には指示対象が実在する」とは言い難いのに、どうして抽象名詞に実体的な指示対象があると考える人がいるかといえば、実体詞中心の日常的言語習慣にひかれて、抽象名詞と実体詞とが混同されるからであろう。記述言語の実体詞には、客観的な指示対象があるのが普通だからである。

我々の問題にとって興味があるのは動名詞である。動名詞とは名詞化された動詞のことで、英語の infinitive, gerund に当たる、「……すること」を意味する名詞である。普通名詞でも本質上は動名詞であることがあり、以下ではそれをも含めて考える。宗教言語に深い関係のある「生」という名詞を例にとろう。これは元来「生まれること、生きること、生きていること」を意味する動名詞であって、実体詞ではない（『広辞苑』には「生まれること、生きること」とある）。すなわち、「誕生」や「死」はそれぞれ生まれること、死ぬことを意味する動名詞であって、実体詞ではない。

さて両者の間にあるのが「生」だが、この生について、さまざまな局面を言い表す一群の名詞がある。呼吸、感覚、睡眠、飲食、生殖、歩行、労働、運動、行動、動作、会話、経験、思考、愛、希望、絶望、信仰、歓喜、苦悩などであって、これらはすべて元来は「……すること」を意味する動名詞であり、実体詞ではない。換言すれば、これらの名詞にはたしかに指示対象はあるけれども、それは個人や個物ではなく動態である。歩行や労働のように客観的といえる動態があり、思考や歓喜のように内面で自覚される動態がある。だから元来記述言語に座をもつ動態と、表現言語に座をもつ動態とがあるわけだ。この区別は甚だ重要だが、いずれにせよ、これらは記述言語に座をもつ場合でも、生きて働く人間や動物や事物とは別に、これらから切り離されて存在する動態ではない。この意味で動名詞には指示対象があるとはいっても、実体詞の場合と同じではなく、抽象名詞に似たところがある。

ところで生とは何かという問いがある。この問いには科学的、哲学的、宗教的その他の答えがある。さて科学（記述言語）の場合、生とは生きていることを意味すると合意しておけば、生を対象とする科学とは、まずは生きていることを担う単位、つまり生体、生物にかかわる実証的研究である。生体をはなれて「生きていること」はないからである。生の科学は（細胞などを含めた）生体の構造や機能、発生や進化などの研究である。

それに対してもし、生とは「生物を生かすもの」のこと、つまり生物の体内に入ればそれが活き、生体から出ればそれが死ぬような、おそらくは非物質的な生命の根源、生体とは区別して「いのち」とか「生命」とか呼ばれるもの、と了解する場合はどうだろうか。そもそもどうしてこのような言葉遣いが出てくるのだろうか。確かなことは「生」を記述言語の実体詞と誤解すれば、このような発想が成り立つことである。つまり生あるいは生命という語には、なにかそれ自身で独立した実体的な指示対象があり、それを「いのち」という、というような発想が、知らず知らずのうちに右のような発想を招来するのである。

実際、「いのち」がこのように了解されたことがあり、かつてそのような了解からして「生命」とは霊、活力、生気云々であるという見解がなされたものである（創世記2・7、ルカ23・46参照）。古代的思考の場合は、「生きること」が神秘として経験された結果、超自然的な「活かす力」が定立されたのであろう。

さて上記のように了解する場合、「いのち」という単語は実体詞とされ、何かそれに対応する経験的対象があるはずだということになる。しかしこの意味での「いのち」は客観的に特定可能な対象ではないから（指示対象不定）、記述言語としては無意味である。この意味での「いのち」にかかわる経験科学は、合意された経験的対象をもたず、科学的研究は成り立たない。だから上記の意味で「いのち」とは何かを科学的に問うとしたら、その問いはみせかけの問いにすぎず、実は無意味である。「いのち」という単語はたしかに存在するけれども、それは「いのちがある」、「いのちがない」、「いのちを奪う」、「いのちをなくす」というような慣用句のなかで用いられているのであって、これらの慣用句の意味は明らかだが、「いのち」という単語をこれらの慣用句の文脈から切り離すと意味不定となってしまう。指示対象が不明だから、語は指示対象に関して無意味なのである。

では「いのち」を「生体を活かす働き」（実体詞ではない動名詞）と了解する場合はどうだろうか。この場合、「いのち」は生きていることから切り離すことのできないものとなり、たとえば遺伝子の共同作業のことと解されるかも知れない。しかしこの場合、「いのち」とは要するに生のこと、生体の活動の一面のことであるから、その研究は生体に関する科学的研究と同じことになってしまう。

「活かす働き」は外からの観察にではなく、むしろ内的自覚に対して露わとなるところがある。自我は身体内に、自我を超えて自我を活かす働きを直覚するものである。この意味での「いのち」なら、理解可能な表現言語だから有意味である。どういうことかというと、まず「生」という語は、我々の生の内的な経験ともかかわっていて、その経験内容を語れば表現言語となるものである。我々は生きているという直覚を持っていて、それが生という単語の使い方にも反映するし、この単語の使用を可能ともしている。内的に経験される生の諸局面とは、上記のように感覚、思考、意思、歓喜、絶望、信仰というような出来事のことである。それだけではなく、歩行、飲食、労働というような外的に観察可能な動態にも、内的な経験の面があり、それは自覚と了解の対象となるものである（うまい、まずいという味覚経験なしに飲食が語れようか）。「苦悩」などの表現言語的局面は、当然のことながら自然科学の対象ではなく、文学や哲学や宗教などが問題とするものである。

いずれにせよ「生」理解は、我々の内的経験の直覚や了解にも支えられているのであって、生はこの意味では表現言語に座をもつ動名詞である。自分の生の内的了解が、他者の生を理解させそれに共感もさせるのである。同じ生了解が、無意識のうちに生物や生体の認知・認識を支えているとさえいえよう。いずれにせよこの場合の「生」は表現言語的事態だから、客観的指示対象の有無はもともと問題ではない。

生という語は、記述言語のなかで使われても実体詞ではない、これが指示する現実は動態であって客観的な個物ではないということについて、さらに以下の考察を付け加えておく。動名詞は動態を指示するとはいっても、やはり動態を担う「働くもの」はあるではないか、という問題である。それは一般に動名詞を文（主語と述語からなる文）にまで言語化するとどういうことになるか、という問題と等しい。たとえば歩行は「歩行者が歩行すること」となろう。やはり「歩行者」がいるわけだ。つまり「歩行する」という述語には主語が必要だが、「歩行」という動名詞には特定の主語が与えられていないから、右のようになるわけだ。

それに反して、特定の人間Aについて「Aが歩く」といえるためには、Aという人間が別に知られていなければならない。つまりAという人がいて、私はその人を知っている。その人は当然歩行以外のさまざまなことをするのだが、そのなかに歩くという動態があり、私が「歩いているAさん」を見た場合、私は「Aが歩く」と語るわけである。いうまでもないが、この場合、Aという人はさまざまな動態とは別に、それから切り離されて存在するのではないが、歩行だけしているわけではない。それに反して、いま「歩行」という動名詞だけをとって、これを文にまで言語化する場合は「歩行者が歩くこと」としかいいようがない。いずれにせよ「歩行者」は動態の分節としていわれているまでである。心臓が動くといっても、動くこととは別に心臓があって、それがたまたま動くのではない。「動名詞は動態を意味するのであって、動態とは別に存立する実体を指示しない」とはこの意味である。

同様に「生」についても、これを文に言い換えれば「生きものが生きていること」であって、生そのものという客観的対象を指示するわけではない。ただし生と歩行とが違うのは、人は歩行以外のこともするけれども、生の場合は、しばしば生きたり、また生きていなかったりする何かが、いまは生きている、ということではない。だから「生きもの」とは、「生きているという現実性」と異なるところはない。「もの」といっても動態の一局面である。

もっとも動態がすべて、行為者と行為とに分節されるわけではない。それがしにくい動態があって、たとえば天候の場合がそうである。降雨の場合、行為者と行為を分けることができないから、我々は「雨が降る」という。しかし降っているのが雨だから「雨が降る」は「降水が降る」ということであって、「雨」が行為者で「降る」がその動態のひとつだとはいえない。「風が吹く」についても同様である。

このような場合、西欧語では一般に非人称の動詞文となり、中性単数の非人称代名詞が主語となる（It rains. Es regnet. Il pleut. Pluit. βρέχει）。それはやはり行為者が判然としないからである。ただし古語では「神が雨を降らせる」（マタイ5・45）、「ゼウスが雨を降らせる」（Liddle and Scott, Greek-English Lexicon, βρέχω の項参照）という言い方があったのは、我々の問題には示唆的である。要するに、この場合、動態そのものが雨である。行為者（主体）と行為に分節できるわけではない。

生と並んで宗教的に重要な単語「光」についても同様である（キリストも阿弥陀仏も永遠の生命であり光である）。光という語は実体詞ではない（『広辞苑』には光ること、光るもの、とある）。光という語には「光そのもの」というような、実体的指示対象はない。

「光るもの」は見えるけれども「光そのもの」は見えない。夜空に光る月は見えるけれども、月を照らしているはずの、したがって夜空に満ちているはずの太陽光線は見えない。つまり光そのものは、ふつうの意味での客観的対象ではない。光とはもともと輝くこと、光ること、照らすこと、明るいこと、という感覚的経験に基づく動名詞であり、そこから「光るもの」(光の担い手)が立てられる。「光」は厳密には、感覚を語る表現言語に座をもつ動名詞である。

生について、科学の対象となるのは生体であり、それに対して、経験されるのは我々の生内容だといった。光についても、記述言語でいえば光は特定の波長の電磁波である。しかし電磁波という場合は、光の感覚は言語化されていないから、これは光とは別物である。光の感覚を語る場合は表現言語となる。そして我々には、電磁波と光(の感覚)とを同時に語ることは不可能である。両者を同時に見通す視点はないからである。生についても同様で、我々には生の内的直覚と外的な生体とを同時に並べて見渡す視点は与えられていない。いずれにせよ両者とも実体詞ではない。記述言語で用いられる場合でも、生そのものとか光そのものとかいわれる実体(客観的存在)はないのである。だから「生きもの」とか「光るもの」とかいわれるものは、生または光の現実性と異なるものではない。

同様に、動名詞を一般化して「働くものの働き」と言い換え、さらに「働くものが働くこと」と文に言い換えても、「働くもの」とは働きの現実性、働きの一局面のことであって、働きとは異なった——働かないこともある——行為者（主体）が定立されるわけではない。あるいは、働き以外のところから知られる主語が語られているわけではない。以上は、記述言語の中で用いられた動名詞についてもいえることである。

「生」は「光」とともに、宗教の中心的用語のひとつである。ということは、宗教言語は動詞的であり、そこで用いられる名詞の中心は動名詞だということである。実際、キリスト教の場合、旧約聖書も新約聖書も、中心は神と人の物語である。物語は当然のことながら動詞文で書かれるものだ。すると神も人も行為者であり、聖書は「働くものの働き」を語っているはずである。実際その通りであることは、聖書を読めば明らかだ。とすれば神学は、神と人と世界と歴史に関する認識の論理的体系ではなく、そこに働く力の作用連関を語るはずである。

しかし実際は——それは不可能なのに——神学が神と人にかかわる認識の体系的記述だと考えられることが少なくない。これは古代から中世にかけてギリシャ哲学と接触したキリスト教神学が、ギリシャ哲学をモデルとして知の体系を形成しようとしたからで、それは現在の聖書神学の構成にまで影響を及ぼしている。しかし我々は宗教言語の考察からして、より事柄に即した神学の叙述を求めるものである。

若干の単語で以上のことを確認しておきたい。誤解のないようことわっておくと、以下では表現言語の中で用いられる動詞、動名詞を中心に述べることになる。「キリスト」は、信徒の内的経験ともっとも深く関わるところで動詞的に捉えられている。キリストは端的に生、生命、いのち（生きること、生かす働き。ヨハネ1・4参照）のことである。「私にとっては生きることがキリストである」（ピリピ1・21）。ここで「生きること」は、「生きる」を意味する動詞の不定詞（ト・ゼーン）である。この不定詞がこの文の主語であり、キリストは述語である。だからキリストはここでは人格でも実体でもなく、「私が生きること」という動態である。パウロはここで、彼の生の全体がキリストと呼ばれる働きに担われているという自覚を語っているのである。キリストとは、その働きの現実性のことである。

同様に「私（自我）はキリストと共に十字架につけられた。生きているのはもはや私ではない。キリストが私のなかで生きているのだ」（ガラテア2・20）は、キリストがパウロの自己であり、パウロの全人格的・身体的生を担い、パウロの自我を新しく生かす働き（その現実性）であるという自覚を語っている。パウロがうちなるキリストを眺めているわけではない。このようにして、キリストは生命である（ヨハネ11・25、14・6など多数）。キリストはまた光である（ヨハネ1・4他多数）。パウロは「神が御子を私のなかに現した」という（ガラテア1・16）。これは「神は私たちのこころのなかで輝き、キリストの顔を照らし、それによって我々に神を知らしめた」（Ⅱコリント4・6）と言い換えられている。神についても、経験ともっとも直接にかかわるところで以下のようにいわれている。「神は君たちのなかで働き、（君たちの）意欲と働きを成り立たせる」（ピリピ2・13、Ⅰヨハネ4・7参照）。

そもそも旧約聖書における神名（出エジプト記3・14）が、神は実体詞ではなく動詞文で語られることを示している。ここで神は、「私はある」と呼ばれるものだと自己紹介をするのだが、原語では「ある」は同時に「なる」を意味する語であり、かつ「私はある」は、先行する12節の「私は必ずあなたと共にいる」との関連で理解されるべきだろう。神名ヤハウェは、上記の「私はある」と関係があるとすれば、ヤハウェは元来動名詞だといっても言い過ぎではないであろう。神・キリスト・聖霊は生かす働きであり（ローマ8・11）、キリスト者の生は聖霊の働きの実である（ガラテア5・22）。

いいかえれば神とは上記の働きの根拠と現実性のことであって、働きとは別のところから知られるものではない。この働きの現実性をあえて分節すれば、三位一体論的分節となる（働くもの―働きの内容―働きの伝達）。しかしこれは働きの現実性という同じ事柄の三局面であって、たしかにこの区別は可能だが、それぞれの局面を実体化すると三位一体論ではなく三神論となってしまう。

仏教の場合も基本的には同様だと思う。仏性はあらゆる人に備わるとはいえ、実体としてあるのではなく、修証（自覚）されてはじめて現実となり、「ほとけのいのち」として働く（道元『正法眼蔵』、「現成公案」の巻、「生死」の巻）。同じ事態を臨済は「赤肉団（心臓、身体）上の一無位の真人を証せよ」といい（『臨済録』、上堂、三）、「心法無形十方に通貫す。眼にあっては見といい、耳にあっては聞といい、鼻にあっては香をかぎ、口にあっては談論し、手にあっては執促し、足にあっては運奔す」という（『臨済録』、示衆、一。「私にとっては生きることがキリストである」ピリピ1・21と比較せよ）。阿弥陀仏はアミターユス、アミターバであり、無量寿仏、無礙光仏と訳される。阿弥陀仏の本質が衆生救済の願《がん》の働きであることは、親鸞の『教行信証』に一貫してみられる理解である。

要するに、キリスト教における神・キリスト・聖霊というような語も、仏教における法、仏性、阿弥陀仏というような語も、本質上は記述言語における実体詞ではない。つまり客観的実体を指示するものではなく、それぞれの意味での働きの現実性のことである。したがってこれらの名詞は、宗教者が自分を超えた働きに生かされる自覚を語り出る表現言語に座をもつ動名詞なのである。これらの語が指示するのは実体的な客観的対象ではなく、働きの現実性のことである。単なる主観的印象ではなく、あらゆる個人にかかわると確信される、個を超えた、普遍的な働きが語られている。その際、動態とは切り離されて実在する客観的対象を主語として立て、それについて動態を述語するわけではない。「私の父（神）は今にいたるまで働いている。私も働くのだ」（ヨハネ5・17）は、「私」の生が私を超えた働きによって成り立っている自覚（作用的一の自覚）から、働きの現実性を証言しているのである。

以上からして「神を語る」ことについて一言しておきたい。現実の全体を神秘として経験する場合、その背後に神を立てるのは不当ではないといった。それはどういうことか。まず私の生が私を超えた働きによって担われているという、主体面での作用的一の自覚から、その働きだけを語り、かつ、それ以上を語らないことは可能である。働きをさらに「働くものが働く」と言語化して、「働くもの」を法や仏や「無相の自己」（久松真一の用語）と呼ぶ場合、これらは働きから切り離された実体ではない。それ以上をあえて語らない場合、「客観的な神」や「対象的な仏」を語らない「無神論的」宗教言語が成り立つ。最近におけるその代表的なものは久松真一の著作であろう。この言語は自覚の内容だけを語っていて、自覚内在から内在的超越をへて超越的（客観的）超越にいたる飛躍がないから、正直で純粋で透明で理解可能、その意味で何の無理も「ごまかし」もない。私が禅の言語表現に共感と敬意を抱く所以はここにある。

他方、自分の外にある事物や事態、すなわち自然世界や歴史の出来事や自分自身の過去と現在を神秘として経験するとき——ここには「自分個人にかかわる出来事だけをとっても、とても単なる偶然とは思えないことがある」という経験がある——その背後に、つまり人間に対向する神を立て、神を信仰することは了解できる。それを哲学的にいえば、経験される神秘を成り立たせる地平を構想し、言表することである。それが科学からしても不可能と断定できないことはすでに述べた。しかしここには、意識（経験、自覚）内在から、内在的超越をへて超越的（客観的）超越にいたる、その正当性については検証不可能な——飛躍がある。この飛躍をいきなり記述言語で語る場合は、無意味ととられても仕方がない。つまり万人への説得力はない。それでも正当だというのは、主体的自覚を中心として、さらに客観面で自然と歴史を神秘として経験すること、つまり記述言語的事態の全体をも神秘として経験することは、記述言語的事態を表現言語的事態が包むことであって、理解・共感可能なものとして、有意味だということである。

換言すれば神を語るとは、表現言語（表現言語空間）で記述言語（記述言語空間）を包むことだといえるわけである。この言語はむろん純粋な記述言語ではなく、表現言語内の記述面である。この言語は万人にではなくても、多くの人に訴え共感を得るだろう。ただし、神をあらためて客観的実在として立てるときは、表現言語的事態に基礎を持ちながら、記述言語への超越がなされることになり、このとき「神」は知的信仰の対象となる。この場合、「神」は人に対向する人格として語られることになる。

さて神を語る場合は、神は自然と歴史を客体の方向に、そのいわば背後に向けて超えるもので、神と自然また歴史の出来事との関係は、やはり基本的に作用的一ということになるが、これは科学的には無論検証不能である。しかも神は客体を客体の方向に超えるものでありつつ、前述のように主体を——自己の主体性をさえ——主体の方向に超えるものである（主体における作用的一の自覚）。すると神は両方向の統一であることになる。

神は「働き」であるといっても、我々にはこの統一を「見る」視点は与えられていない。この意味での神は我々の表象能力、言語化能力を絶対に超えている。それでもあえて神とは何かをいえというならば、後述のように、神は自然と歴史を成り立たせる「働きの場」だ、ということになるが、これとても、比喩であって到底客観的認識ではない。

では神を語る宗教者また宗教哲学者は、なぜこのような飛躍をあえてしてまで究極の統一を求めるのだろうか。宗教また哲学の正しさがもっとも疑われるのは、まさにこの点ではないか。哲学はこの飛躍を哲学的に正当化しなくてはならないのだが、純粋に宗教的にいえば、それはやはり主体を含み、歴史を含み、世界を含む現実の全体が神秘だからである。現実の一部が神秘なら、全体も神秘であるはずだ。ところでこの意味での神秘を経験し、神秘を神の働きとして言語化する場合、自己を神との主体面での作用的一として自覚することと、換言すれば「神」について了解・共感可能な、宗教的自覚の表出である限りのことを語りつつ、神の働きに自分を打ち任せることが、もっとも自然に思われる。思われるだけではなく、宗教者は自然にそのように生きるようになる。結局、作用的一の現成と維持が、宗教的生の中心である。

さて、神を立てる場合、作用的一は自己（自我ではない）の働きが神的・人的だということであり、もともと神を語る宗教者はこの自覚にもとづいて神を語るのである。もし、全人格的・身体的生が神的・人的なら、身体的生も、身体的生を成り立たせている物質性も、神の働きと無縁であるはずもなく、矛盾するはずもない。物質と神の「作用的一」は、神と人格の作用的一とはむろん内容を異にするであろうが、「一」に違いはあるまい。すると物質もその働きにおいては、客観面で神との作用的一をなすはずである（知ではなくて信）。だから神は本来（本来というのは、神と自然、また神と歴史との本来の姿が回復された形では、ということ）「すべてにおけるすべてだ」といわれるのである（Iコリント15・28）。

この作用的一は、神と世界を同列においてその相互作用をいうわけではなく、自然は自然のまま神との作用的一をなすということだから、自然科学と矛盾するものではない。これは生体における物質の物質的反応がそのまま生体の営みであって、生命性と物質性は矛盾しないのと類比的である。生命や物質が神なのではない。生命や物質の働きが神の働きとの作用的一をなす、というまでである。とすれば、この世（世界と歴史）のなかで生きる宗教者が、神の働きに自己を任せるのは当然だろう。というのは、前述のように、主体面での作用的一の自覚にもとづいて神を語るときは、神は「対向する人格」ではなく、「働き」として語られるからである（ヨハネ5・17、ピリピ2・14参照）。人間的主体性と重なり、これを担う働きである（Iヨハネ4・7参照）。人間は神の命令に従順である（人格モデル）というより、神の働きに担われるのである。

「任せる」とは単なる受動性ではない。作用的一は表現言語で語られるのだが、それは働く神との「作用」的一である以上、人間の側での動態、また主体性を含む。ということは、宗教言語は表現言語のなかに要求・約束言語をも含む、ということである。この点については第五章で、イエスを例として述べる。ここで人間のありかた、「働き方」が語られる。

いずれにせよ、この場合も要求・約束言語は表現言語に含まれるから、それは表現言語における要求・約束言語的事態であって、純粋の要求・約束言語ではない。ということは、たとえイエスが人に「……せよ」と語っていても、その本質は「倫理」ではない、ということである。それはイエスの終末論が純粋の記述言語ではなく、客観的将来にかかわる予言ではないのと一般である。

要するに、神を語る言語はもともとは表現言語だということである。まず、「自己」（自己・自我の自己）は本質上、表現言語における動名詞であって、「自己」として自覚される動態を指すけれども、それは実体的な個物ではない。また「自己」について、これが個を超えるものだという自覚があり、それは「自己」を語り出る人物との対話、あるいは同様な宗教的文献の理解可能性によって——その限りで——確かめられる。

さらに、その自己の「神秘」性の経験からして、自己を超えて自己に働く「神」を語る場合がある。それは要するに「私のなかに生きるキリスト」が語られる場合である。そのとき「神」は再び、実質上は表現言語の動名詞であって、自己を超えて自己を成り立たせる働き、の現実性を意味している。この限りでは「神」に客観的指示対象はない。ここまでは「一無位の真人」や「無相の自己」同様、了解可能、原則として誰にも追体験可能な経験に基づいている。

さて、ここから出発して、さらに現実全体の神秘からして、主体を主体方向に超え、客体を客体方向に超える超越と、歴史の歩みを「統握する」ものとの「一」——究極の一——を神として立てる場合、この一は記述言語、少なくとも、表現言語の記述的局面への拡張を含んでいる。しかし仮にこれを純粋の記述言語とすると、特定不能な対象について、検証不能なことを語ることになる。だから神について語ることは、自覚がここで「神の働きとの作用的一」として語られる限り、さらにすべてがこの自覚を中心として語られる限り、つまり表現言語として語られるとき、あるいは表現言語内の記述面として語られるとき、有意味で理解可能である。

このとき、「神」は自己を超えて自己に働く働きの動態だが、前述のようにこの動態を「働くものの働き」と分節して、「働くもの」のことを、あらためて客観的・超越的な統一（主・客、世界と歴史を統握するはたらき）として立てて「神」ということができる。この場合でも「神」は――我々の表象能力を絶対に超えているという意味で言語化不可能なのは別として――自己を超えて自己に働く働きの現実性とは別のところから、つまり自覚とは別のところから知られた「神」ではないから、働きの一局面、結局は働きの現実性にもとづくことになる。とすれば、ここで成立する「信仰」、一切を神に打ち任せる信仰も、結局のところ「神との作用的一」といわれる生を生きること以外のことではありえないのである。「神」について思弁を重ね、その「認識」からして現実の客観面を記述言語で記述したり、歴史の歩みを記述したり、まして歴史の未来や死後の生を予測したりするようなことが、学的に可能だとは思えないのだ。

いずれにせよ「神」について語る言葉は、まず理解と共感に訴えるべきもので、証明されるべきものではない。それなのに宗教言語をいきなり記述言語だと主張し、あるいは宗教言語をいきなり倫理として立てる、それが間違いのもとなのである。「神」をいきなり普通の意味での記述言語の実体詞だととる、この間違いを犯すとき、真実を語る言葉からたちまち怪しげな匂いが立ち昇ることになる。

第六節　宗教的自覚の言語化について

元来「自己・自我」である人間が、自分自身を「自己・自我」として自覚するにいたったとき、「神」だけではなく、自覚内容一般をどのように言い表すことができるか、略述してみたい。この場合、自覚内容を語る言葉は当然のことながら全体として表現言語であって、理解の対象である。さらにこの言語が、単に自覚内容を語るにとどまらず、そこから展望される世界や共同体について客観的に語るものとなるとき、その言表はやはり客観的事実の記述ではなくて、まずは自覚の場からしてなされる。だからその言表は、自覚が成り立つ地平の言表として「理解」されねばならない。

しかし、もしこの言葉が自覚に直接する場からいったん離れて、自覚の外にある世界や共同体そのものを——自覚の場からして——語り明かそうとするならば、その陳述はやはり広義の「信念」(信仰ではない)の表白となるだろう。たとえば自覚の場で自分自身が「極」として(働き合いの一極として)了解された場合、自覚する当人がこの了解を人格同士の関係一般に及ぼすならば、それはすでに当人が直接には経験していないことを語ることになる。

たしかに極同士の関係は後述のように客観的にも確かめうる場合があり、これは単に自覚にだけ現れることではない。これはまずは自覚から出発して類推される事柄であり、すでに記述の領域に入る。したがって、実際それが成り立つかどうかは、あらためて検証されなければならないわけである。というのは、この種の言表、たとえば極性一般についての陳述は、自分について必然的に——いつでも・どこでも・かならず——妥当することは、人間一般についてすくなくとも可能であるはずだ、という信念からなされるものである。一般に自覚から出発する哲学的言語にはこの性質がつきものなのであって、それが実際に各人について成り立つかどうかは、哲学的に証明されるべきことである。しかしそれは科学的証明とは違うから、証明を人に任せてよいということではなく、結局は各人が自分について判断すべきことであり、納得した人はそれを受容することになる。つまり、自覚から認識への飛躍は、上記の信念に基づいてなされ、各人のテストをまって、実際にどれだけ一般化可能かが明らかとなってゆくものだ。

要するに、元来は語り手の自覚から出た世界や歴史についての客観的な展望が正しいかどうかは、聞き手各人が自分についてテストするより仕方ないわけである。ただし自覚に露わとなる働き、自己を座とする働きからして客観的統一力としての神を語り、かつみずからこの働きに身を委ねる場合は、単なる認識でもなく信念でもなくて「信仰」ということはすでに繰り返し述べた。

さて主・客関係の基礎語は「主即客」ということであった（直接経験A）。ここから主観と客観への分節がなされるのである。また我・汝関係の基礎語は「極同士の関係」であった（直接経験B）。我と汝は極と対極として関わり合うのである。さらに人は、自分自身を自己・自我として自覚する（直接経験C）。ここから見る限り、「汝」も「我」と同様に、自分自身を自己・自我として自覚しうるはずであり、そのとき我と汝は、自己（自己・自我の自己。単なる自己ではない）を成り立たせる、自己を超えた働きを、いわば共通の根としているはずである。この根はまた「我々」の共通の根でもあるはずだ。

以上のことを認めると、人格（自己・自我）から成る共同体についてひとつのモデルが構想される。それは本書でもしばしば「統合体」と称したモデルである。統合体とは複数の極から成り、全体としてひとつのまとまりをなすシステムである。ここで成員同士は一般に極としてかかわりあい、成員は統合体のまとまりのなかで、一定の位置と役割を担うことになる。さらに統合体にはあらゆる成員に等しく妥当する契機があり、これは「統一」と呼ばれる。換言すれば統一とは、統合体における「（自己）同一性」の契機である。

さて統合体の典型は人格の統合体だが、単純な類比は自然界にも求められる。たとえば太陽系は、複数の天体が重力に関して「極」として関わりながら運動している統合体である。太陽系は全体としてひとつのまとまりをなし、それぞれの天体は大きさや質量や組成や軌道において異なるけれども（個性の比喩）、すべて太陽のまわりをまわっていて、全体としてひとつのまとまりをなす点に「統一性」がある。この「統合体」は、物理的空間という「働きの場」で成り立っていることが注目される。

生体も統合体と考えることができる。生体はひとつのまとまりをなし、複数の部分から成り、部分同士は——器官系のように——相対的なまとまりを作りながら、互いに極として関わり合っている。ただしこの関わりの内容は太陽系の場合よりはるかに複雑である。互いに情報を交換して、個々の働きと全体のまとまりとを調整しているからである。この場合生体の「統一性」（自己同一性）は、時間の経過を通じてかわらない生体の構造にみることができるし、また細胞を構成する遺伝子の同一性や、異種蛋白を攻撃する免疫機能にみることもできる。これらは生体の自己同一性を維持する契機である。場についていえば、生体は局所的な働きの場である。つまり生体という場のなかで個が連動して全体が成り立っているとみることができる。

文化の領域では統合体は、しばしば芸術の領域にみられる。古典音楽を例とすれば、楽曲のなかで個々の音は極になっている。メロディーの場合、個々の音は先行する音を前提し、後続の音を予想してはじめて自分自身である。音楽は重層的構造を持っているが、緊密な構成の作品では個々の層が小さな統合体で、その重層である全体もまた統合体であり、部分同士は互いを前提としあって成り立っている。統一性は調性やテンポにみられる。統一を具現するのはオーケストラの場合、指揮者である。作曲家と演奏家と聴衆はひとつの音楽的場を形成するが、音を統合し、演奏（音の統合の現実化）し、演奏された音楽を聞くのは、人の「心」であるから、音楽の場とは結局人の「こころ」だということができる。心が音を音楽にまで統合し、その統合を了解するのである。

さて人間社会の場合、「個」は個人のことである。統一は社会の具体相によって異なるが、国の場合は、国名、政体、法律、社会構造、制度、言語、通貨、暦、社会的通念、さらには民族性、歴史と伝統などにみられる。言い換えれば国家の場合、統一性が強固で、あたかも統一性が国家の本質であるようにみえるのだが、これは多くの部分社会でもみられることである。

統一は統制力として機能している。本書では言語化された世界が直接経験を覆うこと、したがって「直接経験」において、言語化された世界と「現実ありのまま」の違いが直覚的に明らかとなることを指摘してきたのだが、言語世界の直接的支配からの解放とは、具体的には上記の統一性の直接的支配からの解放ないし相対化のことである。世界宗教が国家や民族や伝統の枠を超える所以である。それに対して、社会はふつう統一性を根拠として成り立っている。いわゆる利益社会は共通の目的によって、国家は上記の同一性によって、成り立っている。したがって社会一般は統合体というより統一体である。

換言すれば社会行動を担うものは一般に自我であって、自己・自我ではない。自我には個人性と社会性とがあり、社会的規範（風俗習慣を含めて）を学んで身につけるのは社会的自我である。前述のように、人間は単なる自我となるときに「自己」を見失うのだが、社会的規範に従うことを社会生活の中心とすることによって、社会的自我は自己を見失うのである。

パウロの場合、統一からの解放は律法からの解放であった。我々の場合、問題は単に法律や倫理の直接的拘束からの解放ではなく、社会的通念つまり言語化された世界の直接的支配からの解放なのである。それは我々が単なる自我でなく、自分自身を自我・自己として自覚するためである。

こうして我々は人類共通の根から生きることによって、個別的国家・社会を相対化するとともに、それらを人類的統合のなかに位置づけ、人類的統合を反映するものに変えてゆくべきなのである。それは無論、国家や社会をいきなり否定・破壊することではなく、それら固有の統一性を、統合を見失う統一ではなく、統合の契機としての相対的統一性に変えてゆくためである。

現代の宗教者は往々にして社会正義の要求に基づいて体制の変革を求めるのだが、これにはもちろん、社会的不正を生み続ける構造（構造悪）の変革としての意味があるけれども、新しく成り立った体制がやはり統一（構造、価値観、通念、規範など）を絶対化するものであったら、それは新しい圧制を生みだしかねないし、宗教的にはもちろん、社会的政治的にも成功とはいえない。

社会はとかく自我（エゴイスト的個我と単なる社会的自我の結合したもの。むろん社会的エゴイズムもある）によって運営されがちなものだ。しかし宗教者のいう人格共同体とは、自分自身を自己・自我として自覚した人格の共同体（統合体）である。このような解放や自覚が如何にして起こるか、ここで必要な限りで、すでに述べたこととの多少の重複を顧みず、述べておきたい。

「単なる自我」が直接経験を欠いたまま、したがって通念的言語世界に閉鎖され、言語世界の現実性を現実性そのものと取り違えたままで、しかしながらエゴイスト的自我であることに問題を感じ、エゴイズムを克服して本来性に到達しようと求めることがある。このとき自我は、まず社会的通念的規範が提示する理想（社会が理想を欠いていれば自分で自分に課した理想）の実現に向かうものである。

ところで単なる自我が自分自身に問題を感じるのは、つまり一方ではなぜか満たされず、たえず不安や虚無に脅かされながら、他方ではエゴイスト的自我を持て余すのは、単に自我が確立していないからではない。実は自己が自覚されていず、したがって自分自身を単なる自我と了解していて、その結果自己が働けないでいるからである。しかし単なる自我はそれに気づいていないから、自我の努力でエゴを克服したり、社会が善と認めることの実現を求めたりして、自分で自分の意味を確かめ、不安や虚無やエゴイズムを克服しようとするものである。ところがこの努力では、努力するのが自我だから、人が努力すればするほどかえって自我が強化され、自己が覆われるので、努力は意図とは正反対の結果を生んでしまう。

このような努力が、具体的には以下のような経過をたどることがある。直接経験を欠いたままの自我がエゴの克服ないし理想的自我の実現を求めて努力するとき、自我は自分を見ては理想との違いに苦しみ、他方では自分を他人と比べて誇りや嫉妬に苦しむ。ところで自我が自分自身をもてあますのは、実は自我の努力がエゴを滅ぼさず、かえってこれを強化するところにあるのだから、自我は自我を見限って（たとえば自我としての自分自身に絶望して）、人間を本来的に生かす働きに自分を委ね、「自分で自分を克服して理想を達成し、もって自分の意味を確かめようとする努力」を放棄しなければならない。そのとき自我はまったく思いがけず、自己が自我に対して、また自我のなかに、露わとなる出来事を経験するだろう。こうして単なる自我は自己・自我となって、空しい努力から救われるのである。(6)

このときエゴイズムは根絶されなくてもその根を絶たれ、自我は自分の意味を自分で作り出そうとする空しい努力をやめる。他方では自己・自我としての人格は、他者との共生を求め——これは自己の働きによって成り立つ——こうして倫理は他律的規範ではなく、内的な願いの現実化である共生の形を示すことが明らかとなる。換言すれば、倫理の要請は自我によってではなく、自己・自我としての人格の心からの願いによって現実化するのである。こういうわけで、自己・自我となった人格は、人格共同体（新約聖書の言葉では「キリストのからだ」Iコリント12）を形成することになる。換言すれば統一ではなく、統合形成へと向かうのである。つまりキリストとは、後述のように人格統合体を形成する働きなのである。

ところで統一は外に向かっては区別の原理だから、統一を超えた統合を目指す共同体は性、民族、伝統、文化等の違いを超えた共同体であり、理念的にはまさしく人類共同体である。実際、キリスト教も仏教も、前述のようにこれらの区別を超えた宗教つまり世界宗教となったのであり、ゆえに両者は人類的統合実現のために協力し合えるはずである。

さて統合とは、自由で個性的な個が互いに極として関わりあってひとつのまとまりを作るということであった。これは個性と共同体性とは矛盾するどころか、もともと個性なしには共同体性はなりたたないということである。我々は倫理を略述した第二章で、倫理が成り立つための条件として、個性と社会性との両立をあげた。個性と社会性が両立しなければ、人が自分の個性を伸ばし、自分の可能性を実現することと、人が社会の一員として生きることとは矛盾するから、我々が考えるような倫理は成立しないのだが、この条件は統合体において満たされるのである。だから倫理は倫理として独立した領域ではあるけれども、実は倫理を可能とするのは宗教だといった所以である。

ところでたびたび繰り返すように「自己」の本質は願いであり、働きである。ということは、自己の働きは個を超えた統合をめざすということである。個々の「自己」は「わがうちに生きるキリスト」であって、つまり統合化の働きを担い、現実化するものである。このような「自己」として働くキリストの働きは、個々の自己に自覚されれば共生への誓いまた願い（主体的意欲、祈りといってもよい）となるものであるから、したがって統合は「実現すべきもの」である。阿弥陀如来の願また旧約聖書における神の意思（エメス、エムナー。七十人訳ギリシャ語聖書でしばしばアレーテイア〈真理〉、ピスティス〈真実〉と訳される）のように、歴史に働きかけ、歴史のなかで実現を求める働きである。実現を求める潜勢力といってもよい。

自己として働くこの働きは、自我に映り、実現に際しては自我の関与を必要とする。それは生体に備わる自然の働き（飢えや渇き）も、それを満たすについては自我の行動を必要とするのに似ている。同様に、宗教の場で自覚される働きも、やはり自我の行為——これは「自然」でもあり、しかし、しばしば決断でもある——を通して現実化するのである。

さて興味あることに、たとえば統合体の一例としての生体をみると、上述のように、生体は器官系の統合体だが、それぞれの器官は多くの部分から成る統合体であり、また器官を構成する細胞も統合体である。つまり統合体は重層的なのだ。この重層性は、統合体とは言い難い国家の場合にも認められたところである。このような重層性を表現するモデルがあるかといえば、それはフラクタル構造であって、次項で述べることにしよう。

ここで重要なことは統合体を成り立たせる「場」である。上述のように、一般に統合は場において成り立つ。すると人格的統合は、それを担う働きが（後述のように）神の働きとして語られるとき、神の働きの場の中で成り立つことになる。もし神秘を神の働きとして言い表すなら、神は神秘のなかで、神秘を通して、神秘として働く働きである。神は働く神である。これは、「神」(「神」という単語) は本質上、動名詞だということであった。

さて動名詞には実体的個物的な指示対象は存在しない。神は我々の表象能力をこえる。しかし、もしどうしても自覚の立場から (「自己」を神秘として経験する立場から) 神を表象せよとならば、神は超越的な働きの場として表象するのが、不十分ながらも、もっともふさわしいと思われる。これは、神は目にみえない霊として世界に遍在するという通念的な考えと一致する。ただし、この場合も、後述のように、神の諸局面をあらわすためには複数のモデルが必要となる (他方、自分の「外」に神秘を経験する立場からは――たとえばイエスを神の啓示として経験する立場からは――神は人間に対向する人格として表象される)。いずれにせよ世界は神の働きの場のなかで世界なのであり、それを条件としつつ、人類は統合された共同体になろうとしている。

この場合、神の働きと世界の現実的なありようとの関係が不明だといわれるだろうが、第一に右の見解は――すくなくとも本書の場合――自覚から構想され、表現言語で語られているのである。換言すれば、神の働きの場を客観的に考え、世界をその中に置いて、両者の客観的関係を記述するのではない。これは神秘として経験された世界を、そのまま超越と内在の両方向に分節した結果出てきた考えである。[7] もっと詳しくいえば以下のようになる。作用的一の自覚にもとづいて神を語るとき、神（三位一体の神）は人に対向する人格ではなく、「働き」として語られる。そして「働き」が成り立つ地平を構想するとき、場としての神の中で統合、フラクタル構造、フロント構造が成り立つのである。しかし神—人関係には人格関係のモデルで語られる面があり、この関係は人間に語りかける神に人間が応答するという形で語られることになる。神を語る仕方は一様ではない。「場としての神」は、キリスト教が不当に看過してきた局面を恢復する意味を持つと思う。

こういうわけで本節の連関では、統合体の宗教的言語化が考えられる。まず「自己」はそれが自我のなかに、また自我に対して露わとなるとき、人格における「聖なるもの・神秘」として経験される。さらに統合体の全体も同様である。ところで「聖なるもの・神秘」を神の働きとして言語化する立場でいえば、「聖なるもの・神秘」——これは常に働きである——は世界内のものでありながら、神の働きと作用的一をなす。もともと身体性内部で神との作用的一をなす神秘が自覚に現れるとき、つまり究極の主体性として露わとなるとき、それが自己として自覚されるといってもよいのである。

すると個的人格における自己と、共同体を統合する統合力とは、同じ働きなのである。ともに、いわば関係の束を束ねまとめ、統合する働きだからである。もし統合体としての人格共同体の意思決定機関（統一の機能）が統合体の「自我」であるといえるなら、統合の働きはその「自己」である。すると統合体はその「からだ」といえるわけで、実際パウロは教会をキリストのからだと呼んだ（Ⅰコリント12、ローマ12・5）。

統合体は神の働きの場で成り立つ。といっても神が直接に支配するのではない。そうではなくて、世界内の働きである「自己」（個的・共同体的自己）の働きが、神との作用的一をなすのである。自己を神秘として経験し、それを神の働きと解する立場ではそうなる。自己はこの意味で「神的・人的」である。ここで神性と人性とは一である。区別はされるが分離はできない、という仕方で一である。[8]

さて「神性・人性の一」はキリスト論的規定である。この意味で自己は、個人また教会の「うちにあって生きるキリスト」である（ガラテア2・20、ローマ8・10、Ⅰコリント12参照）。さて神をその働きに即して分節すると、むしろ働きである神の諸局面を分節すると、三位一体論が現れるのであった。すなわち働きは一般に「作用者―作用の内容―作用の伝達」に分節される。分節とは前述のように一の内部の区別であって、分離ではない。また区別といっても局面の区別であって、一が他の二を含意するような区別である。このようにして、自己の自覚に定位して、自己における神の働きを分節すると、働く者（父なる神）、働きの内容（統合の元型としての子なる神）、神から世への働きの伝達（元型を実現する聖霊なる神）が区別される。

キリスト教にはキリスト論と三位一体論とがあって、両者は区別すべきものである。他方、仏教には仏身についていわゆる三身論があり、これは法性法身、報身、応身（化身）である。法性法身は、仏を仏たらしめる究極の根拠としての、目に見えない法（原意は担うもの）そのものであり、報身（方便身）は、阿弥陀仏のように衆生救済のために種々の方法で働く仏身、応身（化身）は、法性法身にもとづいてこの世で成り立った仏（たとえばゴータマ・ブッダ）のことである。すると法性法身はキリスト教ではロゴス（ヨハネ1・1―3）に、報身は教会の主としてのキリストに、応身は歴史のイエスに、対応する。

ついでにいえば、滝沢克己はイエスとキリスト（神と人との第二の接触と第一の接触）を区別したが、我々はこの区別を進めて、ロゴスとキリストを区別することができる。そうすることによって、キリストは世の創め以前から「まことに神・まことに人」であるという不合理を避けることができる。すなわち三位一体論の第二位格は、キリストではなくロゴスとすべきである。

すると仏身論は三位一体論ではなく、キリスト論に対応する。三という数にひかれて三身論に三位一体論を対応させる考えはしばしば見られるところだが、三身論には聖霊に対応するものがないところからも明らかなとおり、この対応は不正確である。三位一体論と比較されるのは、報身仏としての阿弥陀如来における阿弥陀仏―願力―回向の関係であって、阿弥陀仏は第一の位格に、願力は第二の位格に、回向は第三の位格に、対応する。ただしこの場合は、報身仏阿弥陀如来についていわれているのだから、父なる神・子なる神・聖霊なる神の区別とは同じではない。

さて以上のように考えると、人格が統合される働きの場とは、聖霊がキリスト（統合のはたらき。ローマ8・29、ガラテア4・19参照）を人格のうちに伝達し（ヨハネ14・16―20。聖霊はキリストを担って、信徒にキリストを臨在させる。ヨハネ14・25―26参照）、個的・共同体的人格のうちに自己（キリスト）を現実化し、こうして人格を統合する場であるといえる。この意味で教会はキリストの身体であり、教会また個々の信徒は聖霊の宮である（Iコリント3・16）。

小野寺功は西田幾多郎の「場所」をキリスト教の立場からして三位一体論的「聖霊の場」と解釈しているが、卓見である。実際、西田の「場所」をキリスト教的に規定すれば、三位一体論的聖霊の働きの場となる。ひとこと付言すれば、ここで成り立つ西田の「絶対矛盾の同一」は実体的一ではなく、作用的一と解釈すべきであろう。(9)

次に、重層的統合体のモデルとしてはフラクタル構造が解りやすい。この構造はさらに「一即他」や「部分即全体」や「部分即部分」、すなわち大乗仏教的な縁起理解を表示することができる。ただしフラクタル構造は無限性をもつが、経験的世界には無限ということはないから、これはあくまでモデルであって現実の写像ではないけれども、モデルとしては有用であろう。さて読者には無限集合に馴染みのない方もおられようから、もっとも基礎的な解説からはじめることとする。

一から百までの整数の集合（有限集合）と、それとは別に、そのなかに含まれる偶数の集合があるとする。いうまでもなく、前者のメンバーの数よりも後者のメンバーの数のほうが少ない（前者は百個、後者は五十個）。数えなくても同じ数同士を線で結べば前者に残りが出る（奇数が残る）から、前者のほうがメンバーの数が多いことが解る。一般にある集合のメンバーと、それとは異なる集合のメンバーとを、一つずつ結合した場合（一対一対応させた場合）、どちらにも余りが出なければ、両者のメンバーの数は等しいと考えられる。

次に整数全体の集合を考える。ここには最大の数は存在しないから、これは無限集合である。次にこの集合に含まれる偶数の集合（これも無限集合である）を考える。するとやはり後者のメンバーの数の方が前者よりも少ないだろうか。そうではない。前者の任意の数Nに対して、後者には必ず2Nが存在する。逆もまた真である。だから前者のNと後者の2Nとを結ぶと、一方の任意のメンバーに対して他方に必ず一個だけの相手があるから、どちらにも余りはでない。つまり両集合のメンバーの数は等しい。こういいかえてもよい。Nの上に2Nを重ねると、両集合は完全に重なり合う。

さてフラクタル構造は図形で示される。例はそれこそ無限にあるが、もっとも簡単なものを挙げる。いま適当な大きさの正方形を考え、それを四等分してみる。各辺の中点と、それに向かい合う辺の中点とを結べばよい。こうしてできた四つの正方形のそれぞれを同様にして四等分する。こうしてできた十六の正方形のそれぞれをさらに同様に四等分する。このような操作を無限回繰り返してできた図形を想定する。

さてはじめの正方形と、それを四等分してできた二番目の正方形ひとつとを比べると、後者は前者の部分であり、全体として前者に含まれる。しかし両者は完全に一対一対応する。直観的には、後者を四倍に拡大して（各辺を二倍に拡大して）前者に重ねてみればよい。両者はどこまでも完全に重なるのである。つまり後者は前者の完全な写像である。これは両者が無限回四等分する操作をした図形だからで、有限だったら前者には後者と重ならない部分が残るから、両者は等しくはない。

ところでこれは、我々の正方形のどの部分をとっても成り立つ関係である。任意の部分は全体の写像であり（部分即全体）、また任意の他の部分の写像である（部分即部分）。さらに全体を一とすれば、それは無限に多くの部分から成るから、一即多である。しかも多であるどの部分も一の完全な写像である。つまりフラクタル構造は、天台教学でいう「一即多」や華厳教学でいう「重々無尽の相即相入」、すなわち全体と部分、部分と部分とが無限に映し合う関係のモデルとなっている。ところで第二章第一節（九〇頁）で、人間が個即人類として把握されるとき倫理が成り立つとしたが、人類共同体は実際、統合・フラクタル構造のモデルによって、「個即人類」であることが示されるのである。

さて我々の図形の一部をとると、どれも多から成る一だから、それぞれを統合体の比喩とみなすことができる。するとまず全体が統合体の比喩であり、さらにどの部分も同様に統合体の比喩だから、この構造は統合の無限の重層性を示すこととなる。全体は統合体の統合体のそのまた統合体……となるわけだ。但し統合モデルでは個とその極性、さらに個と個、個と全体のダイナミックな関わり合いが表現されるが、フラクタル構造モデルでは重層構造は示されても、主体的で自由な個の働き合いは表現されない。

いったいモデルというものは、それぞれがオリジナルの一部一面しか表現できないもので、だから我々は人格の共同体について説明するとき、個の主体性と関係性は統合モデルで、個と個、個と全体が映し合う関係はフラクタル構造で示せば便利だということになる。個と個、個と全体が実際に映し合うのは、両者間にダイナミックな関わり合いがある場合だが、この関わり合いは静的フラクタル構造のモデルには示されていない。しかし「関わり合い」は「映し合い」だから、ここに両モデルには結合点があるわけである。

さらにいえば、神―人関係には人格関係のモデル（これはモデルである）で示される面があり、この場合、神自身が極として表象される。一般に神―人関係を語るためには複数のモデルが必要なのである。これをモデルではなく記述（写像）と解すると、そこには不合理な矛盾があるようにみえてくるのである。

「映し合い」についてはさらに説明が必要かもしれない。一般に極と極とが関わり合うとき、その関わり合いの、いわば痕跡をみずからのうちに残すのは以下のようなわけである。すなわちもし極と極がお互いに作用を及ぼし合いながら、区別はできるが切り離せない系として存続するとしたら、一方は他方からの作用を、何らかの意味で自分自身の存立条件ないし構成要素に転換しているのに違いないのである。もし働き合いがなければ両者は極とはいえない。また一方からの働きかけが、ただ他方を一方的に変えるだけだったら、一方は他方を変質させ、破壊にまで到らせかねない。だからもし自己同一性を保持する極同士がダイナミックに働き合っているとしたら、それぞれが相手からの働きを自分自身の存立条件ないし構成要素に変換しているに違いない。さもなければ両者は互いに無関係となるか、あるいは単に敵対的に対抗するだけで、極同士の関係は失われる。私はこのような働きかけとその変換を、フロント構造と呼んだ。(10)

このようにして、この転換はそれぞれのなかにその痕跡を残すから、極同士が互いを映し合うことになり、フラクタル構造がそのモデルとなるようなシステムとなるのである。よってここで簡単にフロント構造の説明をしておきたい。

フロント構造とは、第一に「何かのフロント」との出会いが、当の「何か自身」との出会いであること、第二に、自分と出会う他者のフロントが、自分自身の構成要素に転換されることを意味している。たとえば私が誰かと電話で話すとする。すると受話器から聞こえてくる声は相手のフロントだが、そこで私は当の相手自身と出会っているわけだ。ここでごくごく日常的な例をあげよう――我々の生活はこのような些細なことの積み重ねだから。さてその電話で私は何か買ってくるように頼まれたとする。するとそこでなされる私の買い物行動は、私の行動でありながら、相手の依頼が私の行動の構成要素となっているようなものになる。

やがてこのような関係の積み重ねは次第に自分のなかに相手を映す結果となるだろう。たとえば私は、頼まれなくてもすすんで買い物をするようになるだろう。この「すすんで」が大切なのである。というのは、ただ他者にたのまれて買い物をするだけでは、関係は――大袈裟にいえば――命令と従順という一方的な関係になってしまって、他者の働きかけを、私が自分の自由な主体的行為に転換するということにはならない。このように相手の語りかけ、促しを自分自身の主体的行動に転換する関係、相手から学んだことを自分自身の思考の一部に転換する関係、一般に相手のフロントを自分自身の構成要素に転換する関係を、フロント構造と呼ぶのである。

これは前述のように極同士の関係である。この構造は「語りかけと応答」の関係、つまり人格関係一般にみることができる。語りかけも応答もあくまで当人自身の行動であるが、同時に他者との関係を含んで成り立つことだからだ。相手との関係が自分自身の構成要素となっているから、相手のフロントが自分の行動の契機に転換されるのである。

フロント構造は生体内でも、たとえば心臓と肺臓との関係について確認できる。心臓から肺に流れ込む血流は心臓のフロントとみなしうるもので、さらに肺はこの血流を自分自身の働きの一部としているからである。そうでなければガス交換はできない。さらに物質界でも、たとえば陽子と中性子は中間子をやりとりして結合しているといわれるが、これは陽子と中間子の間のフロント交換とみることができる。一般に極同士の関係がフロント構造をなす場合、もっとも安定したシステムが出来るはずで、これが統合体であると考えられる。

以上のようにフロント構造は客観的にも観察できる。つまり記述言語の世界でも確認しうることだが、自分自身が極であるということは、まずは直接経験Bで成り立つ自覚において成り立つ自己認識であって、ここからして人間同士の関係一般は極同士の関係であると考えられる。しかし厳密には、これは自覚を他者に投影した信念である。だからここからして、この構造を客観的事物同士の関係に及ぼすときは、それは実際に検証された限りで正しいといえる、認識である。いいかえれば表現言語の世界から記述言語の世界への飛躍は、検証される限りで是認される事柄である。

註

(1) 阪田寛夫『どれみそら』河出書房新社、一九九五、一四〇頁以下。

(2) 本節については八木『宗教の言語・宗教と言語』第三章を参照されたい。

(3) ロマーン・ヤーコブソン著、川本茂雄監訳『一般言語学』(みすず書房、一九七三)一八三頁以下参照。

(4) オースチン著・坂本百大訳『言語行為』(大修館書店、一九七八)。

(5) ブルトマン著・八木訳『イエス』(ブルトマン著作集6、新教出版社、一九九二、一七三頁参照)

(6) 自己への目覚めはキリスト教信仰が(直接経験BとCとの結合という仕方で)伝えてきたところである。しかしこれはキリスト教だけが知っていることではなく、仏教には仏教の方法が——禅宗には禅宗の(直接経験A+C)、浄土教には浄土教の(直接経験C)伝統と方法が——ある。また、特定宗教によらない心理学的方法もある。諸富祥彦『人間形成における「エゴイズム」とその克服過程に関する研究』（風間書房、一九九四）、同『カウンセラーが語る自分を変える哲学』（教育開発研究所、一九九六）、同『むなしさの心理学』（講談社現代新書、一九九七）参照。宗教的伝統によらない哲学的・教育学的方法の開発は現代においてきわめて重要である。ただしこの出来事は心理の領域にとどまるものではないから、より広い観点から捉える必要があろう。

（7）上田閑照は『場所』（弘文堂思想選書、一九九二）で、むろんキリスト教的言語を使ってではないが、基本的に同様な思想を展開している。人間は世界においてあり、世界は場所においてである、という。

（8）それに対して、自己と自我との関係は、不可分・不可同であるとともに基本的に不可逆である。滝沢克己の神・人関係を言い表す定式「不可分・不可同・不可逆」（第一章第七節参照）は、この意味で納得できる。ということは、自己において神と人は一だが、自己と自我は一ではなく二となりうるということである。

（9）小野寺功『大地の神学』（行路社、一九九二）。

（10）八木誠一『フロント構造の哲学』（法藏館、一九八八）。

付論

拙著『聖書のキリストと実存』（新教出版社、一九六七）以来私は「統合」ということを論じてきたが、最近になって、統合ということは近頃よく話題になる「複雑系の自己組織」といわれることと近いのではないかと感じていた。この感想は間違いではなかったようである。濱口恵俊『日本研究原論』（有斐閣、一九九八、二六二、三〇〇頁）、同（編著）『日本社会とは何か—〈複雑系〉の視点から』（NHKブックス、一九九八、二七—二九頁）によると、私のいうフロント構造は複雑系における諸要因の相互作用とみなしうるようである。

第五章　例証——イエスの言葉に即して

はじめに

以上の論述のまとめとして、本章ではイエスの言葉が自覚の表出として理解されることを例示してみたい。さて「福音書に描かれているイエス」と「歴史のイエス」との違いは、いわば「大乗仏典に描かれている釈尊」と「歴史上の人物としてのゴータマ・ブッダ」との違いに匹敵する。福音書はイエスこそ救済者であると主張し、イエスをそれぞれの福音書の意味での救済者として描いている。共観福音書によると、イエスは常人とはまったく異なった存在であり、奇跡を行ない、悪霊を追放し、病人を癒し、神の国の福音を説き、律法学者と問答し、律法の真意を教え、十字架につけられて死に、埋葬されたのち復活した。これらの記述のうち、どれがどこまで歴史的事実を伝えているかについては、二百年にわたる研究の積み重ねがある。

共観福音書を史料として歴史のイエスの姿を批判的に再構成する方法を、ここで詳述することは出来ないが、ごく簡略化していうとほぼ以下の通りである。まず奇跡物語と聖者伝説（誕生物語、試誘物語、空虚な墓の物語など）は本書第一章で述べたように、一般にある人間を神秘として経験した人々がその経験を表現し伝達する手段であって、客観的記述ではない。したがって、これらをそのまま史料として用いることは出来ない。またイエス後の原始キリスト教のキリスト宣教とまったく一致するイエス像（たとえばマルコ8・31の死・復活予言、10・45のイエス到来の意味）を述べる言葉は、イエスの思想ではなく原始キリスト教のキリスト理解を反映していると考えられるから、これも史料から除く。さらに福音書は、多かれ少なかれ原始キリスト教とユダヤ教が対立している状況の中で書かれたので、福音書に登場する律法学者やパリサイ人はイエスの敵対者として描かれることが多く、特にヨハネ福音書では「ユダヤ人」は真理の敵として現れる。したがってこれらがユダヤ人の実像であると速断するのは避けた方がよい。

するとなお史料として残るのは、イエスの受洗物語、受難物語とイエスの言葉（論争のなかで語られたものを含む）が大部分であるが、イエスの言葉を問題とする場合、これを全体として理解する視点を求めることが重要である。個々の言葉を中心として、他の言葉をその言葉から理解する方法は、特定のイエス理解に偏る危険があるからである。

さて前述のように、我々は本章でイエスの言葉を直接経験（直接経験B・C）の表出として理解する。換言すればイエスの要求・約束言語（「命令」）は、自我に対する命令としての「倫理」ではなく、「自己・自我」ないし「〈自己・自我〉の自己」のあり方を表出するものである。要求・約束言語であっても、それは表現言語内の要求・約束的要素である。記述言語についても同様である。イエスの「命令」は倫理、つまり自我に妥当する規範としては実行不可能で、したがって無意味である。またイエスの終末論も客観的事態の予言（純粋の記述言語）ではない。「神の国」は「神の支配」が貫徹したときにそれがとる形、換言すれば、単なる自我ではない自己・自我としての人間が――個人また共同体として――本来とるはずの形を極限的に表出したものと解される。

イエスと原始教団は、終末の到来は切迫していると考えていたのだが、終末は客観的には到来しなかった。だから終末論は、予言としては事実によって反証されたのである。何らかの理由によって終末の到来が無限に引き延ばされていると考えるのは無理である。それだけに我々は今日、イエスの言葉を、いきなり記述言語あるいは自我に対する要求・約束言語としてではなく、まず表現言語として、つまり本来自己・自我である人間が実際に自分自身を自己・自我として自覚した、その自覚の言い表しとして、理解することになる。(1)

第一節　イエスにおける出会いの直接経験

イエスには——ユダヤ教・キリスト教的伝統一般でもそうなのだが——主・客直接経験はみられない。しかし人間関係における無反省な記号化と記号内容の読み込み——その代表は差別である——は完全に克服されている。ここで「無反省な記号化と記号内容の読み込み」というのは、すでに述べたように、以下のようなことである。一般に記号とは記号表現と記号内容が結合したものだが、我々は何かを認知するとき記号を用いるのであって、それはどういうことかというと、その「何か」を特定の記号の記号対象と認めるのである。「あれは犬だ」というとき、我々は「あれ」を犬という既知の記号の指示対象と認めるわけだ。その際、「犬」という記号表現はその記号内容（「犬」に関する社会的通念）と結合しているから、「あれ」はその通念にしたがって了解されることになる。それはまさに通念であるから、その理解は当の言語社会では何の抵抗もなく通用する。

換言すれば、我々は認知に際して記号内容を指示対象に読み込むのであって、それは実は通念の読み込みにすぎないのに、したがってそれが正しいとは限らないのに、そのように認知されたものは当該言語社会では、通念にしたがって了解され、それだけではなく、それに従って扱われるのである。指示対象は、記号内容のとおりのものであって、それ以外のなにものでもないものとして扱われるのである。

ある集団が自分たちを「我々」として記号化し、他の特定のグループを特定の仕方で記号化するときも、上記のことが起こる。そして差別とは以下のような記号化である。差別する側は「我々」を区切り、記号化して、その記号内容に「優秀、清浄、善」というような規定を含め、差別される側を特定の仕方で記号化して、その記号内容に「劣悪、不浄、有害」というような規定を含める。ということは、それぞれが差別者側の言語集団で、実際にそのようなものとして通用すること、「我々」は差別される集団を実際に「劣悪、不浄、有害なもの」として扱うということである。

そもそも我々は、出会う人間にどのように反応するかというと、その反応はその人間が実際に何であるかにはよらず、その人が当の社会で何として通用しているか、どう思われ評価されているかによるのである。「優秀、清浄、善」とされている人間、また「劣悪、不浄、有害」とされている人間は、それぞれが実際に何であるかとはまったく無関係に、そのような人間に見え、思われるだけでなく、そのような人間として扱われてしまうのだ。こうして差別集団の自己中心化、被差別集団の周辺化が成立する。したがって差別の根本には——実はこの可能性は記号化一般にあるのだが——無反省で一方的な「読み込み」が存在する。

そもそも記号化は、正しい場合でも記号化されるものの一部、一面しか言語化し得ていないものである。さらに「我々」が第三者を記号化するということは、すでにその第三者を自分たちの世界に既知のものとして取り込み、それを自分たちの立場から処理・管理する、ないし支配・利用するという姿勢を含むものである。換言すれば「我々」は、当の第三者を物象化しているのだ。この場合、人格関係は損なわれることとなる。人間はいかに親しい関係でも相手を知り尽くすことはありえない。人格の中心には神秘がある。もともと相手を既知のものとして一方的に支配・管理・利用することは間違っているし、許されもしないのである。

自分たちは義人であると確信して他の人々を見下げている人たちに（イエスは）以下のような譬えを語った。

二人の人が祈るために神殿にのぼった。ひとりはパリサイ人で、他は徴税人であった。パリサイ人は進み出て心のなかでこう祈った。「神よ、私がほかの人間のように略奪したり不正を行なったり姦淫したりせず、ここにいる徴税人のような人間でもないことを感謝します。私は週に二回断食し、全収入の十分の一を（神殿税として）納めています」
他方、徴税人は遠く離れて立ち、天を仰ぐことすらせず、胸を叩き続けていった。「神よ、罪人である私を憐れんで下さい」私は君たちにいう。神に義とされて家に帰ったのは、この徴税人であってあのパリサイ人ではなかった。（ルカ18・9―14）

この話は譬えであるから、イエスが実際に見聞したのか、あるいは「たとえばこういう二人があったとして……」と例話を作って語ったのかは分からないが、パリサイ人とは、律法を守ることが神に対する義務であり、ここに民族と個人の運命がかかっていると信じて、律法の研究と解釈、実際生活への通用に熱心に従事し、自分たちこそ神の民の中核であると自負していた人たちである。他方、徴税人とは、当時のイスラエルを支配していたローマに納める人頭税を、同胞のユダヤ人から徴収することを請け負っていた人たちで、請け負った以上の額が徴収されれば自分の懐に入れるということもあり、神の民共同体の外の人間と見なされていた。

さて右の譬えに登場するパリサイ人は、徴税人を単に徴税人としてしか見ていない。実際、当時教育もあり人格的にも申し分のないパリサイ人は少なくなかっただろうし、同胞をひどい目にあわせた「徴税人」もいたに違いない。しかしイエスはここで、あえて神の前での人間の自覚（自己了解）を問題とするのである。パリサイ人は、自分は神の民の中核と自負して、その立場から徴税人を「徴税人であって徴税人以外のなにものでもない人間」と規定する。この規定はこの人の本質のすべてを尽くしているから、神に対しても通用するはずなのである。したがってパリサイ人には、この徴税人が彼と同じく神の前に立つひとりの人間であることが見えていない。これも上記の意味での差別にほかならない。

それに対してイエスは、このように人間に社会的通念を読み込み、それをもってその人間の本質規定とすることに反対する。イエスには人――それが誰であろうとあるまいと――と神との実際の関係が問題なのであり、自分の罪を神の前で率直に認める人間は、そうでない人間より神との正しい関係にあるという。実際、自我としての人はいくら誇っても、むしろ誇れば誇るだけ、「自己」からみれば、神の前では罪人ではないか。そのような自我は実は自己に気づかず、他者（他己）との――記号化に媒介されない――出会いを見失っているのである。

また、この譬えのパリサイ人は、神と人、人と人との関係を正すはずの律法を、自分の義を誇る手段に転化していて、その結果彼においては神と人、人と人との出会いが損なわれているのである（直接経験Bの喪失）。その代わりに記号論的読み込みと記号論的倒錯が登場した。記号論的倒錯とは「律法は人間のためにあるのに、人間が律法のための手段となる倒錯」（マルコ２・27参照。マルコ２・28については後述する）のこと、さらに進んで「神―人」関係と「人―人」関係を正すはずの律法を、自分の義を立てる手段に転化する倒錯のことである。

さて記号論的読み込みからの自由は、人間のありのままとの出会い、すなわち記号化に媒介されない、自己と他己との出会いの直接性を示す。また記号論的倒錯からの自由も、人格との直接の出会いの回復を示している。両者は本書で直接性Ｂ（出会いの直接経験）と称するものである。これは「律法のような通念的義務、また人物にかかわる社会的通念的評価を第一に重視する結果、人格同士の出会いを見失ってしまうこと」のない出会いである。

多少文献批判的なコメントを加えておくと、この例話はルカ福音書にしかない。また「義とする」という動詞は、福音書のなかではルカに多い（マタイで二回、ルカで五回）。したがって上記の例話の導入部の「義」人、結びの「義とされて」には、福音書記者ルカの手が加わっている可能性がある。いずれにせよ「義とされる」は「律法的に完全と見なされる」ことではなく、「神との正しい関係にある」という意味に解されるべきである。

14節後半「すべてみずからを高しとするものは低くせられ、みずからを低しとするものは高められる」は、ルカの編集句と考えられる。ここにはルカ１・51―53などに見られる、ルカ特有の価値観が現れているからである。言い換えればここには「弱者の選民性・特権性」とでもいうべき価値観――ニーチェが弱者のルサンチマンと称した価値の転倒――が見られる。これは事柄上は逆差別だが、右に引用した伝承の中心的部分には逆差別は存在しない。一般にイエスは、人は「罪人だから」――自分の罪を認めなくても――神に義とされるといっているのではなく、神への人間のかかわり方を問題としているのである。

当時神の民共同体から排除されていた人間をイエスが受け入れたのは重要な事実である。しかしそれは、彼らが神の民共同体の外の人間と見なされていた「から」ではなく――これは逆差別である――イエスは差別からも逆差別からも自由だったのだと、私は理解している（マルコ3・31―35参照）。しかしイエスは実際上、上記のように、自分は義人だと自負している者ではなく、罪人だと自覚している人を招くことになった（マルコ2・16―17。これは原始教団のイエス理解を示しているがイエスの実像を反映していると思われる）。それなのにそれは原始教団において逆差別に転化して、後代に引き継がれることがあるのである。

イエスにおける出会いの直接経験をよく示すのが「善きサマリア人の譬え」（ルカ10・30―37）である。この譬えは永遠の生命への問い（ルカ10・25―29）と結びつけられているが、この結合はルカによるのであろう。この問答はもともと独立の伝承なのである（マルコ12・28—34、マタイ22・34—40参照)。しかしルカによる編集はイエスの真意を損なわず、かえって明らかにしていると思われるので、以下に永遠の生命をめぐる問答を含めて引用する。

すると見よ、ある律法学者が立ち上がりイエスを試みていった。「先生、何をすれば永遠の命が受けられましょうか」。イエスは彼にいった。「(律法書には) 何と書いてあるか。あなたはどう読むか」。彼は答えていった。「主なるあなたの神を心をつくし、命をつくし、力をつくして愛しなさい。また、あなたの隣人をあなた自身のように愛しなさい (とあります)」。するとイエスはいった。「正しい答えだ。その通りにすればあなたは生きる」。するとこ彼は自分 (の問い) を正当化しようとしてイエスにいった。「では私の隣人とはだれのことですか」。イエスは (この問いを) 受けて語った。

「ある (ユダヤ) 人がエルサレムからエリコへ下っていて強盗に襲われた。強盗どもは剝ぎ取り打ち傷を負わせ半殺しにして立ち去った。たまたまひとりの祭司がその道を通ってその人を見たがよけて通り過ぎてしまった。同様にひとりのレビ人 (下級祭司) がその場所に来合わせたがよけて通り過ぎてしまった。さて (元来ユダヤ人と同族であったが、当時はユダヤ人から差別され交わりを絶たれていた）サマリア人が旅の途次この人のところへ来て、見てかわいそうに思い、近づいて傷にオリーブ油とブドウ酒を注いで包帯を巻いてやり、自分のろばに乗せ宿屋に連れていって介抱した。翌日二デナリを出して宿の主人に渡していった。「この人の世話をしてやって下さい。もし費用がかさんだら帰りがけに私が支払います」。この三人のうち強盗に襲われた人の隣人となったのはどの人か」。律法学者はいった。「憐れみを施した人です」。イエスは彼にいった。「行ってあなたも同じようにしなさい」。

律法学者は典型的な律法主義者として描かれる。彼は隣人のことではなく――永遠に生きるために――律法を厳密に守ることを第一に考える。すると隣人愛を命じる律法を正確に行なうためには、誰が隣人であるか、定義が必要となる。定義に合う人間（すなわち記号の指示対象）が隣人愛の対象となるわけである。当時「隣人」とは常識的に、同じところに住んだり、宗教的行事や仕事で一緒になったりして、互いに知り合っている人のことだった。特に定義するまでもなさそうだが、この問い――ルカが以下の譬えと結びつけるために律法学者に提起させたのであろう――は律法主義的思考を際立たせている。

さて譬え話にはさまざまな人が登場する。強盗にとってはたまたま出会った人間は獲物でしかない。祭司とレビ人はともに神殿で神事に携わる人たちだが、ここにわざわざ祭司を登場させるところに、イエスの神殿批判を見ることもできよう（マルコ11・15―17参照）。彼らは倒れている同胞をみても、自分の関心事を優先させたらしく、よけて通り過ぎてしまう。最後に来合わせるサマリア人は、当時ユダヤ人から差別されていたにもかかわらず、逆差別の念がない。本当は放っておきたいのだが、神に命じられているから仕方なしに助けるというのでもない。「かわいそうに思って」は、自分のことも神のことも忘れた自然な動機づけを示す。彼の行動は律法主義もエゴイズムも介在しない、出会いの直接性から出るのである。

ところでこの動機づけはルカ15・20にも用いられていて、福音書中イエス以外の人について用いられるのは、他にはマタイ18・27だけである。もしこの語がルカ的といえるなら、これを削除して読んでみることもできる。すると、かのサマリア人は、倒れている人をみると（かわいそうに思うひまもなく）思わず駆け寄るのである。気がついてみたら手当をしていたというわけだ。この方が直接性をよく表現している。

さてイエスと律法学者の問答の状況にかえると、イエスは、律法学者の問いにひきずられて隣人の定義を与えるようなことをしていない。イエスは隣人になれというのである。この意味での隣人とは、他人ではなく自分のことである。他者と一緒にいる自分のことであり、自分の隣人性は必要に応じていつでも発動されるというのである。問題は自分の主体性である。私が他者とともに生きるのは律法に命じられたからではなく、単に自分の損得のためでもない。隣人性とは人間性そのものに属することだといっても間違いではなかろう。

ただし人間性とは、イエスの意味では、後述のように「神の支配」と「作用的一」をなす人間性、我々の言葉では「自己」のことである。単なる自我には「隣人を自分自身のように愛する」ことは不可能である。自分と他者とを分けるのが自我だからである。自我は、私は私であって他者ではなく、私のものは私のもので他人のものではない、と考える。しかし人間同士は自己において不可分・不可同の一である。そこに同じ神の働きがあるといってもよい。その働きとは人と人をかかわりのなかに置き、結ぶ働きである。これは新約聖書では神から出る愛とよばれる（Iヨハネ4・7）。

ところでイエスの言動は、ひどく非常識なのに自然にみえるという矛盾した性格をもっている。非常識というのは分別的自我にとって非常識ということであり、自然というのは「自己」にとって自然ということである。厳密にいうと、自己に発することだから自己・自我の自己にとっては自然なのである。右の譬えにおけるサマリア人の行動もそうだ。この人は、ふだん自分たちを差別蔑視してつきあおうともしない仇敵同然のユダヤ人が倒れているのをみて、いい気味だとも思わず、自然に憐れみの情に満たされるのである。敵に対して自然に憐れみの心を抱くのは「単なる自我」のよくするところではない。これは「自己」の働きである。善きサマリア人の行為への共感も自己から出る。この意味で、もし「自己」とはどういうものかと問うならば、かのサマリア人に共感し、ここに人間性の自然をみるようなものだと答えることができる。

第二節　イエスにおける自己

「時は満ちた。神の国は近づいた。回心して福音を信じなさい」（マルコ1・15）。この言葉はマルコがイエスの宣教を要約したものであろう。さて事柄上、回心（メタノイア）とは過去の悪行を悔い改める倫理的行為のことではない。イエスにとって大切なのは人間が単なる自我としてのあり方から自己・自我としてのあり方に転換することであって、回心というならこれが回心である。これを主としてイエスの律法理解についてみてみよう。

律法を守ることとそのことが何よりも重要となるとき、律法主義が成り立つ。このとき、律法は他律的な命法となるが、このような律法を守るのは自我である。逆にいうと律法を守る行為は自我を立てる。それは、自我とは言葉を用いるものであり、だから言葉を語ることが自我を立てるのと同様である。さらに律法主義の場合、エゴイズム的自我が自分自身を立てるために律法を利用することがある。さきに述べた「パリサイ人と徴税人の譬え」におけるパリサイ人がそうであった。このとき自我にとって、律法が何よりも重大な関心事となる。それは律法を守るか守らないかによって、自我が立ちもし倒れもすると思われるからだ。

こうして律法を守ることが人生の意味となり自己目的となるだけ、人は律法に魅入られるかのように、律法の虜となるのである。このとき人は申し分なく律法熱心であるようにみえる。実際そうなのだが、この人の場合、実は律法熱心となればなるほど単なる自我を強化する結果となる。本章の枠内で詳論することはできないが、これはパウロがローマ7・7―24で語った事態にほかならない。

律法主義的自我は、結局は自分自身に関心を集中していて、自分自身を眺めては他人と比較する（ガラテア1・13―14参照）。すると人の心は自惚れや高ぶり、あるいは絶望や嫉妬に満たされるのである。パウロによるとこれらは死に価する罪である（ローマ1・29―32参照）。これは自分自身の義への激しい欲望、エピテュミア（貪り。ローマ7・7参照）であり、この状態は人が「もはや私は自分自身を裁かない、私は自意識から自由となった」といえるようになるまで続くのである（Iコリント4・4参照。第4節の ouden syoidaとは、「私にはやましいところがない」という意味ではない。これでは自分自身を裁いて是認したことになってしまう。symeidesis はここでは良心のことではなく自意識のことである。パウロはもう自分自身を眺めて喜んだり、高ぶったり、さては他人と比べたりするのは止めたといっているのである)。

イエスの立場から見れば、右のような律法主義者は、当人はそれと気づかないまま、本来のあり方から外れてゆくばかりなのだ。これではいくら律法を守っても——前述のルカにおけるイエスの言葉を借りれば——「神に義とされる」こともないし、「永遠の命を受ける」こともない。といっても律法を犯してよいというわけではない。それは当然のことながら、やはり悪である。すると人間が単なる自我である限り、「(「自己」抜きの)律法は守るも不可、守らぬも不可」ということになるが、実際イエスはそういうのである。

さてイエスが道に出てゆくと一人の男が走りより跪《ひざまず》いて尋ねた。「善き師よ、永遠の命を受けるためには何をしたらよいでしょうか」。イエスは彼にいった。「なぜ私を善き者というのか。神おひとりのほかに善き者はいない。戒めは知っているはずだ。殺すな、姦淫するな、盗むな、偽りの証しを立てるな、欺き奪うな、父と母とを大切にせよ」。男はいった。「先生、それなら私は子供のときからみな守って来ました」。

イエスは男を見つめて好ましく思い、彼にいった。「ひとつ足りないものがある。いって財産をみな売り払い、貧しい人に与えなさい。そうすればあなたは天に宝を持つことになる。それから来て私についてきなさい」。男はこの言葉を聞いて暗い顔になり、悲しみながら立ち去った。大金持ちだったのである。(マルコ10・17―22)

当時ユダヤ教徒の間では、律法を忠実に守ればやがて到来する神の国に入って永遠の命を受けられると信じる人たちがあった。この男がイエスに永遠の命への道を尋ねたのは、せっかくこう信じて日頃律法に忠実に生きてきたのに、イエスという教師が律法主義批判をしていると聞いて不安となり、イエスの考えを確かめに来たのかも知れない。はたしてイエスは、律法は守らなくてはならないが、律法を守っただけでは足りないという。永遠の命を欲しがっているのは、実はエゴではないのか。問題はそこにある。それは単なる自我の立場であって、それでは永生も単なる自我の永続と理解されてしまう。

財産のすべてを売り払ってついてこいというイエスの命令は、ここでも非常識である。しかしほんとうに永遠の命を大切にするなら、自我への執着を捨て、神の支配のもとに入ることをすべてに優先させなくてはならない。もしほんとうにそう思うなら、財産を処分してイエスについてゆくのが自然ではないか。しかしながら単なる自我は決してそういう気持ちになるものではない。

といっても、もし自我が無理やりそういう気持ちになろうとして克己し努力したら、その努力は自我を強化する結果になるばかりである。そういう自我は報いを欲しがることになろう（マタイ6・1―6）。神の支配がなによりも大切だと自然に思えるのは、自己の働きによるのである。自己が自覚されたときに人は自己・自我となるのである。律法主義に陥らず、自分の義を立てるために律法を利用することなく、律法に神の言葉を聞くのは、実はこのような自己・自我にほかならない。

君たちが百匹の羊を持っていたとして、そのうちの一匹がいなくなったら、誰が九十九匹を荒野に放っておいていなくなった一匹をみつけるまで探し歩かないだろうか。みつけると喜んで肩にのせ、家に帰って友人や近所の人を呼び集めていうのである。「一緒に喜んでくれ、いなくなった羊がみつかったから」（ルカ15・3―6。マタイ18・12―13参照）

この譬えで「迷える羊」を探し求める人は、神を暗示しているとも読める。ルカでは（神を代表する）イエスがその人である。しかしまた単なる人間関係の事柄ともとれる。

マタイはこの譬えを使って「兄弟」間の人間関係を基礎づけている。いずれにせよ「いったい誰が九十九匹を荒野に放っておいて……」といわれると、なるほどそうだ、誰だってそうするだろう、とふと思ってしまう。しかし、荒野には野獣も盗賊もいるだろうし、放り出された羊は四散しかねない。いったい九十九匹を放り出して一匹を探しにゆく人がいるだろうか。羊の群から一匹、二匹がたまたま離れることはよくあるだろうし、そういうとき羊飼いは連れ戻すのが常である。しかしこの譬えの状況はそういうことではない。見えなくなった一匹を探し歩くというのである。ここでもイエスの言葉は非常識であり、しかし自然である。

非常識というのは、計算し比較考量する分別（これは自我の能力である）にとって非常識なのである。しかし愛にとってはありうること、むしろ自然なことだ。愛はいなくなった一人のために、他のすべてを忘れる瞬間を知っている。それは自我ではなく自己に発する愛である。というより愛はもともと自己の働きなのである。それだけにイエスの言葉を倫理として一般化することはできない。このような愛がいきなり規範とされたら、秩序ある人間関係は成り立たない。しかしこのような愛なしには、人間関係は単なる損得の事柄となってしまうだろう。

人間は自己・自我である。生の深層と表層の両方にまたがっている。イエスは倫理を語っているのではなく、自己に語りかけ、自己を目覚めさせようとしているのである。イエスの言葉は倫理ではないが、このような愛なしには対人倫理も成り立つまい。このように、まず単なる自我にとっては、イエスの言葉は非常識で無意味にひびくのである。次に、漠然とながら自己に目覚めた人の場合——ここでは自己はまだ覆われ歪められたまま自我に働きかけている——イエスの言葉は、克己し努力して到達される高い倫理的理想にみえるものだ。

しかし第三の場合がある。イエスの言葉は自己・自我にとっては自覚の自然な表現である。もともと自己・自我である人間が、自分自身を実際に自己・自我として自覚するとき、イエスの言葉はその自覚の表出として、つまり本書でいう宗教の言葉として了解されるのである。厳密にいうと、イエスの言葉は自己・自我の自己から出るのである。その典型がいわゆる山上の垂訓の「反対命題」である。

昔の人に「殺すな、殺す者は裁きにあう」といわれた（すなわち律法を与えたモーセがこう命じた。以下同様）ことは君たちの聞いたところである。しかし私は君たちにいう。兄弟に腹を立てる者は裁きにあう。

昔の人に「姦淫するな」といわれたことは君たちの聞いたところである。しかし私はいう。貪りの心をもって女を見る男はすでに心の中で姦淫したのである。

昔の人に「偽り誓うな。主に誓ったこと（あるいは主の名で誓ったこと）は主に対して果たせ」といわれたことは君たちの聞いたところである。しかし私はいう。一切誓うな。天にかけても誓うな。神の御座だからだ。地にかけても誓うな。神の足台だからだ。エルサレムにかけても誓うな。偉大なる王の都だからだ。頭にかけても誓うな。君には髪の毛一本白くしたり黒くしたりすることもできないからだ。

「目には目を、歯に歯を」といわれたことは君たちの聞いたところである。しかし私はいう。悪しき者に手向かうな。右の頰を打つ者にはもう一方の頰も向けてやれ。

「隣人を愛し、敵を憎め」といわれたことは君たちの聞いたところである。しかし私はいう。敵を愛し、迫害する者のために祈れ。君たちが天にいます父の子となるためである。（天の父は）邪悪な者にも善良な者にも太陽を昇らせ、正しい者にも不正な者にも雨を降らせる。（マタイ5・21―45。抄訳）

反対命題というのは、ここでイエスはモーセに基づく伝統の権威に対抗して語っているからである。福音書記者マタイはこれらの言葉を、ユダヤ教に対立して自己主張をはじめたキリスト教団の倫理、つまりキリスト教倫理として述べている（5・17―20）。実際キリスト教徒は、しばしばここに人類最高の倫理を見たのである。しかしこれらの言葉を倫理として守ることのできた人間は——当然のことながら——かつて存在しなかった。したがって、これは人に罪を自覚させ十字架の信仰へと導くための律法（ローマ3・19—20、ガラテア3・21—25参照）と受け取られたり、この世ではなく神の国で妥当する倫理と考えられたり、日常生活ではなく終末を目前にした非常時に妥当する倫理と理解されたりしてきた。しかしイエス自身はどこでもそういうことはいっていない。

実はこれらは「自己」の言葉である。もっとも自己とは「自己・自我」の自己のことである。自我抜きで自己が単独に語ることはありえない（以下同様）。まず自分自身を自己・自我として自覚した人間は（「自己・自我」の）自我として語ることができる。たとえば上記の「なぜ私を善き者というか。神おひとりのほか善き者はいない」（マルコ10・18）というイエスの言葉がそうである。もちろんイエスは自己・自我として語ることもできたし、実際、イエスの多くの言葉は自己・自我の言葉である。上述の「善きサマリア人のたとえ」がそうであり、また「神の意思を行なう者が私の兄弟姉妹である」という言葉も同様である（マルコ3・34—35参照）。「善きサマリア人」の行為はたしかに自己から出ている。しかし、宿の主人との関係には、社会生活を営む自我、あるいは日常生活や日常的人間関係における自我（自己・自我の自我）の姿が語られている。

さらにイエスは、自己・自我の自己として語ることもできた。イエスだけではない。たとえば久松真一は「私には煩悩はありません」といった。これは大変な言葉である。もし単なる自我がこういったら正気の沙汰ではない。しかし自己（久松のいわゆる無相の自己。イエスの言葉を借りれば神の支配が及んでいる限りでのひとの心）には実際煩悩はないし、たとえ悩んでもそれは煩悩とは異なる。(2)

久松真一はまた、私との対談の折に「私は死にません」と語った。この言葉も同様である。ただしこれは、「自己」がプラトンのプシュケー（心魂）と同じ意味で不死だということではない。可死的な肉体の中に不死の心魂が宿っている、というのでもない。禅語で用いられる名詞は多くの場合、前章（第五節）で述べたように、実体を指示するのではなく、もともと動名詞であって、働き・動態を意味するのである。自己として働く法は永遠だというのだ。だから久松はまた別の時に「私はいつ死ぬかわかりません。私が死んだら、あなたのなかの私と対話して下さい」ともいった。これは（可死的な）個我と一つになった自己の言葉であると、私は了解している。

さて法律である限りの律法は、当然客観的に確定可能な外面的行為を問題とするのだが、イエスは「対立命題」で内面性を問題にしている。これはもともと法律ではありえない。といって、イエスの言葉は内面性の「倫理」でもない。姦淫云々の言葉は、人間の意志の及ばない領域にかかわっている。一般に意志にとって実行不可能な倫理は無意味である。無意味であるばかりではない。「悪しき者に手向かうな」というような言葉を社会倫理として守るのは、社会にとって有害かつ危険である(マタイ20の「ブドウ園の労働者の譬え」も同様)。

内面性とは「自己」の意味である。パウロはこれを「内なる人」といった(ローマ7・22。7節―24節で律法主義のあり方を述べているパウロはこの箇所で突然、律法主義者には見えない、人間の自己の「声」を挿入し、自己として語っている。またⅡコリント4・16参照。この箇所での「うちなる人」は事柄上、ガラテア2・20の「わたしのなかに生きるキリスト」と同じものである。これを内なる「人」といっているのは注目に価する)。

自己の言葉とは以下のような意味である。我々は確かに怒る。そして怒りは殺意を生む。しかしイエスは「怒ってはならない」とはいっていない。「怒る者は殺人者と同様、裁きにあう」というのである。人間が進化を遂げた長い間、仲間と共生してきた歴史が深く人間の身体(自己)に刻み込まれているのであろう。あるいは、逆に人間の身体に刻み込まれた本性は――我々の日常生活では隠れているが――仲間との共生に運命づけられているともいえる。

いずれにせよ、人間同士は怒っても憎んでも、自己の深みでは兄弟をともに生きる相手として受容しているものである。それは自己の働きが自覚されるときに明らかとなるのであって、倫理的訓練や努力とは関係がない。無限の赦しの可能根拠も実はここにある（マタイ18・21―35参照）。単なる自我にとっては見返りなしに他人を赦すことは極めて困難、むしろ不可能である。

魅力的な異性を見れば誰でも心が動く。当然のことだ。しかし自己の深みでは同時に性の関係を超えた人格関係（共に生きること）が成り立っている。神の国では人間は天使のようになって、娶ることも嫁ぐこともない（マルコ12・25）とはこの事実に基づいていわれたのであろう。男にはありがちのことだが、異性を単なる性対象として見るのは間違っているということだ。秩序ある社会生活には約束をすることも守ることも不可欠である。しかしつきつめて考えてみれば、約束を必ず守るためには大袈裟ではなく、歴史を予測して、さらには自分の欲するままに動かすことができなければならない。しかし自己は、世界も人間も自分を超えた力、予測不能、管理不能な力に動かされていることを心得ている。世界と歴史は神の働きの場なのだ。

「目には目を、歯には歯を」という等価の法則は理性的である。しかし、もしかならず等価の報復をしなければならないとしたら、報復のし合いは終わることがないだろう。自分に等価とみえることは、相手には等価とは思われないものである。報復とは、相手の自分に対する行為が、自分の相手に対する行為を決定することである。ここには行為の決定論がある。しかし自己は自由である。自分の行為は、相手の自分に対する仕打ちによって決定されるものではない。「右の頬を打たれたら左の頬をも向けてやれ」とは、相手に拘束されない自己の主体的自由を示している。それに対して、もしこれが単なる自我に対する命令なら、田川建三のいうとおり、被抑圧者の「逆説的反抗」であるほかはない（「そんなに殴りたきゃあこっち側も殴らしてやらあ、この野郎」といってやれ）[3]。

自由にはさまざまな現れ方があるはずだ。「愛敵」については、「善きサマリア人の譬え」ですでに述べた通りである。このような愛は、自我ではなく自己に根差すものであって、「愛は神から出る、だから愛する者は神を知る」（Ⅰヨハネ４・７）という言葉は、このような愛について語っているのである。この愛は人間の愛でありながら、神と「作用的一」をなす。神は愛だが、愛は「神」そのものではない。

自己は神秘であり聖なるものである。神の国に入りたければ全財産を売り払って私についてこい（マルコ10・21）といえる「私」は、自我ではなく自己である。自我としては「なぜ私を善き者というか」というイエス（マルコ10・18）が、自己としてはすべてをすてて私についてこい、というのである。「自分の命を救おうと欲するものはそれを失い、私のため福音のために命を失う者はそれを救う。全世界を手に入れても自分の命を損なったら何になるか」（マルコ8・35―36）。この言葉は迫害を暗示する34節のあとで語られていて、そこには「十字架」という言葉があるから、これらの言葉は現形では、イエスの死後原始教団で成立したものであろう。「福音」という用語はマルコ的である（1・15参照）。しかしこの言葉はもともと、あくまで自我を守ろうとする人間は自己を知らないままに終わるが、自我に死ぬ者は自我・自己として自我をも取り戻すと語っている。これはパウロがローマ6で語り、禅にも「懸崖に手を撤して絶後に甦る」いわゆる大死と復活としてよく知られている実存的転換の事態である。したがって「私のため」の「私」（35節）は、後代の挿入でなければ自己のことである。自我に死ぬ者が、自己・自我として自分の命（本来性）を救うというのである。

右に引用した句に続いて「神に背き（直訳では淫行の）罪深いこの代で私と私の言葉を恥じる者は、人の子が父の栄光をまとい聖なる天使を率いて到来するとき、これを恥じるであろう」（マルコ8・38）と語られている。さてイエスは（自我ではなく）自己のこと（個的自己ではない、集合的自己）を、当時の言葉で「人の子」といったのだと私は考えている。「人の子」とは（マルコ8・38に明らかなように）当時の終末論に現れる形姿で、身分上は神の子、世の終わりに天から降臨する審判者＝救済者である。

福音書のイエスは「人の子」について語っているが、福音書に現れる「人の子」語句の問題についてここで詳論することはできない。通説的な理解を紹介すると、「人の子」語句には三種類あって、第一は終末時（将来）に現れる「人の子」について語るもの（マルコ8・38など）であり、ここでイエスは三人称で人の子について語っている。つまりイエスは人の子を自分と区別している。第二はイエスの受難・死・復活の予告に現れる「人の子」で、人の子とはイエス自身のことである（マルコ8・31など）。第三は現在この世で働いている人の子にかかわるもの（マルコ2・10など）であり、イエス自身を意味するように見える。

さて第二のものはイエスの死後成立した事後予言であって、イエス自身の言葉ではない。イエスと人の子を単純に同一視した原始教団が、生前のイエスに語らせたものである。第三のグループに現れる人の子は、元来はアラム語で「人間」のこと、場合によっては「私」の意味であった。つまりアラム語を語ったイエスは、「人の子」を単に一人称単数あるいは「人間」の意味で使ったのであって、特に自分が終末時に現れる神の子であることを暗示したわけではない。イエスの言葉が原始教団でアラム語からギリシャ語に翻訳されたとき、それが「人の子」と直訳されたので、終末的形姿の人の子と混同されることになった。したがって、もし人の子語句にイエス自身に由来するものがあるとすれば、それは第一のグループの中にあるといわれる。

さて「神に背き（直訳では淫行の）罪深いこの代で私と私の言葉を恥じる者は、人の子が父の栄光をまとい聖なる天使を率いて到来するとき、これを恥じるであろう」（マルコ8・38）は第一のグループの言葉であり、イエスの言葉であっても不思議ではない。そうだとするとイエスは、ここで自分と人の子を区別しながらも、自分自身を人の子の代表として理解している（作用的一）。すると第三のグループのなかにイエスの言葉があったとしても、やはり不思議ではない。たとえば「人の子は安息日（律法一般に拡張解釈できる）の主である」（マルコ2・28）がそうである。「人の子」とは我々の用語では「自己」のことであり、イエスは「自己」を、当時の言葉で「人の子」と呼んだと考えられる。

実際、「人の子」が一方では神の子であり、他方では——イエスの言語であるアラム語では——「私」あるいは「人間」を意味したとすれば、「自己」を指すためにこれほど適切な言葉はない。「自己」（個的自己ではない、集合的自己。個的自己とは個々の信徒のなかに生きるキリスト。ガラテア2・20参照。集合的自己とは、教会の全体がキリストのからだといわれる場合のキリスト。Iコリント12参照。信徒に内在するキリストは、同時に、教会がそのからだであるキリストである。つまり個即全体である。これについてはフラクタル構造として論じた）。

自己が個的・超越的形姿であるのは、パウロにおいても見られるところであり、ただパウロはこれをキリストと呼んだのである。キリストは神の子であり終末時に到来する審判者・救済者であるが、「私が生きているのは私のなかにキリストが生きているのである」ということができたパウロは、自分の行為（伝道）を、キリストがパウロを通して遂行したことだということもできたのである（ローマ15・18参照）。つまりパウロにおけるキリストは、事柄上イエスにおける人の子と同じであり、パウロの自我とキリスト（自己）の関係は、上記の例では作用的一である。

同様の例は浄土教にも見られる。阿弥陀仏は超越的形姿であるが、その願力は回向《えこう》されて人間のなかで働き、願作仏心・度衆生心（みずから悟りを開いて衆生を救済しようという決心）を呼び起こし、念仏をもよおさせるのである。こうして「私（自我）は阿弥陀仏ではないが、阿弥陀仏は私（自己）である」というような言い表しが成り立つ。(4)

すでに述べたように、神について語るとき、神自身と、その働きと、働きの及ぶ領域（神城）とが区別される。阿弥陀仏についていえば、これらは阿弥陀仏自身と救済の働きと浄土にあたる。同様に人の子についても、人の子自身と、その働き（審判と救済）と、その国すなわち「神の国（支配の及ぶ領域）」とが語られる。キリストについても、同様にキリストの国が語られる（Ｉコリント15・24―25）。さらに阿弥陀仏もキリストも、「自己」として人間のなかで働くのである。こういう事態から見れば、人の子がイエスの自己として働くのに何の不思議があろう。逆にいえばイエスは、その「自己」を自分のなかにおける「人の子」の働きとして言語化したのである。

したがって右記の第三グループの言葉の場合、イエスがそこで自分自身（個我としてのイエス）を超越的な人の子と同一視したと解すべきではない。そうではなくて、事柄上ここでイエスは、自己・自我の自己として語っているまでである。だからイエスが「人の子は安息日の主である」（前述のように、ここで安息日とは、律法全体に一般化して差し支えない）（マルコ2・28）というとき、それはイエス個人のことをいっているのではなく、自己つまり本来的な人間性が律法的行為の主体だといっているのである。安息日は人間（自己・自我としての人間）のためにある、だから人の子（自己）が安息日の主だ、というのである。

しかしイエスと同時代の人々はこれを聞いて、イエスが自分自身（個我としてのイエス）を直接に神格化したと誤解したのであろう。だからイエスの敵はこれを冒瀆として、イエスを死罪に定めた。マルコ14・53—65の裁判は歴史的事実ではないかもしれない。当時、夜中に最高法院が招集されることはなかったという。しかし、この記事には、なぜ当時のユダヤ教支配層がイエスを殺そうとしたか、またイエスは殺されるのが当然だと判断したのか、その間の事情が反映していると考えられるであろう。

他方、イエスとの出会いにおいて神との出会いを経験したイエスの味方たちも、イエスを直接に神の子（イエスの言葉では人の子）と同一視して、イエスの死後かれらのうちに露わとなった「自己」を、イエスの復活体と解釈したのである（マルコ6・14はそれが当時の人の考え方であったことを、洗礼者ヨハネについて例証している）。

要するにイエスは「自己」に目覚め「自己」を自覚していたのである。自己はイエスにおける「人の子のフロント」であり、イエス自身は自我と自己を明瞭に区別していながらも、自己に定位して語ることができたのである。それがイエスの言葉であり、イエスは聴衆のなかに自己を目覚ますために、自己の何たるかを、この上もなく明らかに語り解き明かしたのであった。

第三節　イエスにおける自然・神の支配・神

イエスの言葉は自然でありながらこの上もなく非常識だといった。自然だというのは、イエスの言葉は「自己」には自然にひびき、「自我」には非常識に聞こえるということである。宗教思想において「自然」は決定的な意味を持っている。

神の支配とはこういうものだ。ある人が種を地に播いて、日夜起きたり寝たりしていると、当人の知らないうちに種は芽を出して成長してゆく。大地が自然に結実する（直訳）のだ。まず茎、次に穂、それから穂のなかに豊かな穀粒ができる。実が落ちる頃になるとただちに鎌を入れる。収穫の時が来たからだ。（マルコ4・26―29）

「自然に」と訳した語アウトマテーは「（人為によらず）ひとりでに」の意味、新約聖書では他に一回用いられている（「扉がひとりでに開いた」。使徒行伝12・10）。ギリシャ語の形容詞アウトマトスの女性単数主格の形で、名詞と同格的に用いられており、「おのずからなることとして」の意味。普通「自然に、おのずから」などと副詞的に翻訳されている。現代語のオートメーション、オートマティックなどの語はこの語に由来する。

引用箇所で注目されるのは、まず「神の支配」はふつうは天の現実とされ、だからマタイは一貫して「天の王国」と言い直している（マルコ1・15とマタイ4・17を比較せよ）のに、比喩とはいえ、神の支配とは「大地が自然に結実することだ」といっていることである。第二にこの言葉は、マタイにもルカにも欠けている僅かな箇所のひとつである。他に同様な例として「安息日は人間のためにできたので、人間が安息日のためにできたのではない」（マルコ2・27）という言葉がある。ともに当時（今でもだが）の常識を超えた、それだけ重要な言葉であって、原始教団にとってすら、ついてゆき難いものだったのだろう。

これらの箇所はマタイとルカが使った『(原)マルコ福音書』に欠けていたと考えるより、マルコよりも教団的な立場にいたマタイとルカが、それぞれの福音書を書いたときに、取り上げなかったと考えるほうが蓋然性が高い。というのは同様な編集作業について、以下のような例があるからである。イエスが「彼を囲んで座っている人々を見回して、みよ、これが私の母、兄弟だ」といったという箇所(マルコ3・34)は、マタイでは、イエスは「弟子たちの方を指して、みよ、これが私の母、兄弟だ」といったことになっている。イエスの「家族」は聴衆ではなく、イエスの「弟子」に限定され、教団の常識と一致するものになっている。

神の支配とは、この世界内で人為によらず自然に成就するものだ、という。ここにイエスの「神の支配」理解が集約されている。ニーチェは、キリスト教が大地に背いて「真理の世界」を仮構したと批判し、大地に忠実たるべきことを説いた[5]。

しかしイエスによると、神の支配は大地の出来事なのだ。むろん、「神の支配」は単に大地のことではない。イエスは天と地の一を語る。終末の時に「人の子」は天から現れる。しかし、いま、大地で働いている。「人の子」は「神の支配」の人格主義的表象だと私は解しているが、いずれにせよ「神の支配」と無関係ではない(マルコ8・38)。

上述のように「人の子」・「神の支配」・「神の国」の関係は、「阿弥陀仏」・「願力・回向」・「浄土」の関係に対応する。これらは区別はできるが切り離せない。阿弥陀仏が浄土の現実性でありながら、この世で働くように、神の支配も天的現実性でありながら、地で働いて結実するのである。私たちはこの関係を作用的一としてとらえた。作用的一として現成する働きは、「人為」によらず「自然」に成り立つのである。そしてこの自然さとは、前節において我々が見たイエス特有の自然さ、単なる自我には非常識この上もない自然さなのである。サマリア人が倒れている敵を見てかわいそうだと思った、あの自然さである。だから大地が結実する自然さとは、大地のことであればこそ神秘として経験される、自然さである。限り無く尊い働きである。

この意味での自然に、事柄上もっとも近いのは、やはり浄土教の「自然法爾《じねんほうに》」である。

自然といふは、自はをのづからといふ、行者のはからひにあらず、然といふはしからしむといふことばなり。しからしむといふは行者のはからひにあらず、如来のちかひにてあるがゆへに法爾といふ。法爾といふは、この如来の御ちかひなるがゆへにしからしむるを法爾といふなり。法爾はこの御ちかひなりけるゆへに、おほよそ行者のはからひのなきをもて、この法の徳のゆへにしからしむといふなり。すべてひとのはじめてはからはざるなり。このゆへに義なきを義とすとしるべしとなり。（親鸞『末燈鈔』、第五通。『正像末法和讃』にも同様な言葉がある）

「しからしむ」は使役ではなく、「しかる」の丁寧な言い方であるという（龍谷大学の石田慶和教授のご教示による）。すると自然法爾とは「人為によらず、阿弥陀如来の働きによって、自然にそうなる」ということである。「アウトマテー」の出来事も同様に、人間が目的を設定し、克己に克己を重ねる意志的努力によって達成することではない。「神の支配」の働きによって「おのずからそうなる」ことである。「自然」という言葉は使われていないが、道元の言葉も思いあわされる。

ただわが身をも心をも放ちわすれて、ほとけのいへになげいれて、仏のかたよりおこなはれて、これにしたがひもてゆくとき、ちからをもいれず、こころをもつひやさずして、生死をはなれ、仏となる。（『正法眼蔵』（拾遺）、「生死の巻」）

ここでも「仏のかたよりおこなはれて、これにしたがひもてゆく」は「自我に対する命令――自我の従順」のことではなく、作用的一（Ⅰヨハネ4・7参照）のことと解される。

イエスの場合も同様であって、だからイエスの言葉はこの点からみても、やはり自我に妥当する倫理ではない。

では「神の支配」が究極の現実なのだろうか。そうではない。「神の支配」は歴史における神の働きであるが、自然界を含む現実の全体を包むのは神である。

隣人を愛し敵を憎めとは、あなたがたの聞いたところである。しかし私はあなたがたにいう。敵を愛し、迫害するもののために祈れ。それはあなたがたが天にいます父の子となるためである。天の父は太陽を悪人にも善人にも昇らせ、正しい人にも正しくない人にも雨を降らせる。（マタイ5・44―45。迫害云々はマタイ教団がユダヤ教徒と対立していた状況下で付加されたものと思われる）

さて basileia tou theou は、「神の支配」とも「神の（王）国」とも訳される。しかし「神の支配」が貫徹するとき、つまり世の終わりが来て「人の子」が天から現れるとき、出現するのは「神の国」だから、いま働いているのは「神の支配」、それに対して終末時に出現するのは「神の国」、と訳し分けてよいと思う。

ところでイエスは「神の支配」を語るときには一般に終末論的である（終末の到来を含

意して語る)。しかし、神自身について語るときには、引用が示すように、終末の到来は含意されていない。これは矛盾のようだが、記述言語としては矛盾なのであって、表現言語としては矛盾ではない。「神の支配＝人の子」の働きの自覚に定位して語れば、それは歴史的世界で必ず成就する働きだから、ここからしてその全面的成就が展望される。そのとき古い世が去り、新しくなるという。それは自覚の表出から客観的事態の叙述への飛躍だといえる。実際、終末は当時の終末論者が——イエスやパウロを含めて——語ったような仕方では来なかった。したがって終末到来の預言も、客観的事態の預言と解するより、やはりまずは自覚の極限的表出と解すべきである。

さて終末論は一般に、現在は善の勢力と悪の勢力が戦っているが、終末の到来の時には悪が滅ぼされ、善が勝利するという構造を持っている(Iコリント15参照)。終末論が語られる地平では善と悪は対立し、神の支配は善の勢力を代表する。終末時には神の勢力が勝利するのである(Iコリント15)。それに反して、すべてを包むのは神である。ここでは一切が受容されている。この地平に立って、つまり一切を包む働きの自覚から、その働きを語れば、ここでは善悪正邪の区別は失せる。

ここでは善悪の対立を前提する終末論は成り立たないことになる。つまり、自覚の地平には層の区別があって、どこの層に立って自覚を言語化するかで言葉の内容は異なってくるのである。イエスが神自身について語る箇所は多くはないが、そこには「倫理」も終末論もない(6)(マタイ6・25―33∥ルカ12・22―31、マタイ10・29∥ルカ12・6参照)。これは前述のように記述言語としては矛盾でも、表現言語としては矛盾ではない。

以下のようにも考えられる。宗教的自覚とは、自己・自我である人間が自分自身を自己・自我として自覚することだが、自我の関与の程度は一様ではない。自己・自我としての人間の自我が極小となる場合がある(ゼロとなる場合、言葉は消える。言葉が語られる限り、自我はゼロではない)。この位相での発語は、まるで「私のうちに生きるキリスト」そのものが、仏教的な言葉を使えば「無相の自己」そのものが、語り出たように聞こえる。「私には煩悩はありません」という久松真一の言葉がその例である。新約聖書では、ヨハネ福音書におけるイエスの言葉に例が多い(これは一般に歴史のイエスの言葉ではなく、著者が「キリスト」に自己啓示を語らせた言葉である)。たとえばイエスは「私と父(神)は一つである」という(10・30、14・6参照)。いま問題にしている、無条件に受容する神を語る言葉、また無条件の許しを語るイエスの言葉もここに属する(マタイ18・21―22。これは歴史のイエスの言葉でありうる)。もっと詳しくいえば、これは自己がその根底としての神そのものを語っているのである。

自己・自我としての人間は自己・自我として語るのが普通であり、「善きサマリア人の譬え」（ルカ10・30—37）や「パリサイ人と徴税人の譬え」（ルカ18・10—14）がそうである。神の支配や終末論を語る言葉はこの地平にある。

第三に、自己・自我の自己が極小となる場合もあり、この位相での言葉は倫理や文化の地平にある。律法は規範として肯定される（マルコ10・17—19、12・28—32など）。イエスが「なぜ私を善き者というか。神おひとりのほかに善き者はいない」という場合がそうであることはすでに述べた（マルコ10・18）。

イエスが「自己・自我」の自己として語る場合と、「自己・自我」の自我として語る場合の違いは、何かの事情でヨハネ福音書に採録された、おそらくはイエスのイエスらしさをよく反映する伝承、ヨハネ8・1—11にみられる。不倫の現場でつかまった女を「律法学者、パリサイ人」がイエスの前に連行して、「モーセの律法によればこの女は死刑に価するが、あなたは何というか」と詰め寄った。釈放してやれといえば、イエスはモーセの律法に違反することになり、殺せといえば、死刑執行権をユダヤ人から取り上げて自分たちに保留したローマ支配への反乱罪に問われる。

イエスは、自分を陥れるために無残な仕方で女を利用した人々を悲しむかのように、しゃがんで地面になにか書いていたが、いいつのられていったという。「君たちのうち、罪のない人がまず、女に石を投げるがよかろう」。すると石を投げる厚顔無恥な男はさすがにおらず、「年寄りからはじめて」皆いなくなってしまった。他方、女を断罪しなかったイエスは、不倫を肯定したわけでもない。「もう二度としなさるなよ」というのである。表現言語としては、自己表現の位相が違うから内容も異なるのは当然だが、これらをもともと一意的な記述言語や要求・約束言語と解すると、論理的矛盾を含むようにみえるのである。

「神—言語」と「神の支配—言語」との違いは、親子関係を類比として考えれば理解不可能ではない（イエス自身、神—人関係を親子関係の類比で語っている）。親は子が何であろうとあるまいと、何になろうとなるまいと、子を子として無条件的に受容するのが普通だろう。しかし、他方では、子が立派な人間に成長することをどこまでも願うだろう。両者は矛盾するどころか、もし片方だけだったら親子関係は不幸になる。神—人関係にも同様なところがあるということだ。

実際、もし人が終末論の地平だけを絶対化して一切をここから見るとしたら、その人はまず終末論的熱狂に陥り、それから終末が来ないことに絶望するだろう。一般に意味と無意味とが対立する地平を絶対化したら、同様なことになるだろう。他方、無差別平等の地平を絶対化したら、文化も倫理も成り立たないだろう。

キリスト教は意味実現の地平に、仏教、特に禅は、無差別平等の地平に偏りやすい。だからキリスト教は幻想だといわれ、禅には倫理がないと批判されるのだが、実はどちらにも一方だけということはありえない。人間が生きる地平には、無差別平等の地平（自我が極小）と、本来的人間性実現の地平（自己・自我）と、文化・倫理（価値）の地平（自己が極小）があるもので、そうでなければ人間の在り方は歪んでしまう。さきに論じた「アウトマテー（自然）」は第二の地平で成り立つことで、第三の価値の地平では自我の関与が極大となるわけだ。だから三つの地平は、自我を相対化しつつ自我を正常に生かす構造だともいえるわけである。

むすび

イエスの宗教には無理がない。現代人からみて不審な点や、あまりにも古代的思考の枠内にあって現代人には違和感を抱かせる点がない。以下の言葉もそうである。

まず神の支配と神の義を求めよ。そうすれば（生きるために必要な）すべてはついてくるものだ。明日のことを思い煩うな。明日のことは明日みずからが思い煩う。一日の苦労は一日で足りる。（マタイ6・33―34。「神の義」はマタイの好む語で、ルカの対応箇所にも欠けるから、マタイ〔教団〕の付加である)。

施しものをするとき、右手のしていることを左手に知らせるな。(マタイ6・3。善いことをするという自意識を戒める言葉。自己満足のために善をするなという。かわいそうに思って施しものをしたら、神や人から報いを求めず、忘れてしまうのが施しというものである)。

イエスの場合「神との作用的一に生きる」、「自己・自我として生きる」あるいは「無心に生きる」、みな同じことだが、要するにそれが中心で、あとは表現、解説、説明である。しかもその説明は、全体として理解、共感、納得可能である。ここでは、常識的にも学問的検討の結果としてもありそうもないことを、無理やり信じ込む必要がない。

キリスト教史上、イエスに帰れという運動は何度もあり、むしろ、いつもあった。しかしそれがキリスト教の主流とならなかった原因のひとつは、イエスがいきなりキリスト者の生き方のモデルとされ、自我が倣うべき対象とされたところにある。「神の支配」は「わがうちに生きるキリスト」、「無相の自己(活性化された仏性)」と同じ現実なのに、イエスが生き方のモデルとされた結果、「イエス運動」は宗教とはならず、個人倫理ないし社会倫理にとどまってしまった。その結果、イエスに従うことは自我の理想となり、単なる自我が自己・自我に変えられることではなくなってしまった。

しかしイエスの宗教は宗教として復権されなければならない。それはイエスの教えの単なる反復ではなく、その根拠からの現代的展開でなければならない。本書では詳説できなかったが、使徒の宣教にはじまるキリスト教、イエスをキリストと信ずるキリスト教の立場を含みうるのはイエスの宗教であって、逆ではない。私はプロテスタントのキリスト者として出発し、仏教に触れて仏教との対話を重ね、結局イエスのもとにとどまった人間である。自称イエスの弟子である私にとっては、仏教（禅と浄土）は全然違和感がない。伝統的「正統的」プロテスタントの立場にいたらそうはゆかない。

こう言い換えてもよい。長年の宗教研究の結果たどりついた地点、ここに宗教の核心があると思える立場は、イエスの宗教と基本的に同じ立場だったということである。それはもちろん私が、三十歳そこそこで世を去ったイエスから、還暦をとうに過ぎた今まで、絶えず学んできたということでもある。イエスの立場には無理がないといった。現代人として不審な点もないといった。それどころか、イエスの立場は、掘り下げまた展開すれば、本書のはじめの三章で指摘した問題、哲学と倫理と宗教にかかわる問題に答えうる立場である。その立場とはいかなるものか、そこで成り立つ宗教とはどのようなものか、それを私に可能な限り語ろうとしたのが本書なのである。

註

（1）八木誠一『宗教と言語・宗教の言語』第三章参照。

（2）久松・八木対話『覚の宗教』（春秋社、一九八〇）四―七頁参照。

（3）田川建三『イエスという男』（三一書房、一九八〇）一二五頁はこのように解している。

（4）これはよく知られている事実だが、たとえば藤並天香著『名師三人集』（永田文昌堂、一九七〇）に松原政遠師の言葉がある（同書一一六―一一七頁）。「念仏することが無碍光如来に遇うことであった。遇うとは無碍光如来の光のなかなる自分を発見することである。……このとき爾前（それまで）の主体性（業力不思議）は退いて願力不思議が主体となる。これを信心獲得という。如来の真実心が我そのものとなるのである」。

（5）『ツァラトゥストラはこう語った』第一部、「背後の世界を説く者たちについて」、「身体の侮蔑者について」。

（6）この点について詳しくは八木・秋月対談『無心と神の国』（青土社、一九九六）を参照されたい。

あとがき

『フロント構造の哲学』（法藏館、一九八五）を書いたあと、私はある不備に気がついた。それは、このような事柄を述べる言葉の性質への反省が不十分だということである。今の立場で結論をいえば、私は、自覚の表出と、客観的事態の記述とを明白に区別せず、したがってそれぞれを述べる言葉を明晰に区別していなかった。その結果、私は自覚の表出として了解されるべき事柄と、事態の記述として検証されるべき事柄とを、同列に並べて書いていたところがある。

不備に気づいた私は、宗教の事柄を語る言語の性質を明らかにする仕事に向かい、その結果を私なりに述べた書物が『宗教と言語・宗教の言語』（日本基督教団出版局、一九九五）である。この書物で私は、記号論一般からはじめて宗教言語の問題を扱い、主観と客観という枠組み、また実体、基体、属性、因果というようなカテゴリーが、理性固有の情報処理の仕方を示す（カント）だけではなく、言語が言語として機能するための仮構であることを論じた。本書でも記したように、言語には三つの主要機能があるが、記述的な言語の場合ですら、記号のシステムとしての日常言語は、ありのままの現実の写像ではありえないということである。「ありのまま」はむしろ、直接経験の現場で与えられるものであり、その言語化は、日常言語のそれとは異なってくるのである。同じ本で私はさらに、宗教言語は救済についての客観的情報ではなく、直接経験の現場で成り立つ自覚の表出であり、そのようなものとして理解されなければならないこと、また自覚表出の論理的形式がいかなるものかということを述べた。

しかしそれで宗教言語の問題が終わったわけではない。宗教が客観的事態の記述ではないなら、それはそもそも何を如何に言語化するのか、ということをさらに立ち入って明らかにする課題が残っている。それは同時に、宗教は我々の生とどのようにかかわり、日常生活では覆われている人間性をどのように語るのか、という根本問題ともかかわっている。宗教は自我と言語の絶対化を精算して、人間は個即人類としての人間であるという自覚に至らせ、さらに、人間をそのようなものとして生かす働きが実際にあることを証しする。それがどのように語られるのかを述べたのが本書である。

実は本書には副次的な目的がある。それは宗教哲学的な用語の意味と用い方を明らかにすることである。具体的には、私は本書で、直接経験、表現言語、統合、極、統一、自我・自己、フロント構造、フラクタル構造、作用的一、働きの場、というような概念の意味と使い方を明らかにしようとした。それは本書で、これらの概念を使って宗教がかかわる事柄をできるだけ厳密に述べるためだが、それだけではなく将来、新約聖書思想を正確に述べるためでもある。私は新約聖書思想の研究者として出発した。その過程で仏教と出会い、宗教とは何かを明らかにするためには、仏教との対話を欠かすことはできないと確信するようになった。仏教との対話はキリスト教の本質を明らかにするためにも、また、新約聖書の思想を現代に向かって語る際に用いられる正確な概念の造型のためにも、不可欠だと考えるようになったのである。

かつてR・ブルトマンは、新約聖書の非神話化を要請し、新約思想の中心を人間の「自己理解」に見出し、それを「実存哲学」の概念を用いて厳密に言い表そうとした。これは実に革新的な卓見であった。私は多くをブルトマンから学んだが、「自己理解」を「自覚」と捉え直し、また「実存哲学」を「働きの場における統合の理論」と捉え直した。上記の諸概念はここで用いられるものであり、私見によれば、新約思想の叙述のために必要なのである。私は新約聖書の思想の批判的理解と叙述のために必要な道具の造型を、とくに『仏教とキリスト教の接点』(法藏館、一九七五)、『宗教と言語・宗教の言語』、および本書で試みたわけである。

私事にわたるが、私はこのような仕事を一九六〇年代からてがけてきた。そのころ私は横浜の関東学院大学神学部に勤めて新約聖書学を担当していたのだが、宗教間対話と新約思想の批判的解釈という仕事は教派的背景の強い神学部に馴染まず、教室でも新約聖書思想ではなく、語学と歴史だけを教えるよう言い渡されたので、私は同じことならこちらの方がよいと、一九六五年に東京工業大学に移り、それから二十有余年、ドイツ語教師を勤めてきた。ここでは私は完全な学問的自由を享受し、新約思想だけではなく、関心の赴くままに仏教や宗教哲学を研究し、仏教と基督教の対話に参加することができた。一九八〇年ごろから、思いがけず国際的に宗教間の対話と交流が盛んになったのも幸いであった。この間、私は仏教との対話から実に多くのものを学んだ。

一九八八年に、当時発足したばかりの桐蔭横浜大学に移っていらい、私は哲学、倫理学、宗教学の講義を担当することになったが、これは哲学、倫理学、宗教学についての私なりの見方をまとめるための絶好の機会となった。こうして私はなんとか本書を書くにいたったのである。もとより本書が意図するような仕事は個人の能力に余るものである。このようなささやかな仕事が正され、さらに展開されることを、こころから祈念してやまない。

終わりに、読みやすい本、売れそうな本しか作らない出版社が少なくないなかで、本書の出版を引き受けていただいた法藏館社長の西村七兵衛氏、理解をもって編集実務を担当していただいた中嶋廣氏に、こころからの感謝をささげる次第である。

一九九八年六月二四日　町田市三輪町にて

八木誠一

補論　初版以後の展開

本書『宗教とは何か』が出版されてから二十年以上たったので、初版後の展開について簡単に述べておくのが当然であろう。その展開とは、第一に初版でも論じられている「統合論」の発展であり、さらに「場」を比喩として超越者を語るようになったことである。また宗教論としては、初版では扱われていないが、いかにして宗教的な生と認識にいたりうるかという問題がある。この点についても大要を述べておきたい。

統合論概観

さて新約聖書においては「われわれのなかではたらく神」が語られる（ピリピ2・13）。これは「神の子」で「わがうちなるキリスト」とも言い換えられる（ガラテア1・16、2・20参照）。それはいかなるものかといえば、パウロの教会論にヒントがある。パウロは「教会はキリストのからだ」であるという（1コリント12）。すなわち「キリスト」のはたらきによって独特の構造を持つ共同体が現成する。このはたらきは、キリスト教以前、また以外においても客観的にも主体的にも確認可能な普遍的現実である「統合作用」として、宗教哲学的に一般化可能である。これは自我よりも深く、自我を正常に動かすはたらきである。他方、情報を操作する「近代人」は「単なる自我」となって、自我を方向づける深みを忘却した結果、自我は制御不可能となり、人類が破滅に瀕する結果になっている。

さてパウロは「キリストのからだ」（超越的な「神の子・キリスト」のこの世における現実性。1コリント12・12）としての「教会」を人体になぞらえて語っている。人体は一でありつつ、多くの秩序づけられた部分より成り、それぞれは全体のために特有の機能を果たしている。さらに各部分のあいだには、それぞれが必要なものを造りだして提供し合う関係があり（広義のコミュニケーション）、全体としてひとつのまとまりをなしている。実際、この構造は「統合」として一般化できるのだが、事柄として重要なのは、各部分は固有の機能を持ちつつ、部分は全体のため、全体は部分のためにはたらいていて、そこには差別も格差もないこと、部分同士また部分と全体のあいだには不断のコミュニケーションが営まれていること、すなわち各部分は固有のものを生産しつつ、互いに情報と必要な物質を交換し合って、全体が成り立っていることである。さらにいえば、生体は絶えず外部から必要なものを摂取してこれを自分自身の一部に変換し、不要なものを排出している

（新陳代謝）。我々の場合、からだもこころも、それを構成する要素はことごとく外部から摂取して自分自身の一部に変換したものである。この変換と全体を組み立てる統合作用が生命作用にほかならない。

上記のはたらきはパウロの教会論、さらにパウロ神学の中心である。さてこのはたらきは「統合作用」として一般化されうるので、やや詳しく述べれば以下のようになる。統合作用によって成り立つ「まとまり」を統合体と呼べば、統合体の成員は個ではなく「極」である。極とは、磁石の両極のように、対極なしには自分自身でありえないものである。極には独自性があり、位置もあるが、実体ではない。極同士のあいだには相互作用がある。それぞれの極は中心から外へとフロント（出力ないし作用圏）を広げていて、他極のフロントを自分自身の一部に変換するか、他極のフロントを自分自身の存在条件に変換している（フロント構造）。例としては弦楽四重奏を思い浮かべられたい。各パートは独自の演奏でありつつ、互いに他のパートを自分自身の成立条件にし合って、ひとつの音楽を構成している。外的な関係においても「人格」は、ペルソーナ（原意は演劇の仮面）すなわち言葉のやりとりのなかで自分の役割を果たす責任主体として、個ではなく極である。自由でありつつ言葉を用いる人格は、言葉を授受する他人格なしには、自分自身も人格として存立できないからである。

統合と場

統合体の特質としては「はたらきの場」の存在がある。弦楽四重奏の場合、「はたらきの場」は「音を統合するはたらきをもつ、人のこころ」である。パウロ的な「教会」の場合は「超越的内在者・キリスト」がそれに当たる。信徒は「キリストのなか」にあり（1コリント1・2）、キリストは「信徒のなか」にある（ガラテア2・20、ローマ8・9―10）。さらにキリストは神のなかに、神はキリストのなかに、ある（ヨハネ神学に強調されている）。さて「はたらきの場と極との相互内在関係」を、重力や電磁気の場を比喩として使って、「場所論的に」表現することができる。統合作用の場があり、個はその「場のなか」で極となる。極は「場のはたらき」（統合作用）がそこで現実化する「場所」である。このように場と場所を区別する。すると極は場のなかで統合体形成へと動かされることになる（他方、「神」と「キリスト」も同様な相互内在の関係にある。「キリスト」は人を救う神のはたらきの現実性として、神と信徒を媒介する位置にある。後述）。

「神とキリスト」を「超越者」と呼ぶことができる。すると信徒は「超越者」という「はたらきの場」のなかにあって創造的自由を本質とする極となり、「超越者」のはたらきは信徒のなかで「愛」（二極的統合）として現実化する（1ヨハネ4・7）。愛は信徒同士を統合する相互作用であり、結局信徒は共同体（統合体）を建設する。統合体には、場と極のほかに「統一」面がある。統一とは、あらゆる極に同様に妥当する要素である。その代表は秩序、(行為と思考の) 規範、さらに客観的には構造である。ただし統合体の統一面は変質すると「個」の自由を抑圧するので、「個」はその拘束から自由になって新しい秩序を作らなければならない。具体的には、「律法」(行為規範) は——教義と同様——元来は統合体における秩序の要素である。もともと極は場のはたらき (これは本来、律法の根拠である) を愛として現実化するものだが、イエスやパウロの時代の「律法主義者」のように、人は根源を見失って、律法の文字を順守する「単なる自我」(個) に変質することがある。この場合、「個」は律法主義から自由になり、行為の根源に帰って、その表現 (極) となる必要がある (回心—教会形成)。なお私はパウロ的な「うちなるキリスト」を、それがまさに自分であるからして、自我と区別して「自己」と呼ぶことにしている。パウロは「神が私のなかに御子を現した」(ガラテア1・16)、「もはや生きているのは私ではない。キリストが私のなかで生きている」(ガラテア2・20) という。すなわち身体のなかに「自己」が現れ、それが自覚された場合、人は「単なる自我」はなく「自己・自我」となる。

はたらきの場のなかで個が極となり、極のあいだに（フロント構造を作る）相互作用が営まれて、他から区別される「まとまり、統合体」ができる。さて統合体の例は、原子、太陽系、（地球上の）生体、人格（こころの表現としての音楽、詩、絵画等を生む）、（キリストのからだとしての）人格共同体、さらには全人類的共同体――これは将来に期待される――がある。これらは客観的に認知できる構造体である。他方、人格には統合体形成への願いがある。きよらかな・優しいこころ、平和への願い、損得にかかわらない真実の探求、である。これらは統合体形成作用の主体的な自覚面である（統合心。宗教心ともいえる）。するとこの世界には客観的に見ても統合体形成の場があり、それは主体的には統合心として自覚的にはたらく。これは客観的・主体的に確認されることだ。つまり統合作用は客観的・主体的に確認可能な「超越者のはたらき」である。この意味で「超越者」は実在する。ただし新約聖書は世界にはたらく統合作用を「ロゴス」（ヨハネ1・1―3）と、人格のなかではたらく統合作用を「イエスの復活体、霊なるキリスト」と理解して宣教した。つまり、ここでは詳論できないが、原始キリスト教団は、実は普遍的な「統合作用」を、復活したキリストのはたらきと理解したのである（「イエスの復活」信仰）。実は「キリスト」は人格統合体形成に向かうはたらきで、主体面では統合体形成への願いとして現れる。イエスはこれを「神の支配」と呼んだ。新約聖書はその完成を「世の終末」・「神の国」の到来に望んでいる。

さらに統合作用の場を超えて全体を包み・容れる「場」がある。統合作用の場は、素粒子の相互作用の場から、生命作用の場を経て、「人格」共同体形成の場にいたる、重層的構造を持っている。しかしそれがすべてではない。そのいわば奥に、すべてを包み容れる究極的な場があり、新約聖書、特にイエスはそれを「神」と呼んだ（本書では「創造的空」）。それに対して人間にかかわる統合作用は、イエスの場合、「神の支配」と呼ばれた。さて「神」といわれる究極的超越の場のなかには、物理的自然とそこに及ぶ統合作用だけではなく、カオスがあり不条理があり、地球上には自然的災害、病気、戦争、苦悩、死等々がある。すると、何があっても不思議ではない究極的超越の場のなかに、統合体形成の場があるわけだ。本論でも触れたように、イエスはこの二重性を見ている。そして「神の支配」のなかから見られたその根源を「父なる神」と呼んだ（マタイ6・9。ルカ15参照）。それは救うはたらき、すなわち光の根源である（伝統的神学では、キリストの父なる、啓示された神）。こうしてイエスは「光」（神の支配）の実在を説いた。他方でイエスを救済者とした原始キリスト教団は、これを「復活者、霊なるキリスト」として宣教したわけだ。ただし世界には光の外がある（光は闇に輝く。ヨハネ1・5参照）。すると「光」

の射す世界にもいわば日陰があるわけだ。この闇の彼方の「神」、父なる神とは違う顔を持つ神は、伝統的神学では「隠れた神」と呼ばれた。イエスは「主の祈り」のなかで、「光の外」について、「われらをこころみにあわせず、悪より救い出し給え」という（マタイ6・13）。しかしイエスは暴力的に闇の力によって「神の支配」の外に連れ出された（逮捕と十字架刑）。そのときイエスには「父なる神」のみ顔が見えなくなったのであろう。「わが神、わが神、なんぞ我を捨て給うや」と叫ぶのである（マタイ27・46）。しかもイエスはそれでもなお「神」に語りかける「人格」であった。ここにイエスのイエスたる所以がある。では我々はどうすることになるのか。我々は「神が存在するのになぜ世には悪があるか」という「神義論」が一面的である事実を認め、自然的災害や悪を容れうる、「神」の領域といわれる現実のすべてを受容しつつ、しかも統合形成（光と救済）の方向を選び行為することになる。この点についてなお若干のことを述べたいのだが、その前に統合阻害について、本文と重複するところがあるが、なお一言しておかなければならない。

統合を不可能にするもの　一意的言語とエゴイズム

人間生活には罪があり煩悩がある。主要な原因のひとつとして、「言語、特に一意的言語を用いる自我」を挙げておく。現代は情報化の時代である。情報とは、「どうなっているのか」、「ではどうしたらよいのか」という問いへの答えである。情報の特質として「一意性」が挙げられる。一意的でない情報は情報として機能しないからである。

一意的言語には問題がある。一意性は「AはAであって、非Aでない。またAでも非Aでもないものは存在しない」という、伝統的論理学の原則に合致する語また文の性質である。よく知られていることだが、一意性には条件がある。それは上記の三原則は「同時かつ同一観点のもとに」成り立つことである。ゲーデルの「無矛盾の体系は存在しない」という定理は有名だが、上記の条件は古くから知られていたことである。さて情報は一意的でなければならないのだが、厳密に一意性を求めると、それは上記の条件が妥当するごく狭い範囲でしか成り立たないことになる。つまり現実の一部一面しか言い当てられない一意性的言語は、実は「今・ここ」でひとつを選ぶ自我にとって有用なものなのに、一意的言語を用いる人間は、とかくその一部一面が事柄の全面だと錯覚するのである。これがまず問題である。一意性を絶対化すると、一意的言語は通用する領域を狭く限定することになるので、現実を限りなく分断、細分化して自分の領域を設定する。こうして現実の「一」が見失われる。それだけではない。情報の処理に際しては、同じく一意的な枠組み、すなわち（ふつうの意味での）時間と空間、個と普遍（集合、法則）、原因と結果、手段と目的、有と無、数と量、価値と無価値、善と悪、支配と服従……というような枠組みが用いられる。これらの枠組みのうち論理的数学的なものは、客観的現実ではなく、人間の知性に固有な、情報処理の道具であることは、悟性概念形成のためのカテゴリーとしてカントが示した通りである。換言すれば一意的言語の使用は、現実を時間と空間、主観と客観、個と普遍、原因と結果、手段と目的、価値の上下、支配と服従、というように分け、一意的に系列化する。その結果、上記の「統合」という枠組みは見失われ、一意的に系列化されることによって「統合」へと志向する現実元来の構造は破壊される。

一意的枠組みの絶対化が何の役に立つかといえば、他者の利用と支配のために有効なのである。近代は科学を技術に応用して軍事・経済システムに組み込むという仕方で未曾有の繁栄を築いた。この際用いられたのが上記の一意的情報である。逆にいえば、一意的言語のみを使っていると、存在者は個ではなく「極」だということがわからなくなる。実際、人間が作り出す道具、規範、理論などは一意的で、「極」性を欠きやすい。「自分は自分自身によって自分である」という一意的自分理解は、「自分は他者によって自分である」という明白な事実を隠すのである。当然「統合体」も理解できないことになる。これはむろんエゴイズムを成り立たせることになる、なお上述の一意的言語は仏教が「分別知」として悟りの知恵の反対に置いたものにほかならない。

通念からの解放と直接経験

さらに一言補っておきたい。社会には通念がある。それは当の社会で共有され、「事実」として通用している。つまり「現実」として扱われている。一例を挙げれば、戦時中は日本人は世界に冠たる優秀民族であり、アジアを列強の植民地支配から解放し、日本を指導者とする「大東亜共栄圏」を建設すべき使命を担っているという通念が支配し、戦争を正当化していた。この通念に逆らえばたちまち非国民として弾劾された。「国民」は敗戦という事実によってはじめてこの通念の誤りから目覚めたのである。

しかし社会には常に通念が支配し、通念に従っていれば言行は抵抗なく通用するから、通念の非現実性に気付くのは容易ではない。社会的な通念には、上記のように政治・経済・国際関係等にかかわるもの、また日常生活にかかわるものがある。宗教社会にも通念がある。宗教は目に見えない内的現実をイメージや物語に変換して表現・伝達するものだが、教団ではしばしば内的経験が見失われ、イメージや物語が、経験の表現・伝達としてではなく、事実として「通用」するようになるものだ。宗教が幻想だといわれる所以は主としてここにある。さらに、それぞれの個人にも、自分自身の現実と将来についての認識とイメージがあり、それが当人の現実と思い込まれている。しかるにこれらの通念やイメージはいかに事実から遠く、自己中心的な関心に彩られていることか。それは「直接経験」

において、当の通念や自己理解から解放されて、はじめて明瞭に見えてくるものだ。要するに通念ないし自己理解・自己イメージは言語化されているのが一般で、当人の言語世界の一部を構成しているものである。言語化された世界が実は現実ではなく仮想現実であることが明瞭になるには、言語世界が消滅して言語化以前の現実が現前する「直接経験」においてである。直接経験が望まれる所以である。

省察、信

以上のように言語世界の虚構性に気づくためには言語と自我に関する省察、さらに直接経験が必要だが、それだけではなく、信と瞑想が必要である。まず信について一言する。上記の「自己」（人間の本性）は意識に昇らなければ自我を動かさない。一般に自我を動かすもの（意欲など）は、意識に昇らなければ、自我を動かすにいたらないのである。さて統合心（自己）が意識に現れて自我を動かすようになるためには、まずはそのような「はたらき」があるという「信」、世界と身体に及ぶ「神（超越）のはたらき」への「信」が必要である。「旧い」自分に死ぬためには「神の側から生きる」生があることを「信じて」、単なる自我が自分で自分を立てる生き方、つまり文字・言語による規範や目的の定立を全面的に放棄することが必要である。通念的情報によって生きることを求めていた自我が「旧い自分に死ぬ」こと、つまり「神（仏）からのはたらき」があることを「信じて」、「神（仏）のもとへ」いわば身投げすること、が求められるのである。ここで（神、仏と呼ばれる）「超越」のはたらきに目覚めれば、人格として生きるとは、単なる自我が情報（文字）によって生きることではなく、自覚に昇るようになった人間の本性のはたらき（統合作用）を表現して生きることであることがわかる。さて「人間の本性」の自覚は、上述のように、「統合心＝自己」の自覚、つまり情報による間接性を排除した「身体の直接性の自覚」である。これは「自己」の直接経験にほかならない。これは単なる自我の「情報依存」から自由になること、パウロが「律法の文字からの解放」といった事柄を実際に経験することである。禅宗が「不立文字」というときは、「文字」は「何であるか」、「どうしたらよいか」の両方にかかわっている。キリスト教では後者が優越しているが、実はこの両方が消滅して、ここで現れた「うちなるキリスト」（仏教徒は法とか仏心というように語る）を自我が表現するようになること（ここで我執が滅びる）が中心である。なお「我・汝」直接経験についても一言すれば、これは前述のように二極的統合（フロント構造）を形成するのだが、「汝」を社会的地位や役割、経歴や能力に解消することなく、「汝」とのコミュニケーションが「我」を成り立たせることを、つまり我―汝関係のなかに「神のはたらき」を見る経験である。換言すれば「我―汝関係」は、そこで「場」のはたらきがあらわとなる「場所」でもある。

瞑　想

省察と信だけではなく、実際的には瞑想が求められる。プロテスタントは瞑想を「徳を積むための業《わざ》（人為）」として排したが、実際、瞑想には、「単なる自我」の一時的活動停止に終わったり、逆に自我の自力によって本来性の達成にいたろうとする努力になったりする危険がある。これでは律法順守が人間の本来性にいたらせないのと同様、瞑想も「単なる自我の一時的身体支配」に終わって「本来性の覚」にいたらないどころか、それを排除することにさえなりかねない。しかし実は「瞑想」は「単なる自我」の強化ではない。逆に本来は「単なる自我」の滅却にいたる実践である。換言すれば、それは「人為」ではなく「自然」を体認させることだ。このとき、身体から独立して身体を支配しようと試み、かえって身体／人格の分裂を招いていた自我が滅び、自我が身体の一機能に復帰することによって身体の全体性が回復される。そこで身体的生の全体性つまり統合作用の自覚が現れるわけである。なお瞑想中に目を閉じると自己・自我直接経験が、半眼を開けると主・客直接経験が、前面に出る傾向がある。

私の了解によれば、瞑想は坐禅が代表的だが、実は多面的多層的である。統合作用には真実を求める面があるが、実はこの面こそが言語世界の仮装を見破って直接経験に導く中心だといえる。さらに以下の諸面がある。統合心は「きよらかなやさしい」こころだが、瞑想のなかで「きよらかな」こころを掘り下げると静寂がある。きよらかなこころにはもともと喧騒に導く雑物がなく、いわば光を通す透明さがあるからである。この静寂のさらに奥に「無心」がある。むしろ静寂は無心の一部だといえる。自分のために求めることのない無心である。これは煩悩の火が消えた寂滅を説く仏教に通じるところがあると思う。無心の底には、こころ自体としての「創造的空」がある。空と無は以下のように区別される。無心とはこころに何も「無い」ことで、そのとき意識の「場」としてのこころ自身は「空」（からっぽ）である。それは虚無ではない。そこには創造的自由にいたらしめる創造性がある。

「やさしいこころ」あるいは「平和への願い」の奥を掘り下げれば、そこには「赦し」があり、自分の罪の認識がある。平和をもたらすためには互いに「赦し合う」ことが必要だ。これは自我の一意的正当性の主張を放棄することで、その奥には他者から何も求めることのない「無心」があり、さらにその奥には、「愛」を生む「創造的空」がある。また、統合心は人為ではない自然である。統合心自体から出発して掘り下げる瞑想は、人為ではない自然の自覚を媒介として、「自我がはからうことのない」無心にいたる。換言すればイエスのいう「生のために配慮することがない」無心があり、その底には自我の絶望のなかでも生への意欲を成り立たせる創造的空がある。

創造的空

世界には原子、太陽系、生体、人格、こころというような「統合体」がある。これは統合体の客観面である。換言すれば、世界には「統合作用の場」がある。それは物理的世界の属性ではない。かえって物質存在としての身体を包む場であるから、存在の全体を超えて包む超越的場だといえる。ただし前述のように統合は存在・非存在のすべてに及ぶ必然性ではない。それはむしろ、そこで何が起こっても不思議はない、究極の「場」の一面である。イエスが統合作用の場を「神の支配」と呼び、すべてを包む究極の場自身を「神」と呼んだことはすでに述べた。逆にいえば神は一切をありのまま無差別に受容する無限の場である（マタイ5・45）。他方、「神の支配」のなかで、それを通して見られた「神」、統合作用の根源としての「神」をイエスが「父なる神」と称したこと、すると「神」には他の「顔」（光の場にもできる「陰」の奥）があることもすでに述べた。要するに「神」は、一切を包み容れる究極の「場」であり、その場自身は、場のなかにある事物とは区別された「創造的空」である。創造的空を直接に経験することはできないが、そのなかには重層的に「統合作用の場」があり、これは主体面には統合を求めるこころ（統合心）として現れる（自覚可能）。それには、きよらかな・やさしいこころ、平和への願い、真実の探求、という諸面があり、瞑想において、その諸面を深めると、意識の場としてのこころ自体が創造的空として露わとなることはすでに述べた。さて、以上の両者、客観面での創造的空と、主体面での創造的空は、マクロの世界とミクロの世界として、互いに異質でありつつ、対応する。この場合、こころのはたらきは、まずは統合作用（キリスト）と「作用的一」（自覚可能）でありつつ、その奥に一切を容れる究極の「場」そのもの、つまりイエスの「神」を、いわば見えないまま（直接経験不可能）見ている（省察と瞑想に支えられた信。1コリント13・12参照）。実践的には、超越的な統合作用と主体的な統合心の「作用的一」が中核である。要するに、心を場と考えると、その内容が無となったとき、心は空であり、虚無ではなく、創造的空である。他方、世界と人間を容れる場それ自身は創造的空である。前者と後者は事柄上は作用的一だが、前者の後者への関係は、「上記の信」である。

仏教とキリスト教に関連して

なお本書は全体を通じて「仏教との対話」にかかわっているが、その結論を簡単にまとめておく。(1)浄土教と近いのは個人のあり方の根底に神のはたらきを信じ「自覚」する神学(ヨハネ型)であり、神の民の形成にかかわる神学(救済史型。律法・贖罪・義認が中心。パウロには両型が結合している)ではない。(2)「統合論」には大乗仏教の縁起論との接点が明瞭である。極から成る非実体的統合体と『ミリンダ王の問い』に見える存在者の合成、ナーガールジュナによる言語の実体化批判と統合論における「恩考と存在の同一性」の否定、天台教学における一即多、一念三千と統合体の構造、は対応する。さらに華厳教学における四法界説、すなわち事法界、理法界。理事無礙法界。事事無礙法界については、理を「統合の場」とし、事を「極」とすると、統合論と一致する。さらに禅宗における「不立文字　直指人心　見性成仏」はイエスの立場と実によく対応する。また、「人間の本性」(統合心)を自身の内奥に潜む「願」だといえば、仏教もキリスト教もこの「願」の自覚と活性化を求めているといえる。

なお、本書初版以後の「統合と場」の展開およびそのまとめについては、『〈はたらく神〉の神学』(岩波書店、二〇一二)、『創造的空への道』(ぷねうま舎、二〇一八)を参照されたい。

文庫版へのあとがき

山に登っていて来た道を見下ろすと、あんなところに居たのかと思う。しかし、そこでしか見えない風景があった。本書の初版が出たころは、現代文明というより人間存在の問題性は言葉を語る自我にあると考え、大学で哲学と倫理学の講義をしていたこともあって、問題性の兆候と気づきが現代哲学と倫理学にあるのを見ていた。そこでは「思考と存在は同一である」というパルメニデス以来の西洋哲学の根本と、自我の倫理性への信頼が揺らいでいるのだった。問題の原理的克服は言語化以前の現実が露わとなる「直接経験」にあり、それが「宗教」の基本にほかならないというのが、本書初版の趣意である。それから二十年がたち、その間、直接経験において露わとなる現実とはいかなるものかという問題にかかわり、私はそれを「統合と場」という概念を用いて明らかにすることに努めてきた。本書の文庫版が出るに当たり、初版以後の発展の概略を補論として述べることができたので、再刊の意味もあろうかと思う次第である。思いがけず再刊となったについて、法藏館主西村明高氏と編集実務の上山靖子氏に感謝の意を捧げる次第である。

八木誠一（やぎ　せいいち）
1932年生まれ。専攻、新約聖書神学、宗教哲学。東京工業大学教授、ベルン大学（スイス、客員教授）、ハンブルグ大学（客員教授）、横浜桐蔭大学教授を経て、現在、東京工業大学名誉教授、文学博士（九州大学）、名誉神学博士（ベルン大学）。著書に『〈はたらく神〉の神学』『パウロ・親鸞＊イエス・禅』など多数。

宗教《しゅうきょう》とは何《なに》か
現代思《げんだいし》想《そう》から宗教《しゅうきょう》へ

二〇二〇年一一月一五日　初版第一刷発行

著　者　八木誠一
発行者　西村明高
発行所　株式会社法藏館
京都市下京区正面通烏丸東入
郵便番号　六〇〇-八一五三
電話　〇七五-三四三-〇〇三〇（編集）
〇七五-三四三-五六五六（営業）

装幀者　熊谷博人
印刷・製本　中村印刷株式会社

ISBN 978-4-8318-2615-2 C1114

法蔵館文庫既刊より

キ-1-1
老年の豊かさについて
キケロ著
八木誠一
八木綾子 訳
老人にはすることがない、体力がない、楽しみがない、死が近い。キケロはこれらの悲観的通念を吹き飛ばす。人々に力を与え、二千年読み継がれてきた名著。
800円

た-1-1
仏性とは何か
高崎直道著
「一切衆生悉有仏性」。はたして、すべての人にほとけになれる本性が具わっているのか。日本仏教に根本的な影響を及ぼした仏性思想を明快に解き明かす。
1200円

て-1-1
正法眼蔵を読む
寺田透著
さまざまな道元論を世に問い、その思想の核心に迫った著者による「語る言葉（パロール）」と「書く言葉（エクリチュール）」の「講読体書き下ろし」の読解書。
1800円

あ-1-1
禅仏教とは何か
秋月龍珉著
仏教の根本義から、臨済宗・曹洞宗の日本禅二大派の思想と実践までを体系的に叙述。難解なその内容を、禅の第一人者が簡潔にわかりやすくあらわした入門書の傑作。
1100円

ほ-1-1
増補 宗教者ウィトゲンシュタイン
星川啓慈著
ひとつの孤独な魂が、強靭な理性と「神との和解」のはざまで悩みぬく。新発掘の二つの『日記』等をめぐる考察を縦横にもりこんだ、宗教学からの独創的アプローチ！
1000円